掬《すく》われる声、語られる芸

小沢昭一と『ドキュメント　日本の放浪芸』

鈴木聖子
Suzuki Seiko

春秋社

はじめに

文化資源化される「日本の放浪芸」

二〇二〇年一〇月二一日、広島県三原市にある大正〜昭和時代初期の大道芸屋台「のぞきからくり」が、市の「有形民俗文化財」に指定された。このニュースを伝える『毎日新聞』の地方版（広島）には、次のような文章が掲載された。

のぞきからくりは高さ3メートル、幅4メートル、奥行き1メートルの木製屋台。国内に現存する2点のうちの1点。〔…〕

上部に、謡曲でも知られる「女一代嗜鏡俊徳丸《おんないちだいたしなみかがみしゅんとくまる》」の押し絵が飾られ、下部には凸レンズがはめこまれたのぞき穴が22個ある。節をつけて読み上げられる物語に合わせて、屋台内部

の絵が紙芝居のように差し替えられ、観客はレンズ越しに楽しんだ。〔…〕

のぞきからくりを含む大道芸の音源集「日本の放浪芸」を編んだ俳優、小沢昭一も見学に来たという。（渕脇直樹）

（『毎日新聞』2020.10.23）

引用部分の最後で、「大道芸の音源集「日本の放浪芸」を編んだ俳優、小沢昭一も見学に来た」という一文が、この「のぞきからくり」に一つの価値を与えていることに気づかれたことと思う。一九七〇年前後、新劇[1]の俳優である小沢昭一（一九二九～二〇一二）は昭和初期には消滅したといわれていた「のぞきからくり」の語りを探訪して録音し、それを「日本の放浪芸」という一つの価値を作るために収録したのであった（市川 2000: 28-30, 38-40）。ここではそれが逆転して、「日本の放浪芸」が「のぞきからくり」の「文化財」という価値づけに一役買っているのである。換言すれば、かつては小沢が「のぞきからくり」を文化的な資源として見出したのであるが、現在では「のぞきからくり」が「日本の放浪芸」を文化的な資源として見出しているのである。

この記事に「日本の放浪芸」が「音源集」として紹介されていることにも、その文化資源化は見て取れる。『日本の放浪芸』というLPレコードに対して「音源集」というと、やや違和感を覚える。それは、「音源集」という言葉が、収録されたそれぞれの音源をアーカイヴのように自由に活用できる利便性のある印象を与えるからである。しかし実際のところ、『日本の放浪芸』はそのような利便性を考えて制作されたレコードではなかった。LPの正式名称である『ドキュメント 日本の放浪芸』の「ドキュメント」とは、さまざまな音源の「資料」=「ドキュメント」であるよりも、俳優である小沢昭一が自らのアイデンティティに惑いを覚えて門付けや大道の音楽芸能を探訪した過程を物語ったひとつの「記録」=「ドキュメント」だからである。したがってこのLPレコードは、それぞれの音楽芸能の音源ごとの区切り(トラック)がなく、すべての音楽芸能の音源が小沢の「語り」によって結び付けられて、小沢のひとつの作品となっている。要するに、レコード片面に一トラックしかなく、聞きたい音楽芸能へアクセスするための利便性は配慮されていないというわけである。

こうした意味で、小沢が行った音楽芸能の録音資料の収集は、一八世紀末から二〇世紀前半にかけて国民国家 Nation-state という「想像の共同体」(アンダーソン)の形成を背景として世界で展開した、国境や行政区分によるインデックスを持つ「民謡 Volkslied」の収集(Applegate / Potter 2002; Bohlman 2002)とも、似て非なるものである。また、『日本の放浪芸』の制作は、民俗学者の柳田国男の指導のもと日本音楽研究者の町田佳聲(一八八八〜一九八一)が各地で現地録音した「民謡」によって日本地図を描いた、『日本民謡集成』(一九四〇年)・『日本民謡大観』(一九四四年〜一九八〇年)(島添 2012:121-137; 島添 2021)のような、近代日本の民族的アイデンティティを支える装置として機能する録音コレクションあるいは録音アーカイヴの構築[2]とも、異なる意図をもつものである[3]。

ただしこのことは、『日本の放浪芸』を「音源集」とする定義づけが誤っているという意味ではない。一九七五年一二月六日の『読売新聞』の夕刊に掲載されたビクターの広告には、「犬のマークで四九年・親から子へ、後世に伝えるコレクション！　**音の文化財**」という表記が用いられており、小沢の『日本の放浪芸』シリーズは、『宮城道雄大全集』『古今亭志ん生大全集』『ベートーヴェン交響曲全集』『日本民謡大全集』『SL　蒸気機関車のベスト・アルバム!!』などと並べられて《全集シリーズ》と紹介されることで、音源の「資料」として文化資源化されている。また、ビクターエンタテインメントのオフィシャルサイトを見ると、二〇一五年から二〇一六年にかけて二度目に復刻された『日本の放浪芸』について、「現地録音集」という表記がある。[4] CD復刻版では、利便性向上のため、LPに収録されている音楽芸能が個々に分割されて、「収録曲一覧」にもトラックごとに並べられている。こうしてこのCD復刻版は、「音源集」「現地録音集」として新たに生命を与えられ、文化資源化されたのである。冒頭で紹介した広島の「のぞきからくり」が『日本の放浪芸』を文化的な資源として見出した理由の一つには、こうしたビクター側による『日本の放浪芸』の文化資源化がすでに行われていたことがあると考えられる。[5]

本書の目的は、そのような文化資源化が行われる以前の、一九七〇年代の制作時のLP『日本の放浪芸』シリーズの姿を浮かび上がらせようとするものである。もっとも、発売直後にこの作品に寄せられた約二〇〇〇通の「購買者カード」を丹念に読むと、当時もこの作品を音楽芸能の「資料」として捉えた人々と、小沢という人物の「記録」として捉えた人々とがいる。このことは、一つの作品は制作の意図がどのようであれ、出版されるや開かれたものとなり、決まった一つの姿などは存在しないことを教えてくれる。しかし、「資料」としての側面が強調されたことで、当時の制作者たちにとってこの作品が小沢という人物の「記録」であったということが、現在では共有されにくくなっているように思われるのである。

LP『ドキュメント 日本の放浪芸』と「語り」

一九七一年六月に日本ビクター株式会社(6)から発売されたLPレコード集『ドキュメント 日本の放浪芸――小沢昭一が訪ねた道の芸・街の芸』(七枚組)には、俳優・小沢昭一が探訪して現地録音した音楽芸能とインタビューが、小沢の語りによって紡がれて収録されている。企画者である日本ビクターの当時のディレクター市川捷護《いちかわかつもり》(一九四一～)は、発売前には売れ行きを非常に心配したが、この作品は予想外の売り上げを見せ、年末には日本レコード大賞企画賞を受賞した。続編が企画され、第二作『ドキュメント 又 日本の放浪芸――小沢昭一が訪ねた渡世芸術《てきや》』(五枚組、一九七三年一二月)、第三作『ドキュメント また又 日本の放浪芸――節談説教《ふしだん》 小沢昭一が訪ねた旅僧《たびそう》たちの説法』(六枚組、一九七四年七月)、そして第四作『ドキュメント まいど…日本の放浪芸――一条さゆり・桐かおるの世界 小沢昭一が訪ねたオールA級特出特別大興行《トクダシ》』(四枚組、一九七七年二月)が出版された。そしてホームビデオ時代に入ると、映像版『小沢昭一の新日本の放浪芸――訪ねて韓国・インドまで』(二枚組、一九八四年)が制作されてビデオカセットとVHD(一九八〇年代にビクターが開発したアナログのビデオディスク。LD〔レーザーディスク〕と規格競争をして敗退）で刊行され、これは現在ではDVD化されている（ただし絶版である）。

LPのほうは、一九八八〜一九八九年にはカセットテープ版（全一九巻）、一九九九年と二〇一五〜二〇一六年と二度、異なる仕様でCD復刻版が刊行されている。最初のCD化のときには、LPボックスを小型化したミニチュア的デザインのCDボックス・ケースに収められ、二度目のCD化のときには、オリジナル発売当時のLPサイズのボックス・ケース、LPサイズのオリジナルの解説書、LPの紙の内袋風のCDケースといった、デザイン的にも徹底したこだわりある復刻が行われたほか、購入者限定のハイレゾ音源のダウンロード頒布も行われた。

このような日本の聴覚文化の時空に広がりを持つ『日本の放浪芸』シリーズは、現在でもエッセイや雑誌記事などでは小沢の代名詞のように取り上げられる。ところが、これまで『日本の放浪芸』シリーズは、ひとつの作品として学術的な研究が行われることがなかった。確かにこの作品は、おそらく小沢の思想がそうであったように、研究よりもエッセイのうちに、茫洋としたたたずまいの魅力のまま置いておきたいという欲望を感じさせるところがある。『日本の放浪芸』全四作には、計二二枚のLPレコードに、総計約九〇種を上回る稀少な多種多様の音楽芸能が収録されていることから、その内容を列記するだけで人の関心を十分に引き、博覧強記あるいはディレッタンティズムのうちに人を満足させてしまう力がある。

あまりにも貴重な音楽芸能が収録されているので、理想としては、それらのそれぞれの音楽芸能

（上）最初（1999 年）の CD 復刻版『ドキュメント　日本の放浪芸』シリーズのチラシ（表・裏）
（下）二度目（2015-2016 年）の CD 復刻版『ドキュメント　日本の放浪芸』。豪華化粧箱、LP サイズのオリジナルの解説書、LP の紙の内袋風の CD ケース、未発表音源を初収録したボーナス CD、初公開を含む当時の貴重な資料や写真を多数掲載した「別冊　日本の放浪芸」。税込価格 17,600 円（写真提供：ビクターエンタテインメント）

の専門家による小沢の録音に関する研究を待って、このLP作品全体の研究に取り組みたいところである。しかし、『日本の放浪芸』を研究対象として取りあげてみて意外に思われたのは、この作品に対して学術的な評価を与えることを好まない傾向があることである。これは筆者だけが受けた印象ではなく、制作関係者への聞き取り調査でも、制作当時からそのようであったとの回答があった。その原因を一言でいえば、小沢個人の「語り」が顕在しすぎていて、「学術的」な資料として使えないといったことにあるようである。しかしこれを逆から見ると、アカデミズムにそのような反応を起こさせる「反魅力」が、この作品を満たす小沢の「語り」にあるということができる。さらに、駆け出しの頃の小沢が星の数ほど出演したラジオ劇や、一九七三年一月から開始したラジオ番組「小沢昭一の小沢昭一的こころ」（TBSラジオ）が、劇作家や放送作家が書いたものを小沢が語っているということと比較するならば、この『日本の放浪芸』シリーズは、すべて小沢自身が書いたものを小沢自身が語っているという点で、小沢が自ら時代の「語り」を掬い取って構築した作品であると位置づけることができる。

一方、「学術的」な場でも、レコードの「音源」に「語り」を組み合わせて、自らの音楽観を解説するという手法は用いられてきた。その歴史を辿るならば、レコードに解説書を付する（または解説書にレコードを付する）といった形において、二〇世紀初頭にアメリカのビクター・トーキング・マシーン社から出版されたアンヌ・フォークナー著『音楽の聴き方――音楽史と音楽鑑賞の学習の実習講座、高校・高等専門学校・大学・音楽部・自宅学習の四年間 *What We Hear in Music: A*

Laboratory Course of Study in Music History and Appreciation, for Four Years of High School, Academy, College, Music Club Or Home Study』（一九一三年）が、ビクターのレコード・コレクションを鑑賞しながら西洋音楽史を学ぶ教科書として、長く広く愛用された。日本では一九一〇年代に、日本音楽研究者の田辺尚雄（一八八三〜一九八四）がこの書を模倣しつつ、所有のSPレコード・コレクションを使用しながら西洋音楽史を講じるという形態の講義を全国各地で行い、それを日本音楽史や東洋音楽史の講義に応用している（鈴木 2019: 122-132）。田辺は一九〇〇年代から蓄音機を用いた講演をしていたようで、始めた頃は「蓄弁」（サイレント映画の活動弁士の略「活弁」から派生）と呼ばれたと述べている（田辺 1965:300）。ラジオ講座への出演も多かった田辺の「語り」は、残念ながらその録音が残されていないが、戦後、その「語り」の系譜を継いだのは、彼の弟子の一人である民族音楽研究者の小泉文夫（一九二七〜一九八三）である。学生や研究者のみならず、広く一般聴衆を魅了した小泉のラジオ・テレビ・イベントでの「語り」は、小沢の『日本の放浪芸』と同時代のものとして、いずれ本書の延長線上に比較検討されるべきである。

「世のみなさんの捨てた芸」

ＬＰ『ドキュメント　日本の放浪芸』を対象に腰を据えて研究に取り掛かることにしたきっかけは、レコードの解説書に書かれた、次のような小沢の言葉との出会いであった。

さて、ひとまず訪ね終えての感想は、〔…〕ひとことでいえば、この種の芸能の、断末魔に立ちあったというような実感のみが残った。わずかの例を除いて、殆んどがもう残骸であった。しかし、その残骸にでも接する事の出来たことを私は幸せに思う。もうあと何年かで、それも完全に風化して消滅するであろう。残るとしても、それは「保存」された標本で、生きた放浪芸ではあるまい。〔…〕

それもこれも、明らかに世の中のくらしの変化ゆえである。そして世の中のくらしに密着していた芸能であったからこそ、そのまま一緒にのたれ死するのであろう。生きながらえて人々のくらしの外で余命を保つことを、それは拒否しているかの様にも思える。芸能とは、本来そういうものなのかもしれない。

（小沢 1971.6: 1）

実際、ビクターの市川によれば、訪れた多くの場所で、「あと半年はやく来てくれていれば残っていたのに」という声があったという。もうひとつ挙げておきたい。

あれ〔＝放浪諸芸〕は、一言で片づけさせてもらえれば、世のみなさんの捨てた芸であります。それをそのまま掘り起こして演じてみても、つまりは捨てた世のみなさんに逆らうことになる。

（小沢 1974.7: 4）

これらの引用に表現されていることを要約すれば、標本的な「保存」をする行為や「そのまま掘り起こして演じ」ようとする行為には、「世のみなさん」への信頼や共感が欠落している、という批判である。この小沢の言葉は、伝統音楽・伝統芸能に対して、どのような無形文化財保護の在り方が理想なのかを考えていた筆者を激しく揺さぶり、いまも揺さぶり続けている。小沢が「放浪芸」に見たもの、求めたものは、何であったのか。

「無形文化財」再考

筆者はこれまで、日本の伝統音楽・伝統芸能と呼ばれるもののうち、主に「雅楽」を対象として、音楽芸能の文化資源化のプロセスを解明するための研究を行なってきた（拙著『〈雅楽〉の誕生』、春秋社、二〇一九年）。その途中から、『日本の放浪芸』の研究も始めていた筆者を、二〇二〇年に新しい職場（大阪大学音楽学研究室）で一緒に仕事をすることとなった輪島裕介教授が、「雅楽からストリップまで」とたいへんキャッチーな肩書で学生たちに紹介してくれたことがある。まさにその通りで、筆者の関心は雅楽からストリップまで一貫している。明治以降の近代化のなかで、日本の在来の音楽芸能はどのような新しい価値を与えられて、現在、文化財や文化資源として活用されているのか、ということである。

「文化財」「文化遺産」が国家や民族の文化的アイデンティティの装置として成立するコンテクストに関する歴史研究は、アナール学派の歴史学者ピエール・ノラの編著『記憶の場』(全七巻、ガリマール社、一九八四〜一九九二)が、フランスのさまざまな「集合的記憶を表象する場」を歴史的に読み解き、その国民意識の形成過程を詳らかにすることで一九八〇年代後半以降の人文学に大きな影響を与えた。その邦訳(岩波書店、二〇〇二〜二〇〇三年)が出版された前後の日本においても、歴史学の鈴木良・高木博志編著『文化財と近代日本』(山川出版社、二〇〇二年)、社会学の片桐新自編『歴史的環境の社会学』(新曜社、二〇〇〇年)、荻野昌弘編『文化遺産の社会学――ルーヴル美術館から原爆ドームまで』(新曜社、二〇〇二年)等が出版され、文化財を保存するという、従来は無条件にポジティブなものとして捉えられてきた行為について、その成立過程や価値基準からの再考を促したのである。こうした動きと並行して、文化を「成り立たせている前提条件、そこに働いている諸力やそれらをコントロールしているメカニズムを明らかにする」(渡辺 2013: 29)といった方法論をもつ「文化資源学」あるいは「文化遺産学」のような学問領域が立ち上がった。そこでは、ミシェル・フーコーの「系譜学 généalogie」の方法論が意識されていることは疑いがない。一九八〇年代初頭にフーコーと協働した数少ないアナール学派の歴史家のアルレット・ファルジュは、「ミシェル・フーコーの研究実践そのものがほとんどの歴史家から忌避されてい」たこと、「歴史家たちはミシェル・フーコーについて語ろうとし」なかったことを述べている(ファルジュ 2003: 234-235)。権力を支えるメカニズムの形成過程を見出そうとする系譜学的な歴史と、民衆の集団心理の形成過程を見出そうとするアナール学派の伝統的な心性史とは、その狙いにおいて異なる。ゆえに本書も「無形文化財」を支えるメカニズムを外野から探ろうとする狙いにおいて、系譜学の方法論を取るものである。

日本の「無形文化財」の保護制度は、文化財保護法の制定時（一九五〇年）に行政が敗戦後の危機意識から見切り発車的に進めたことで、現在も多くの問題を携えたまま身動きが取れなくなっているというのが筆者の見解である。現在の「無形文化財」の具体的な問題を、これまでの筆者の雅楽研究を例に要約して述べると、一九五五年に国の「重要無形文化財」に指定された雅楽が、その指定の要件に「楽部部員によって演技演奏されるものであること」という限定の要素を持たされていることで、宮内庁式部職楽部のみに「正統性」が求められる傾向が生じてしまい、他のあまたある雅楽団体が軽視されるといったことがある（鈴木 2019; 鈴木 2022）。楽部は、能・歌舞伎・文楽のような国による伝承者養成のシステムを取り入れようとすることもないのである。

これを海外から眺めてみるならば、二〇〇六年のユネスコの「無形文化遺産保護条約」の発効を契機に、日本の「無形文化財」の保護制度の価値基準が持つ「重要無形文化財」「無形民俗文化財」といった選別的なエリート主義は好ましくない、という意見が提出されるようになったことを指摘しておきたい。ユネスコ内部の現地調査を行った民族学者キアラ・バルトロットは、ユネスコではユネスコの理念が各国家の理念を超えることができないという問題を提起する一方、ユネスコの無形文化遺産保護条約の成立過程において、日本は無形文化財の保護政策の歴史を持つことから積極的に主導してきたものの、その方式は各国代表から徹底的に退けられたことを指摘する（Bortolotto 2013）。実際、二〇〇六年に発効した「無形文化遺産の保護に関する条約」では、「無形文化遺産」の保護は「文化の多様性」の重視に繋がると定義された。しかし日本では、ユネスコへの登録の提案は、「重要無形文化財」「重要無形民俗文化財」等の一覧から順次提出する方針が取られることになった（岩崎 2017）。そのため、二〇〇九年にユネスコの「無形文化遺産の保護に関する条約」に雅楽が登録された時も、日本側が雅楽の担い手として提出書類に記載したのは、宮内庁楽部のみであった。ユネスコの「多様性」の考え方が日本の文化財保護行政に再検討を促すことは、残念ながらなかったのである。

以上のような問題を文化人類学から捉えた飯田卓「『人間不在の文化遺産』という逆説を超えて」（飯田 2017）は、ユネスコと日本の保護制度を「わざ」の担い手のレベルで比較し、担い手に普遍的価値を定めていない点で前者を評価する。この論文を含む、文化財保護システムと現実との齟齬を事例研究によって綿密に描いた珠玉の論考集、飯田卓編著『文化財と生きる』（二〇一七年）は、私たちがもはや無責任に「文化財保護」という言葉を発することを慎むべき時代に生きていることを理解させてくれる。本書もこのような問題系に位置づけられるものである。

本書で扱う資料について

先に述べたように、『日本の放浪芸』はこれまで多くのエッセイや新聞雑誌記事に取り上げられてきたが、一つの作品として学術的な研究が行われたことがなかった。エッセイや新聞雑誌記事はその形式上、記述の出典が不明であったり、個人の記憶であったりする場合がほとんどである。(7) 書かれた記憶というのは、それが当時の記憶か現在の記憶か明確な判断が難しい。これは小沢本人の記憶にも言えることである。アンリ・ベルクソン『物質と記憶』を援用すれば、もとより人間の記憶は、過去の一点の純粋な記憶としては存在せず、蓄積されていく中で常に新しく修正されていくものである。したがって本書では、『日本の放浪芸』の制作当時に書かれたものをソースとして扱うように努めて、後年に書かれたものについては特別な場合を除いて、可能な限り引用することは控えた。

このようなことから本書では、『日本の放浪芸』と小沢に関する資料（小沢本人によるものと小沢以外の人物によるもの）については、できる限り一九六〇年から一九七九年までに刊行された資料に限定して取り上げ、制作時の文脈を再現することを心掛けた。これら一次資料については、本文中、または註で逐一指示をしたほか、巻末に一九八〇年以降の関連資料と共に一覧とした。

また、制作当時の土壌を理解するために、ビクターの元ディレクター／プロデューサー市川氏が所蔵する制作当時の関連資料、市川氏へ筆者が数回にわたって行なった聞き取り調査(8)も分析対象とした。この聞き取り調査には、小沢と市川氏とともに「放浪芸」の録音収集の全国行脚をした、小沢の劇団のプロデューサーであった小川洋三氏が加わった回もある。一九八〇年以降の資料でも、市川氏によって書かれた『回想 日本の放浪芸 小沢昭一さんと探索した日々』(平凡社新書、二〇〇〇年)は、インタビューと照合しながら本書全体にわたって使用した。ビクターに関する情報の照合・調査・助言を、長く市川氏と仕事を共にし、『日本の放浪芸』の二回目のCD復刻時のプロデューサーであり、現在は公益財団法人日本伝統文化振興財団理事長である市橋雄二氏に依頼した。小沢の逝去にともない、『日本の放浪芸』関係資料はほぼ市川氏のもとへ寄贈されたが、その他の小沢の資料は早稲田大学演劇博物館へ遺族によって寄贈されており(「小沢昭一旧蔵資料」)、それらのうち一九六〇年代~七〇年代の資料に関しては、演劇博物館で未公開のものも含めて閲覧する機会を得た。

一九八〇年以降に刊行された資料のうち、一次資料として記しておかなければならないのは、LPの書き起こしを含む小沢の放浪芸関連の著作選集『放浪芸雑録』(白水社、一九九六年)と『日本の放浪芸』(白水社、二〇〇四年)である。これらは著作者氏名は小沢であるが、白水社編集部の和気元氏によって編集された記録性と資料性を兼ねた渾身の二作品である。また、特に序章に関連して、『昭和~平成 小沢昭一座談』(全五巻、晶文社、二〇〇七年)のうち、『日本の放浪芸』制作前後の小沢の対談を収録した第一巻と第二巻を参照した。

小沢の活動全体の年表については、二冊のムック本である『小沢昭一の世界』(白水社、一九八三年）と『KAWADE夢ムック　文藝別冊［総特集］小沢昭一』（河出書房新書、二〇一〇年）の巻末年表を参照した。小沢に関する膨大な雑誌記事については、小沢の元マネージャーである津島滋人氏が作成した一覧を元に調査を広げた。

先行研究については、冒頭で触れたように、『日本の放浪芸』シリーズの全体の構造から捉えた総合的なアプローチを行なったものはほとんどないが、作品の内容を部分的に扱った先行研究や論考は散見され、それらは本書の関連箇所ならびに巻末の資料一覧に記載した。

本書の構成と概要

本書は全五章からなり、『日本の放浪芸』シリーズを時系列に取り上げ、制作の文脈・構成・内容を検討することで、小沢の「語り」によるドキュメンタリー作品である『日本の放浪芸』シリーズの意義を明らかにする。

序章【「河原乞食」という場所《トポス》】では、小沢の初めての単行本『私は河原乞食・考』（三一書房、一九六九年）を分析し、「河原乞食」という言説を生じさせた一九六八年前後の「運動」の時代の文化状況を論じる。日本ビクターのディレクターであった市川がこの書を読んで小沢にLPレコード制作を依頼したばかりでなく、実際にこの書の要素が後の『ドキュメント　日本の放浪芸』のうちに実現していくことから、この書を本書の冒頭で取り上げないわけにはいかない。

第一章【「放浪芸」の誕生と展開】では、第一作の『ドキュメント 日本の放浪芸――小沢昭一が訪ねた道の芸・街の芸』の誕生のプロセスと、その成功と購買者の反応をもとに制作された第二作の『ドキュメント 又 日本の放浪芸――小沢昭一が訪ねた渡世《てきや》芸術』を取り上げる。第一作が「ディスカバー・ジャパン」の流行を背景に成功した側面があることを自覚しつつ、第二作ではそれらとは明確な線引きを行うために、「金に換える芸」、すなわち金銭とのダイレクトな交換によって行われる「放浪芸」を強調し、文化庁による「無形文化財」の選別が定住者の文化に偏重しているという見解を固めていくプロセスを観察する。

第二章【演者と観客の一体化、生と死の一体化】では、第三作の『ドキュメント また又 日本の放浪芸――節談《ふしだん》説教 小沢昭一が訪ねた旅僧たちの説法』の特集である「節談説教《ふしだんせっきょう》」に小沢が見出した意味を分析する。江戸時代に全盛を見た浄土真宗独自の節と語りによる節談説教は、近代化の過程で浄土真宗の内部において禁止されたことを主な理由として、一九七〇年代初頭にはほぼ消滅しかけていた。小沢が節談説教に見出した、演者（僧）と観客（信者）の融合という、近代演劇を超える理想の境地を観察する。

第三章【放浪芸の「日本」の境界】では、第三作と第四作の幕間に、「日本の放浪芸」という表現が人口に膾炙していくなかで、小沢の「日本」の表象が露にされていく様子を観察する。小沢と協働を図ろうと試みたルポライターの竹中労《ろう》が制作したLPレコード集『日本禁歌集』（URC、一九七一年）と『沖縄／祭り・うた・放浪芸』（CBSソニー、一九七五年）における「日本」の表象との比較分析を試みる。

第四章【ストリップを聴くこと】では、第四作の『ドキュメント まいど…日本の放浪芸――一条さゆり・桐かおるの世界 小沢昭一が訪ねたオールA級特出《トクダシ》特別大興行』を取り上げる。この第四作は、一条さゆりと桐かおるという「実力派二大ストリッパー」のステージの実況録音・楽屋での日常会話の隠し録り・楽屋での対談の録音をメインとした、四作品中で最もドキュメンタリー色が濃いものである。小沢がストリップをあえてLPという聴覚メディアに載せたことの意味を考察する。

⁂

日本音楽研究者の小島美子が、小沢の書籍『日本の放浪芸』の文庫版に寄せた「解説」の中に、次のような一文がある。

> 小沢昭一はこの放浪芸を訪ね歩いている頃から、顔のもつ雰囲気が変わってきたような気がする。どこか不安定な、いつどんな風に吹きさらされるかわからないような雰囲気をときどき漂わせるのである。
> （小島 1982: 314）

この印象は、筆者も小沢の一九六〇年～七〇年当時の資料を眺めるうちに何度か見かけた気がする、筆者好みの小沢の「雰囲気」を絶妙に言い表している。本書を読み終わったときの読者諸氏の顔に、「どこか不安定な、いつどんな風に吹きさらされるかわからないような雰囲気」が漂うことがあれば、望外の喜びである。

引用文は適宜、常用漢字・現代かな遣いに改めた。引用者による補足や省略箇所は〔 〕で示した。引用文中のルビや傍点は、明記しないかぎり原文に由来するものである。

また、引用文のなかには一部、今日からすると不適切と受け取られる可能性のある表現がみられるが、レコード制作時の趣旨を明らかにするという本書の目的に照らし、当時の表現のまま収録した。

目次

掬《すく》われる声、語られる芸——小沢昭一と『ドキュメント 日本の放浪芸』

序章

——「河原乞食」という場所《トポス》

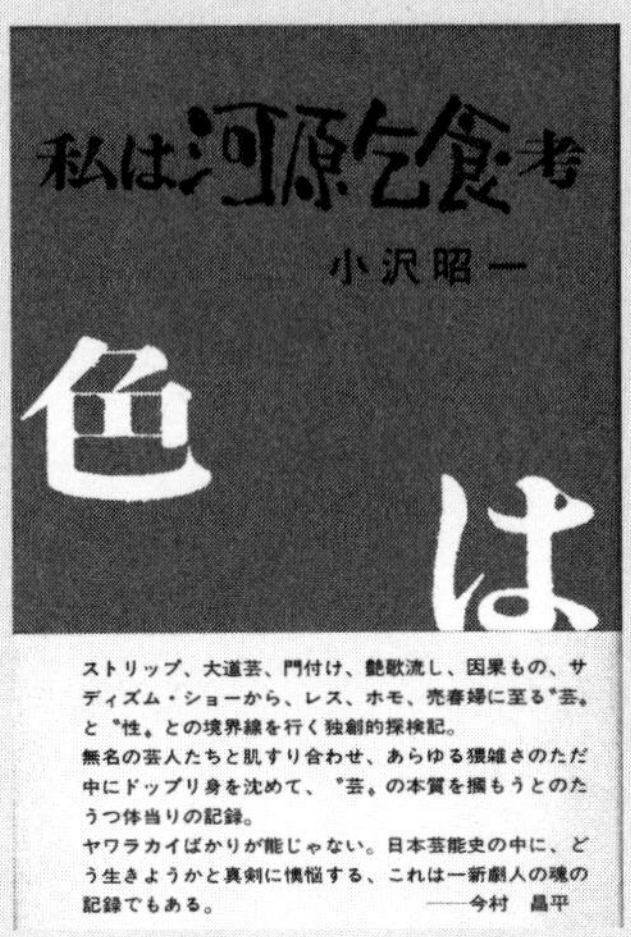
私は河原乞食考
小沢昭一
色は
ストリップ、大道芸、門付け、艶歌流し、因果もの、サディズム・ショーから、レス、ホモ、売春婦に至る〝芸〟と〝性〟との境界線を行く独創的探検記。
無名の芸人たちと肌すり合わせ、あらゆる猥雑さのただ中にドップリ身を沈めて、〝芸〟の本質を摑もうとのたうつ体当りの記録。
ヤワラカイばかりが能じゃない。日本芸能史の中に、どう生きようかと真剣に懊悩する、これは一新劇人の魂の記録でもある。
——今村　昌平

著作『私は河原乞食・考』（三一書房、1969年9月）

契機としての『私は河原乞食・考』

本章では、小沢が一九六九年に出版した初めての著作『私は河原乞食・考』(三一書房)[1]を取り上げる。『私は河原乞食・考』は、新劇俳優として「四十歳にして惑う」小沢が、過去に現在に「〝芸能〟の源を求めて」彷徨するさまを、対談や思索を織り交ぜながら綴ったものである。小沢の友人である永六輔(一九三三〜二〇一六)の『芸人 その世界』(文藝春秋、一九六九年)と共に、「大宅壮一ノンフィクション賞」第一回の予選候補作ともなった作品で、その累計発行部数は、三一書房版は一〇万部、文春文庫版(一九七六年刊行)は一五万部と、ベストセラーの部類に入る売上数といえる。[2]

この作品を『日本の放浪芸』を主題とする本書の冒頭で扱うのには、二つの理由がある。第一の理由は、これを読んだ日本ビクターのプロデューサー市川捷護《かつもり》が、このようなレコードを作りたいという思いを抱いたところから、『日本の放浪芸』の歴史が始まるからである。第二の理由は、この書に吐露されている新劇俳優としての小沢が抱えていた問題(「惑い」)が、『日本の放浪芸』シリーズの制作を経ることによって大きく解決をみるからである。

著作のタイトルにある「河原乞食」または「河原者」という言葉は、中世においては非課税地区であった河原に居住していた人々を指し示す蔑称であった。「河原者」の初出について、林屋辰三郎・植木行宣「河原者の流れ」（一九六二年一〇月）は、次のように述べる。

> 河原者とは、すでに「下学集《かがくしゅう》」が「ゑた、屠児《とじ》也、河原者」といったように、エタの同義語として室町の頃から用いられた称呼である。それは、ひとしなみに「非レ人」とか「蓋人中最下之種」とか唱えられ、賤民のうちでもその最底辺に位置づけられている。
>
> （林屋・植木 1962.10: 26）

これが近世になると、京都四条河原での出雲の阿国による歌舞伎踊りに代表されるように、河原が庶民的な芸能の発祥の地であったことから、芸能者のことを卑しんで呼ぶ用法に転じた。こうした用法は昭和時代まで続き、小沢も自分が俳優になると母親に告げたとき、「なにもお前、カワラコジキにならなくても」（小沢 1969: 99）と反対されたと、この著作の中で語っている。小沢はこの「河原乞食」という言葉を用いて、現在の己の仕事について思索した初期の俳優の一人である。

本章では、当時の小沢にとって「河原乞食」がどのような意味を持っていたのか、この著作を中心に分析して考察を試みたい。ただし、『私は河原乞食・考』という作品の全体を論じることは、本書の主題から大きく外れる。それはいずれ、新劇俳優・映画俳優としての小沢の仕事を分析・評価するときに行われるであろう。したがって本題に入る前に、『日本の放浪芸』との関わりに的を絞って、少し具体的にこの著作に分け入っておきたい。

ビクターの市川は、LP『ドキュメント 日本の放浪芸』の解説書の「あとがき」で、小沢とその『私は河原乞食・考』に関して、次のようなコメントを残している。

小沢昭一氏は私が学生時代から最も深い関心を寄せていた俳優でした。今村昌平や川島雄三の映画にみる小沢氏扮する登場人物は存在感あふれる人間そのものに思えました。氏の著書『私は河原乞食・考』を読みおえたとき、はっきりしたプランも立たぬうちに、ただ何となく、何らかの形で〝小沢昭一のレコード〟をつくってみたいと思い、押しかけていったのです。

（市川 1971.6: 54）

引用の後半部分で、『私は河原乞食・考』がレコード制作のきっかけとなったことが明確に告白されている。さらに注目したいのは、この前半部分で、市川にとって小沢は映画俳優として大きく認識されているということである。小沢自身はこの著作中で、「私は、まあ、所属は新劇の俳優である」（小沢 1969: 103）と述べているように、映画俳優よりも新劇の舞台俳優であることにアイデンティティを持っており、それは生涯、変わらなかったように思われる。この当時の小沢は、崇拝する「戦後新劇の代表人格」（菅 2007:17）である千田是也《これや》（一九〇四～一九九四）の感化を受けつつも、千田の俳優座[3]の傘下にある新人会を離脱し、俳優座演劇研究所附属俳優養成所の二期生として共に学んだ演出家の早野寿郎（一九二七～一九八三）と俳優小劇場を立ち上げて活動をしていた。筆者が聞き取り調査をした俳優小劇場の元プロデューサーの小川洋三によれば、当時の小沢は俳優小劇場の稼ぎ頭として、劇団内部でも一目置かれていたがゆえに、思うままに芸能調査などができたという（市川・小川 2021.12）[4]。市川は映画の愛好家であったこともあり、こうした舞台俳優としての小沢をあまり意識していなかったのかもしれない。もっとも当時、新劇の舞台を見に行っていた人口は映画を見に行く人口よりも少ないものであったろうし、一九五〇年代から一九六〇年代にかけての舞台俳優としての小沢昭一を、生で見ていた人は限られていたであろう。このようなことから、小沢の「河原乞食」の概念を考察するに当たっては、新劇俳優としての小沢について少し振り返っておく必要がある。

新劇との関係から『私は河原乞食・考』に与えられた、よく知られた批判がある。それは、演劇評論家の中原弓彦（小林信彦／一九三二～　）が、『新劇』（一九七二年五月号）の連載「日本の喜劇人」の第九回に寄せた、次のような一節である。

ディテールにおいては鋭いものをもちながら、このエッセイ集が、もう一つ私に迫らないのは、こういうところである。

「……新劇は新劇の伝統をまず作り上げることが急務でありましょう。しかし、それはそれとして、やはり、日本人のわれわれは、日本の伝統芸能に関心が向かざるを得ない。……」

この〈それはそれとして〉というのが、どうしてもわからない。

〈新劇〉人としての小沢昭一がいる。一方に、伝統芸能に心を寄せる小沢昭一がいる。これをつなぐのが、〈それはそれとして〉では、マズいのではないか。（中原 1972.5: 90）

この一節は、これだけを読むと的を射ているように思われる。しかし中原が引用した個所を小沢の原文に確認してみると、それは原文ではやや文脈を異にしていることが分かる。以下に先の引用個所の小沢の原文を、その前後と一緒に抜き出す。

先日、再々演致しました私共の「新劇寄席」のパンフレットに、私はこんなことを書きました。〔…〕

新劇が、かつて歌舞伎や新派を否定して、西欧的な伝統から発生したものであるならば、それには、それだけの必然性があったのですから、たかだか五十年くらいでもう手をひっこめることなしに、新劇は新劇の伝統をまず作り上げることが急務でありましょう。

しかし、それはそれとして、やはり、日本人のわれわれは、日本の伝統芸能に関心が向かざるを得ない。特に、日本の芸能のそもそもの成り立ちといったものが、近頃私はきになって仕方がないのです。〔…〕

つまり、古典芸能と新劇の安易な結びつきは徒労だが、新劇人であるわれわれも、この際、徹底的に在来の日本の芸能を調べ上げてみようじゃないか、ということなのです。われわれ日本人の祖先が愛好し、育てた芸能は、いったいどんなものなのか。　（小沢 1969: 272-273）

まず、この部分は既に書かれていた「新劇寄席」のパンフレットからの引用であることが分かる。新劇寄席とは、小沢が所属する俳優小劇場で行っていた、文字通り「新劇」と「寄席」を掛け合わせる試みの一人芝居である。そして後半部分に、「古典芸能と新劇の安易な結びつきは徒労だ」という状況判断があることから分かるように、二〇世紀初頭からロシアを含む西洋の演劇をモデルとしてきた日本の新劇に、この当時、日本の伝統的な芸能を取り入れる傾向があり、それが「安易な結びつき」に陥っているとの状況への批判として、この文章が書かれているのである。つまり、新劇に日本の伝統的な要素を取り入れようとしていたのは小沢のみではなかった。(5) そうした状況で試行錯誤していたのが、小沢たち俳優小劇場の「新劇寄席」なのである。

こうした「伝統」の創出や発見は、西洋文化をモデルとする近代化の圧力によってアイデンティティに揺らぎを感じた記憶のある、非西洋諸国のいたるところで見られた出来事である。非西洋諸国と書いたが、西洋諸国の内部でも、例えばフランスにおけるブルターニュ地方のように、「中央」と「周縁」の間で同じ近代化の問題は起こっていた。

興味深いことに、小沢は『私は河原乞食・考』を出版したのち、先の小林の批判が出る前に、この問題について思考を深めていた形跡がある。これも俳優小劇場の芸能研究室で試みられた「説教の会」（本書の第一章・第二章を参照）のパンフレット（一九七〇年九月）に書かれた、以下のような文章である。

私、元来、新劇の〝新〟が好きだった。畳も女房も、劇も、新が好き。新劇の新は旧劇に対して名付けられたんだろうが、内容は新思想の新。新思想とは、毛唐……イヤ、外国の思想。そうだ、新劇は外国をお手本にするのが得意中の得意だったんだ。しかし、その外国のマネもいろいろやってはきた。

さあ、そこで今度は、そう、にっぽんという外国にとりかかろうじゃないか。

わが日本という国も、ここへきてどどっとばかりに変わり果てた。何でもそうだが、日本の芸能も、明治以前と以後が、つまりは大きな変わり目である。そして、終戦前と後とが、それに追っ手をかけた。だから、明治以前の日本は、今の日本からみれば、すっかり外国だ。あれはもう、今の日本とは全然別の国、にっぽんである。このにっぽんという外国に存在していた芸能を、一つ調べ上げてみようじゃないか。

（小沢 1972: 62）

過去の日本（「にっぽん」）を外国と捉えて、外国（西洋）をモデルとする新劇の管轄内に囲い込もうというロジックである。これも一種の「伝統」の創出である。

ふたたび中原の批判へ戻ると、「〈新劇〉人としての小沢昭一がいる。一方に、伝統芸能に心を寄せる小沢昭一がいる」ことが、小林が言う「マズい」ことであるとしたら、それはいま述べてきた近代化の問題として、非西洋国や周縁の人々が共有している既成の「マズい」問題でしかない。したがって、問われるべきは「それはそれとして」という部分ではなく、そのあとに続く、「日本人のわれわれは、日本の伝統芸能に関心が向かざるを得ない。」という部分であるだろう。「日本人のわれわれ」とは誰なのか。こうした問いかけに小沢が言葉で回答を出すことはない。彼はそれを舞台俳優として、誰のための演劇なのか、という視点から舞台で解決しようとする。

以上のことから、本章では、『私は河原乞食・考』のなかでも、新劇俳優としての小沢における近代化の問題である、日本の伝統的な芸能と西洋モデルの演劇が交差する地点に着目することで、小沢の「河原乞食」という概念の背景と意義を検討する。

装丁にみる小沢を交差点とする文化地図

『私は河原乞食・考』の装丁は、少し観察するだけでも、一九六〇年代の小沢の生きていた文脈を理解させてくれる貴重な資料である。小沢が新劇の内部で悩むことなく生を営んでいたとしたら、『私は河原乞食・考』も『ドキュメント　日本の放浪芸』も、この世に生まれることはなかっただろう。要するにこれら二つの作品は、彼が新劇俳優として悩み求めたものが形となって世に出たものである。この装丁を例として紐解きつつ、一九六〇年代という時代の小沢と彼の周囲を取り巻く人々を俯瞰しておきたい。

『私は河原乞食・考』を手に取ってみると、四六判で厚さは二センチほど（全二八二頁）であるが、何より目に飛び込んでくるのはその表紙カバーの鮮烈な朱色である。その朱色を背景に黒字で「私は河原乞食・考／小沢昭一」とあるが、「河原乞食」の書体のみ手書きの毛筆で、墨が溜まった丸みのある部分と枯木のような細い線とが組み合わされ、情念的な印象を与えるデザインである。(6) この「河原乞食」の特徴的なデザインは、背表紙の縦書きのタイトルでも同じ書体を保持しつつ改めて書き直されていることから、この書の主題に関わる重要な要素であることが伝わる。

「河原乞食」あるいは「河原者」という、近世以降、芸人を卑しめて呼ぶものであった用語は、後述するように、第二次世界大戦の敗戦後、林屋辰三郎（一九一四〜一九九八）や郡司正勝（一九一三〜一九九八）といった芸能史家によってその用法が刷新されていった。とりわけ郡司は、小沢が芸能史を学ぶために一九六七年から「特殊学生」として六年間通っていた早稲田大学大学院演劇学研究室の教授で、当時の演劇界とも深く関わっていたことから、この言葉に積極的に新たな意味を付加していったものと考えられる。それに連なる形で、小沢だけではなく、永六輔、唐十郎（一九四〇〜　）といった芸能者も、この語をそれぞれの関心に合わせて使い始めたのである。ただし、『私は河原乞食・考』というタイトルから理解できるように、小沢は自らを「河原乞食」と捉えるのではなく、「私は河原乞食」と自称することについて「考」えるという行為を提示していたとい

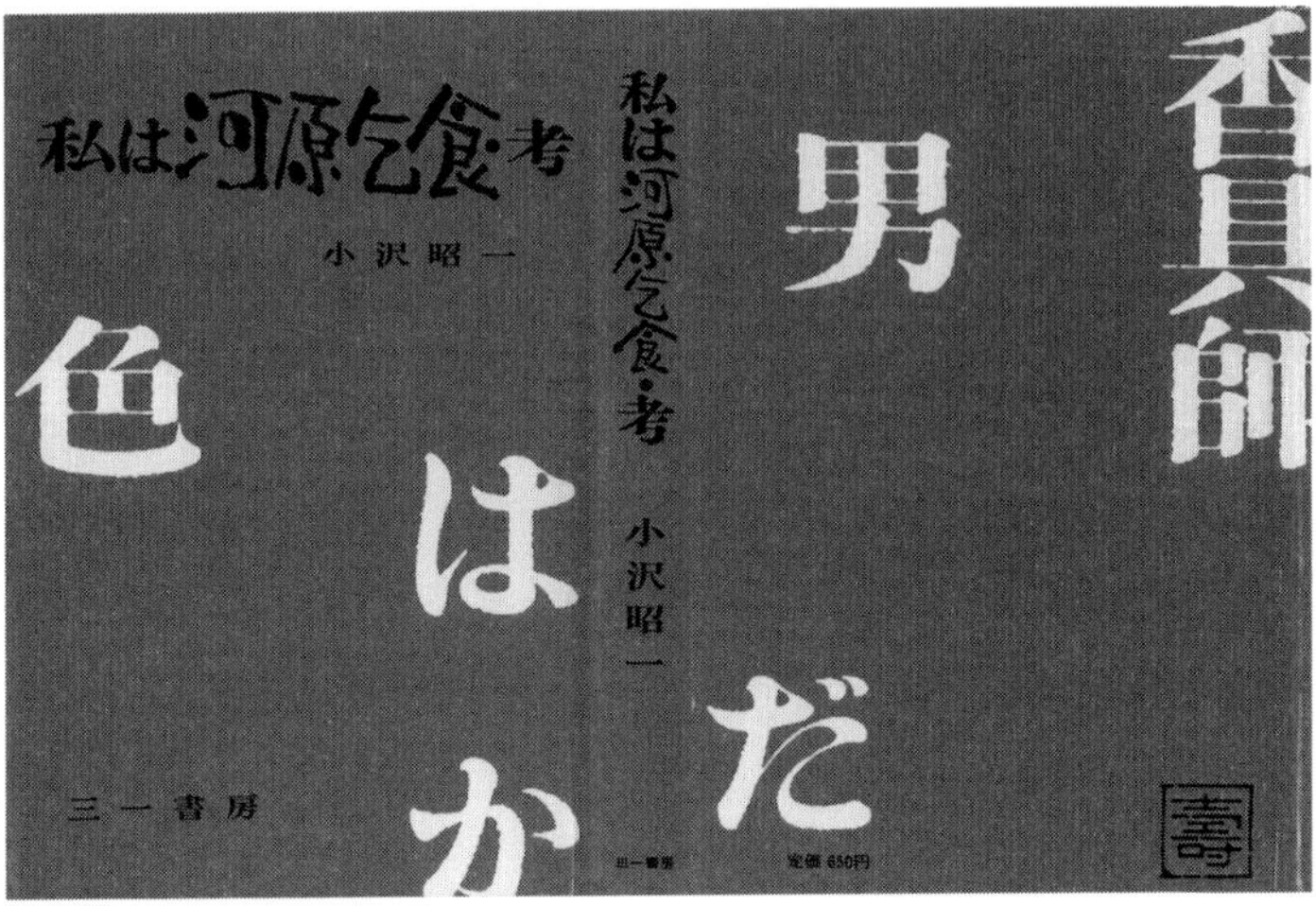

(上)『私は河原乞食・考』のカバー
(下)同書の帯とその書き起こし

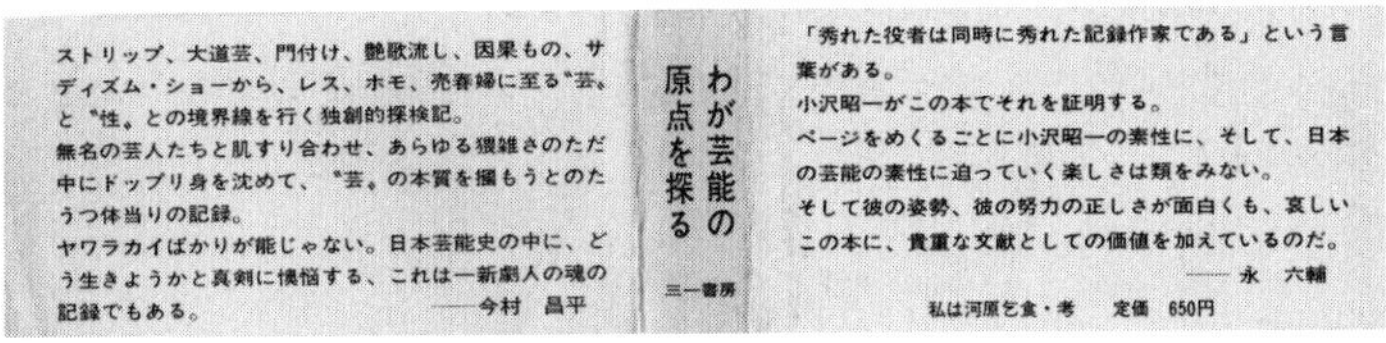

(表紙側) ストリップ、大道芸、門付け、艶歌流し、因果もの、サディズム・ショーから、レス、ホモ、売春婦に到る〝芸〟と〝性〟との境界線を行く独創的探検記。無名の芸人たちと肌すり合わせ、あらゆる猥雑さのただ中にドップリ身を沈めて、〝芸〟の本質を摑もうとのたうつ体当りの記録。ヤワラカイばかりが能じゃない。日本芸能史の中に、どう生きようかと真剣に懊悩する、これは一新劇人の魂の記録でもある。――今村 昌平

(裏表紙側)「秀れた役者は同時に秀れた記録作家である」という言葉がある。小沢昭一がこの本でそれを証明する。ページをめくるごとに小沢昭一の素性に、そして、日本の芸能の素性に迫っていく楽しさは類をみない。そして彼の姿勢、彼の努力の正しさが面白くも、哀しいこの本に、貴重な文献としての価値を加えているのだ。――永 六輔

う点において、唐十郎らのアングラ演劇とはやや温度差がある。これについても後述する。

表紙カバーに目を戻すと、白抜きでいくつかの文字が楷書の活字体で散らばっている。これは表紙と裏表紙にまたがって広がっているので、本をうつぶせにして広げて全体を見ると、

はだか（中央下）
香具師（右上）
男色（右中央から左へかけて）

と読むことができる。これらの三つの言葉は、この著作の三つの部に相当する。

裏表紙側には、右下に二センチ四方の枠付きの古印体で「壽」とある。これは装丁を手掛けた俳優小劇場の早野寿郎の署名である。演出家である早野が、あえて装丁という書物の顔をデザインしていることは、この書が新劇の文脈で演出されたということを端的に示している。

帯のキャッチコピーは、本の内容と市場をつなぐ重要な要素である。高さ四・五センチの黄色い帯には、表紙側に映画監督の今村昌平（一九二六〜二〇〇六）、裏表紙側に永六輔の言葉が寄せられている。これらの文章に、いずれも「記録」という言葉が出てきているのが目を引く。このことは、『私は河原乞食・考』という書物が、「記録」＝「ドキュメント」として捉えられていることを示している。小沢の親しい友人でもある今村は、映画の制作にあたってしつこいほどの取材記録をとる作

家として知られているが、『私は河原乞食・考』の出版前年である一九六七年には、ドキュメンタリーにおける「真実」とはなにかを問う映画『人間蒸発』を発表している。永は、テレビタレントである自分自身のアイデンティティの探求として芸能者について調査をしており、一九六四年に一年間、大阪に滞在して調査を行った。その果実としての『わらいえて 芸能100年史』（一九六五年）のほか、『芸人その世界』（一九六九年）、『芸人たちの芸能史 河原乞食から人間国宝まで』（大宅壮一監修「ドキュメント＝近代の顔」、一九六九年）など、芸人たちの言葉を記録する著作を出版していた。

帯の背表紙部分には、「わが芸能の原点を探る」という文言がある。小沢は一九六六年、早野寿郎演出の『とら』で芸術祭奨励賞を受賞、また同年、今村監督作品『〃エロ事師たち〃より 人類学入門』（製作・今村プロ、配給・日活）で初の主役（違法ブルーフィルム制作者のスブやん）を演じ、毎日映画コンクール主演男優賞を受賞しており、新劇俳優としても映画俳優としても高い評価を得て、師である千田とは異なる性質の力量ある俳優（「怪優」などとも言われた）として認知されていた。しかしそれがゆえに、「日本」の俳優としての内面に、より深い確かな原点＝アイデンティティを求め始めていたと思われるのである。

『私は河原乞食・考』は、これらの人々との小沢の文化的な交差点である。この文化地図に部分的な拡大図をいくつか描くことで、小沢のいわゆる「一九六八年」の文化状況を眺めていきたい。

対談という語り芸

先に確認したように、この書の本文の構成は、大きく「はだか」「香具師」「男色」の三つの要素から成っており、これらはそれぞれ、

I　はだかの周辺
II　愛敬芸術
III　ホモについての学習

という見出しが与えられているが、そのほかIとIIの間に「なかがき・私は芸能史の中にどう生きたらよいのか」、巻末に「付録・落語と私」が置かれている。それらは本文の余剰物であるかのように見えながら、実は二つとも小沢が「惑い」を直接的にぶつけた個所であり、この書の全体を有機的なものにしている。

小沢は「なかがき・私は芸能史の中にどう生きたらよいのか」の冒頭で、「＊本書の原型はこういうことだった」という小見出しのもとに、次のような「原型」を解説している。

昭和四十年の九月、内外タイムス社から、週一回の連載対談をやれといわれた。いわゆる有名人のお歴々とお前一流の破れかぶれ対談を、というわけである。〔…〕これはエライことになったと困惑した。〔…〕

どうでしょう、「非有名人対談」は。名もなく貧しく、美しく……はなくってもいいから、社会の裏側で、じっと一つことをやりつづけている、しかも、世の中からは、蔑視、白眼視、ないしは横目でみられているような、だれが決めたか世の中の、良識とやらいうものからはちょいとずれてるかもしれないが、しかし、ひょっとすると、そのあたりに、人間の真実が、本来の姿が宿っているかもしれないような、そんな人達にあわせてくれませんか。〔…〕

以後四年、未だ新聞掲載中であるが、その中から、芸能、または芸能隣接職能関係の、私のゴヒイキを集め、本稿のために、ひとりふたりくわえて、制限のある新聞よりも、ナカミをコクして、御紹介しようというわけである。（小沢 1969: 93）

これを読む限りでは、『私は河原乞食・考』の「原型」は、あたかも小沢が『内外タイムス』に一九六五年九月から週に一度の割合で連載していた「非有名人対談」（『こんばんは、オザワです』）からの抜粋＋αといった程度のものに見える。(7) しかし、当時、三一書房の編集者であった井家上《いけがみ》隆幸（一九三四〜二〇一八）によれば、井家上が小沢に連載中の対談を単行本にまとめる提案をしたところ、小沢のほうから再インタビューをすることを申し出てきたという（井家上 1985: 473）。その小沢の熱意について、井家上は次のように述べる。

小沢さんのインタビューは、精緻を極めた。大阪での取材、宿で見た分厚い名刺の束、丹念にデータの書きこまれた大学ノート。補足どころか、完全に新規蒔き直しである。僕の心のどこかに、「余技」という感があったが、とんでもない。

(井家上 1985 :473-474)

このように、『私は河原乞食・考』に見られるいくつかの対談は、『私は河原乞食・考』の主題に沿って「完全に新規蒔き直し」されたのである。

小沢のインタビューは、相手を研究対象である「インフォーマント」と設定して情報を引き出そうとする人類学的な手法とは異なり、俳優として相手を演じ得るまでに内面的に理解するよう努めている感がある。そのことが、「聞く人」「聞かれる人」の差を取り除いて相手の心を開かせることに繋がっており、インタビューというよりも小沢らしさのある対話が生まれていったと考えられる。そうした例として、「I はだかの周辺」に紹介されている、日本人の母とドイツ人の父の間に生まれた女性、ストリップ・ダンサーのロスラ・ホーレ嬢との対談「外人ヌードとは何たるかについて」の後半部分より一部を引用する。

ホーレ　あのー、あたくしたちの、こういう商売、みてらっしゃって、どう思われますか。

小沢　そうですねェ。僕は、若い時から、いろいろ通いつめていますから、いまでも、非常にケッコーな、アリガタイもんだと……。

ホーレ　ありがたいもん?!

小沢　アリガタイもんだと感謝してます、本当に。でも、そういう人ばかりでもないでしょうから、そういう御質問があったんでしょうけど。おなじ外人仲間からなんかだと、こういう仕事に対して、なんというか、白眼視するというか……。
ホーレ　はい。それはあります。横浜の街で、外人のご婦人が、自家用車を止めてわざわざ、歩いてる私に何だかだいったことあります。すごい化粧だからこういう商売してるってわかったんでしょうね。わたし、ストリッパーだって立派な仕事だと思ってやってんですけど。
小沢　そうですとも。混血ということについては、若いときいろいろ考えるもんですか、つまり、二つの血が混じってるってことについて。
ホーレ　いいえ、なーんにも。全然、われ関せずです。わたし、わりかし神経質は神経質なんですけど、そういうことについては、全然ヒガンでおらないっていう……。
小沢　そうですか。踊りやる前は何やってらしたんです？
ホーレ　ウフ……先生やってたんです、幼稚園の。ウフ……。
小沢　これはまた……。どこで。
ホーレ　名古屋で。名古屋の保育短大を卒業しまして。二年ね。そしてすぐ、転々と先生やってたわけなんですけど……。少し胸悪くして……。

（小沢 1969: 32-33）

対談は日常会話のように限りなく対等で、この引用の冒頭のように、対談相手のほうから質問や相談をもちかけられることも多い。こうした小沢の対談の技術については、脚本家の大西信行（一九二九〜二〇一六）が『私は河原乞食・考』の書評で、次のように高く評価している。

対談の部分に、小沢昭一の芸が光っている。「うん」とか「そう」とかいうあいづちのひとつひとつが、かれの場合、まことにみごとな芸になっていて、その芸が、特だしのストリッパーや変態ショーの夫婦やオカマたちの、めったに人にはもらすまい深層部分をチョロッとさらけださせて、実におもしろい。しかもそれを浮々とあかるく、いっそ誇らしげに語らせているのがなんともたのもしい。思わずうなってしまうような、かれらのうちあけばなしが、昭一のあいづちにつれてつぎつぎと語られている。これらの人たちは小沢昭一をはっきり仲間だとして話をしている。

（大西 1969.11: 65）

小沢は『内外タイムス』の連載と並行する形で、一九六九年八月から一九七〇年一二月にかけて『週刊アサヒ芸能』にも対談を連載している。これらは現場に小沢といつも一緒にいた永六輔との共著として、『陰学探険』（創樹社、一九七二年）というタイトルで単行本化される。また、『内外タイムス』以前、すでに一九六四年から別の媒体で行われていた対談がまとめられ、単行本『小沢昭一雑談大会』（芸術生活社、一九七二年）に収録される。そして第三章で見るように、『私は河原乞食・考』の出版の後、一九六九年から一九七四年にかけて、『内外タイムス』のほか、演劇雑誌

『悲劇喜劇』『演劇界』『新劇』を始めとするさまざまな媒体に発表された対談一五本ほどが、『清談・性談・聖談そして雑談』（白川書院、一九七四年）に集められて出版され、さらにその後、一九七四年七月から一九七五年一〇月三日まで、『週刊ポスト』に一年二か月にわたって対談を連載しており、これらは『猥学探険』（創樹社、一九七五年）と『雑談にっぽん色里史』（講談社、一九七八年）と分けて単行本化される。

このような小沢の対談の量の異様なまでの多さは、その対談の多くが『週刊アサヒ芸能』『平凡パンチ』といった週刊誌に掲載されたものであったことにもよる。一九六〇年代から七〇年代にかけて、そのような「ブルーカラーの三〇代男性と水商売の女性の読者が多い」（佐々木 2006 :46）場所に週に一回は姿を現して「非有名人」との対談を続けた小沢は、「民衆」を上から啓蒙しようとする既成左翼の新劇人[8]のような立場に身を置くことよりも、「民衆」の中に浸透するひとつの方法を習得したものと推測される。

小沢＋永『陰学探険』（創樹社、1972 年）

『雑談にっぽん色里誌』（講談社、1978 年）

ホストとしての対談と並行して小沢自身も、こちらは「有名人」として、インタビューを受けるゲストとなった。興味深いことに、小沢はそうした場所を利用して、「世の中からは、蔑視、白眼視、ないしは横目でみられているような」人物という、セルフ・イメージを創出していくのである。例として、『週刊大衆』の一九六五年一二月号に掲載された、「ああキビシきは〝トルコ〟の道——八方破れの中に芸道を極める小沢昭一」というタイトルの、小沢へのインタビューを観察してみよう（以下、太字がインタビュアー）。

——あなたは、たしか、〝トルコ道《どう》〟の研究をされてましたが……

（すまして）「ええ、そうです。こりゃきびしい道ですよ。とにかく、実技と理論がマッチしないと、段位がもらえないんです。〝トルコ道〟の新しい道を発見するとか、〝トルコ道〟の学問的裏づけを発見するとかね。〔…〕」

（『週刊大衆』1965.12.16: 69）

ここでいう「トルコ」（＝トルコ風呂）とは、戦後の日本に現れた「個室付特殊浴場」を示す性風俗用語で、一九八六年に「ソープランド」と名称を変えた。「（すまして）」などと記者に書かれているところからは、小沢があえてこの用語を使っている気負いが伝わる。また、続くところでも、

——ワイ談の効用について。

（エたりやオウと）「ワイ談という言葉、嫌いなんだなア。性は清に通ずるでね。ぼくはありゃ清談だと思ってるんです。あんな清らかなはなし、ないでしょう。だから日常茶飯事のように、老いも若きも、朝から晩まであれやってりゃ、戦争なんかする気にならないと思うんですがね」

——自評をどうぞ。

（ちょっと首をひねってから）「ダメな男でねエ……。しかしこれくらいのダメさ加減じゃまだまだダメだから、もっともっとダメにならなきゃあ、真のダメ男にゃなれない、ってそういう風に言いきかせてるんですが……」

（『週刊大衆』1965.12.16: 69）

ここでは「猥談」を以って反戦運動とし、もっと「ダメな男」になりたいなどと述べることで、逆に小沢のインテリ性が暴露される結果に終わっている。しかしこれらのインタビューからは、小沢が自分を「トルコ道」を究めるといったイメージで売り出そうとしている、生々しい努力の過程が追跡できる。これらのインタビューは時代的に見ても、小沢の名を決定的に世に知らしめた映画『〃エロ事師たち〃より 人類学入門』（一九六六年）以前のものである。このことから、後に有名になる「エロ事師」というイメージの形成以前から、「トルコ道」を究める者というイメージ戦略を自ら図っていたことが分かる。この映画の公開ののちは、「トルコ道」とともに「エロ事師」の表記も多くみられるようになる。(9)

一九六〇年代からホストとしてゲストとして続けられた小沢の対談による、「トルコ」「エロ」を主題としたイメージ戦略には、現在のジェンダー問題の視座からいえば、時に小沢のようなインテリには似つかわしくないほどの「不適切な表現」もみられる。だがそれゆえにこそ、「大衆」を啓蒙しようとする既成左翼的な新劇人となることを回避するための、いわば「大衆路線」のプラットホームとして、小沢が対談という語り芸によってこのようなセルフ・イメージを丹精込めて構築したことが理解できるのである。

アメノウズメとストリップの接続——河竹繁俊の影響

小沢が『私は河原乞食・考』の「I　はだかの周辺」とそれに続く「なかがき」で行うのは、ストリップを「芸術」とする敗戦直後に誕生した言説（京谷 2015: 227-231）からの脱却を図ることである。そのために小沢は、記紀神話に出てくるアメノウズメをストリッパーまたは俳優の起源として芸能史に位置づけようとする。記紀の記述によれば、天照《あまてらす》大神が弟の素戔嗚命《すさのおのみこと》の粗暴な行為に憤慨して天岩屋戸《あまのいわやと》に閉じ籠ると、世の中が暗闇《くらやみ》になってしまったので、神々が天安之河原《あめのやすのかわら》で相談して、天宇受売命《あめのうずめ》（『日本書紀』では天鈿女命）に岩屋戸の前で神懸かった裸踊りをさせて騒いで、天照大神を外へ誘い出したのである。以下で順を追って観察するように、アメノウズメとストリップの接続を試みる芸能史の言説は、小沢が母校の早稲田大学で受けた河竹繁俊（一八八九～一九六七）の日本演劇史の授業と、一九六七年に再び研究生として通うことになった早稲田大学演劇学研究室の郡司正勝の芸能史との関係から紡ぎ出されたものである。

小沢は「なかがき」で、日本の芸能史をアメノウズメによって始める。

「古事記」に、天照大神は、弟のオスサちゃんが、タフガイすぎてあんまり乱暴狼藉を重ねるので、遂におこって天の岩戸へ入って出てこない。〔…〕かくて河原にくりひろげられたのが、巫女《みこ》の御先祖、天鈿女命《あめのうずめのみこと》——悩殺！　シャーマン・鈿女の、唄って踊る、エロと笑いの特出し大会。〔…〕乳を出してもホトをみせても、おまわりさんに叱られはしない。なにしろ神さまのお怒りを鎮めるためのストリップだからである。〔…〕

「日本書紀」では、天鈿女命の岩戸前の乱舞を、「俳優《わざおぎ》」をなしたと記している。俳優《はいゆう》という語は新しい言葉だが、われわれ俳優《はいゆう》の発生的性格は、まず「俳優《わざおぎ》」であり、わざをもって神にいのり、神をよびよせ、神がかりし、神をしずめた巫女であったのである。

（小沢 1969: 95-96）

ここには、アメノウズメ＝ストリッパー＝巫女＝俳優という図式が提示されているが、この図式は実は河竹が創出したものであったことが、後年の小沢によって次のように語られている。

戦後間もないころ、早稲田の河竹繁俊先生が、日本演劇史の講義で、アメノウズメノミコトはストリップの元祖だとおっしゃったとき、学生はどよめいたものでありますが、先生の著書『日本演劇全史』にはまた、

「『日本書紀』には、この天宇受売命を猨女の君の遠祖と書いてあることも注目される。猨（猿）女の君は上代日本の巫女というので、神事に神楽を舞い、鎮魂の儀礼を行うことを職能としていた」

とあります。

（小沢 1998b: 63）

河竹の『日本演劇全史』（岩波書店、一九五九年）には、ストリップではなく「半裸舞踊とかフラダンス」（河竹 1959: 11）とあるが、河竹の『概説日本演劇史』（岩波書店、一九六六年）には次にようにある。

『日本書紀』では、天宇受売命を、上代日本の巫女《みこ》である、猨《さる》（猿）女君《めのきみ》の遠祖であるとして、神に仕える巫女の由来にまで格付けしている。此の天石屋戸の伝説については、日蝕を回復しようとする祈禱舞踊であるとか、シャーマニズムに類するものであるとか、被征服民族に対する宣撫懐柔の策であろうとか、さまざまな解釈が行われているが、それはともかく、宇受売《うずめ》の舞踏のような、性的魅力を多分に発散した一種のストリップが、『古事記』のできた

七世紀以前にすでに日本にも存在していたことは想定されてよいであろう。（河竹 1966: 11）

河竹の芸能史が小沢のアメノウズメ観に影響を与えたことは確かである。このような河竹の言説の背景には、どのようなストリップ観があったのだろうか。

敗戦後の日本で展開したストリップの歴史については、さまざまな著作がある（中谷 1975; 橋本 1995; Dumont & Manigot 2014; 京谷 2015; 泉 2022.1）。詳細はそれらに譲るとして、ここでは日本におけるストリップの概念の変遷を概観しておきたい。

一九四七年、敗戦後の混乱の残る東京で、日本で最初の女性ヌードショーが開催された。新宿の帝都座五階劇場で行われた「額縁ショウ」（正式名称は「名画アルバム」）である。これは、東京宝塚劇場の代表取締役兼社長であった秦豊吉（一八九二～一九五六）が始めたもので、ストリップの起源としてよく語られる。[10] しかし正確に言えば、裸の女性が西洋風の活人画のように大きな額縁の中で静止しているだけであるこの「ショウ」は、観客の前で衣装を脱いで焦らせながら裸を見せる「ストリップ」ではない。小説家・翻訳家の田中小実昌（一九二五～二〇〇〇）によれば、その五、六週間後、渋谷東横デパート四階の軽演劇小屋「東京フォリーズ」で、ダンサーが舞台上でブラジャーを外したのが最初のストリップということになる。[11]

西洋活人画の「額縁ショウ」に端を発する、ストリップを「芸術」とみなそうとする言説は、木下恵介監督の日本初のフルカラー映画『カルメン故郷へ帰る』（一九五一年）で、生まれ故郷の村へ凱旋するストリッパーを、「芸術」の名のもとに受け入れようとするカリカチュアとして用いられるほど、人口に膾炙した。一九五二年には、浅草ロック座の総支配人である森福二郎が、複数の大学の女子学生をストリップ劇場に招いて、ストリップを「芸術」とみなすべく実演している。これについては荒俣宏がその著『万博とストリップ』（集英社新書、二〇〇〇年）に当時の写真とともに紹介しており、客席の背もたれの後部には、学習院女子大学、お茶の水女子大学の指定席の張り紙が見える（荒俣 2000: 19）。本書にとって興味深いのは、この後、森福二郎がストリッパーとともに早稲田大学の演劇博物館へ赴き、ストリッパーが陰部を隠すために身に着ける「Gストリング」を寄贈したことである。これも荒俣によって写真とともに紹介されているのであるが、この写真では、二代目館長である河竹繁俊が、坪内逍遥像の前での寄贈式で差し出されたGストリングを受け取っている（荒俣 2000: 21）。荒俣が指摘するように、河竹はストリップを「芸術」とみなそうとする寄贈者の趣意に賛同したと言えるだろう。

一九四七年の労働基準法制定の後も女性の労働条件は悪く、性的対象として搾取されやすい女性の状況は改善されないままであった。そうしたなかで、早稲田大学の演劇学においてアメノウズメを日本最初のストリッパーであるとする言説が維持されたのは、この時期のストリップの言説にしばしば散見されるように、ストリップという「脱衣」の行為が戦前の皇国史観からの解放と戦後の解放感のアナロジーとして働いていただけではなく、ストリップを「芸術」とする言説が、女性の解放を意味するケースもあったからであると考えられる。もちろん、それが女性の解放として実際に機能していたかどうかは別の話である。なにより、次に観察するように、小沢がこうした一九五〇年代のストリップを「芸術」とする言説を否定し、一九六〇年代に自らのストリップ観を提示していくのは、性と芸能にまつわる根源的な問題を乗り越えようとするものであった。

ストリップと「河原乞食」の接続――郡司正勝の影響

『私は河原乞食・考』の「I　はだかの周辺」は、〈前説・ウレシイ大阪〉という大阪文化礼賛の章で幕を開ける。冒頭の一頁から一三頁までが、性表現や性産業の都としての大阪の景観描写で埋め尽くされることで、大阪が礼賛されている。このような東京人の「他者」への眼差しに対して、大阪人ではなくとも異を唱えたくなろうが、それゆえにこそ冷静に読み直してみると、これは小沢がこの「I　はだかの周辺」で、日本のストリップの起源を上方に求め、それと自らの東京のストリップの記憶を接続しようとする意図的な導入であることが理解できる。そのプロセスを観察していこう。

〈私のオクニ＝清水田鶴子のことどもについて＝語り手・小沢昭一〉という章で、小沢は戦後のストリップ史をたどり、「額縁ショウ」「東京フォリーズ」よりも早い時期に大阪の「今里のふたば館」「千日前の南地劇場」で女性が脱衣していたことを聞き知ったとして、「わが愛する大阪が、東京方より一足先に、ハダカの先鞭をつけてる《〔ママ〕》ことを知って、私はひと安心」（小沢 1969 :37）と喜びを言葉にする。そしてここから小沢が述べるのは、大阪のストリップではなく、自分の経験として記憶にある東京のストリップである。

当時まだ学生だった私も、アルバイトの貧苦の底にあえぎながら、ストリップ通いをしたなさけない学生であった。浅草はもとより、新宿、池袋。銀座にもあったし、錦糸町にもあって万遍なく通ったものだが、特に浅草は好きだった。愛読していた永井荷風を気取ったのかも知れない。（小沢 1969: 37-38）

「かも知れない」と控えめに最後を結んでいるが、後述する新劇寄席での『榎物語』（永井荷風作）のみならず、小沢の嗜好における永井荷風（一八七九〜一九五九）への傾倒は無視できないものがある。荷風は浅草フランス座（荷風が名付け親である）や浅草ロック座のストリップの常連で、客席だけではなく楽屋にもしばしば姿を現した。マスコミに写真を撮られるのが嫌いで有名な荷風が、しかし踊り子たちと一緒に楽屋で嬉しそうに撮られている写真は多く、荷風のストリップ好きは一般にも知られていた。『私は河原乞食・考』で踊り子たち

東京足立区の本木セントラル劇場（関西ストリップの専門館）の楽屋（写真は『私は河原乞食・考』、1969年、42頁）

と一緒に写真に撮られている小沢の写真は、そうした踊り子たちと荷風の写真を彷彿とさせる。小沢は日舞ストリップで人気のあったストリッパーの清水田鶴子に恋焦がれていたが、荷風は清水田鶴子に、「八文字ふむや金魚のおよぎぶり」という句を贈るといった、学生の小沢には手の届かぬ大人の世界の住人であった（小沢 1969: 38）。勇気を振り絞って清水田鶴子の楽屋へ行った小沢がほとんど口もきけずに帰ってきたのと比較して、踊り子の楽屋風景に何の衒いもなく溶け込んでいた荷風は、いわばその世界の「クロウト」としての姿を小沢に見せつけていたであろう。先に述べた「トルコ」「エロ」のイメージ戦略は、荷風への傾倒に由来する可能性がある。

こうした小沢自身の東京でのストリップの記憶が、清水田鶴子を介して、次のように大阪に接続されていく。

浅草のロック座に清水田鶴子というストリッパーがいた。その昔、明石潮の剣劇一座の二枚目だった朝日市郎が、大阪で組織して浅草に乗りこんで来た一座のスターで、名づけて日舞浮世絵ショー。日舞のストリップである。おそらく、東京における腰巻ストリップの元祖であろう。私はこの清水田鶴子の熱烈なファンになった。（小沢 1969: 38）

小沢はこのように述べた直後、「私の脳裏にはこのストリップ一座にそのかみの出雲のお国一座がだぶっていた」として、芸能史を慶長年間の四条河原町に遡る。

たしかに、お国歌舞伎の亜流には、シロクロまがいの芸もあり、演じ手は河原者といわれる賤民であった。〔…〕しかし私は、戦国の乱世ようやくしずまったあと、いち早く河原者が、流浪の遊女群が、猥せつだろうと何だろうと、民衆の中におどり出て喝采をはくし、新しい芸能ジャンルを創りあげたことに注目したい。長い間の戦乱に押しひしがれていた民衆が、そのたまったエネルギーを爆発させて、〝かぶいて〟いってなんのわるかろう。太平洋戦争の焼けただれた街から、ストリップが生まれたこともまったくそれと符合する。戦争からの解放に、まず、帯を「解」き、衣を「放」ったのである。うっぷんばらしの先兵は常に賤民＝芸能者であった。

（小沢 1969: 39-40）

「猥せつ」な踊りをした「河原者＝賤民」であるお国に始まる歌舞伎芝居が、権力によって禁止されるたびに新しい芸能を作り上げて民衆に喝采を受けてきたという、「I はだかの周辺」と「なかがき」に重ねて陳述されている小沢の芸能史は、小沢自身によって、林屋辰三郎『歌舞伎以前』（一九五四年）、郡司正勝『かぶき入門』（一九六二年・初版一九五四年）、後藤淑《はじめ》『日本芸能史入門』（一九六四年）からの「ウケウリ」であると記されている（小沢 1969 : 39 ; 98）。

小沢の独自性はこれらの研究の上に、引用の後半にあるように、「戦乱に押しひしがれていた」がゆえに発展したという「河原乞食」のお国歌舞伎が、敗戦後の焦土でストリップが生まれて喝采を受けたことと「符号する」、と捉えたことである。このようにして小沢は、上方の「河原乞食」のお国の芸能史と、戦後の浅草の「私のオクニ」の記憶を繋いだのである。

書き換えられた「河原乞食」

興味深いのは、続くところで小沢が、「アジめいて、恐縮である」と断っていることである。こうした過去と現在を繋ぐ芸能史が、現在において反権力・反体制を煽動するアジテーションの役割を果たしていることを意識しているのである。

この点に着目して『私は河原乞食・考』を再読すると、この「なかがき」は、『私は河原乞食・考』全体を貫通する小沢の主張にみられる反権力・反体制を煽動する機能を担うものであり、本来はこの書の冒頭に置かれるべきものであることに気づく。おそらく小沢は、当初はこの「なかがき」の部分を冒頭に置くために執筆したが、「アジめいて、恐縮」したことで、「I　はだかの周辺」を緩衝材としてそのあとへ配置したのではないだろうか。「なかがき」に「＊本書の原型はこういうことだった」という、通常は冒頭で言及されることの多い内容があるのも、また、Iと「なかがき」といずれにも郡司や林屋の著作が重複して紹介されているのも、その名残りとして考えると納得がいく。

しかしもとより、郡司や林屋こそが、芸能史研究において「河原者」「河原乞食」の用法を芸能者の復権のために書き換えようとしていたのである。このようなアジテーションとしての歴史研究は、郡司や林屋の歴史学の時代背景として、敗戦後の日本における「国民的歴史学運動」を類推させる。「国民的歴史学運動」とは、マルクス主義歴史学に依拠した民主主義科学者協会（民科）歴史部会が一九四九年から五六年にかけて展開した歴史学の運動で、日本中世史を専門とする歴史家である石母田正（一九一二〜一九八六）を主唱者として、「これまで歴史学の対象からは抜け落ちてきた人々を主体とした新たな日本史像を創造する」（小国 2002.3: 47）という理想を持っていた。今谷明『天皇と戦争と歴史家』によれば、林屋はむしろリベラリストの立場で芸能史研究の第一人者として知られるようになったというが（今谷 2012: 222-239）、音楽史や芸能史の研究が国民的歴史学運動とどのような位置関係にあったのか、今後さらなる解明が求められよう。ここでは「河原者」「河原乞食」との関わりから、少しだけ具体的に事例を観察しておきたい。

一九五二年二月の『綜合世界文芸』（早稲田大学文学部綜合世界文芸研究会編）に掲載された、郡司の論考「河原者と芸能」の一部を引用する。

江戸時代の二大育成地として、すでに、史家の指摘せる遊里と芝居街とは、当時の社会観からは、二大悪所として忌憚されつづけてきたところであった。遊里は「古来畜生といふ」（『世事見聞録』）人種が住んでいたところであり、芝居は「河原乞食」の世界であって、当時の社会観からすれば、いずれも士農工商の階級からはずれた、非人あるいは賤民といわれる部類に属していたので、彼らは人間ではなかったのである。しかも、江戸の芸術は、直接間接にこの二大悪所なくしては生まれ得なかったところに、芸術としての憧憬と侮蔑感とが入り交った、不思議な感動として残ったのである。

（郡司　1952.2: 104-105）

このような「悪所」に対するポジティブな評価は、のちの広末保『悪場所の発想 伝承の創造的回復』（一九七〇年）や田中優子『江戸の想像力』（一九八六年）へと継承されるものである。[12]一九六二年一〇月には『國文學 解釈と鑑賞』が、「芸能・芸人の系譜」という特集を組んでおり（昭和三七年一〇月特集増大号）、寄稿者には林屋と郡司の名が見られる。本章の最初に引用した林屋・植木の論考「河原者の流れ」もこの特集号の一部であるのだが、その冒頭は次のように始められている。

芸能人は、いまやまさに〝現代の英雄〟とも称すべき存在である。しかし、近代以前にあっては、芸能にたづさわるものは、賤民的存在としてきびしい蔑視を蒙っていた。芝居関係の人々は、近世ではとくに「河原者」とか「河原乞食」とかいう賤称でよばれ、「制外《にんがい》」の者として処遇せられる場合が多かったのである。〔…〕

ここでは、かかる久しい卑賤視と差別のなかで、かずかずの優れた文化を育成した「河原者」の流れを、芸能とのかかわりにおいてとらえてみたい。

（林屋・植木　1962.10: 26）

林屋・植木の「河原者」「河原乞食」の研究もまた、同時代に「現代の英雄」となった芸能人の存在によって、ひとつの新しい意味を持ったことが自覚されているのが理解できる。つまり、芸能史研究において「かずかずの優れた文化を育成した「河原者」の流れ」に着目するという、芸能者の復権運動が行われたのである。そして、一九七三年一月には、同じく『國文學 解釈と鑑賞』が「放浪の系譜・日本芸能史」という特集を組み、巻頭で郡司が「放浪芸能の系譜」という論文を書いている。その文中には小沢の「放浪芸」の話が出てきており、すでに出版されていた『日本の放浪芸』が関心を集めていたことが確認できる。

こうして書き換えられていった芸能史を背景に、小沢は『私は河原乞食・考』において、「河原乞食」について三つの主張に沿った考察を行う。

まず一つ目の考察は、茶の間を賑わし始めたテレビタレントへ向けられたものである。

> つまりは、ついこの間まで、われわれ芸能者は、税金もおさめずに、かわらもの、かわらこじき、であったのだ。〔…〕
>
> ところが、ごく最近になって、マスコミの発達とテレビの出現に前後して、芸能人は、かわらから一躍メインストリートを闊歩するようになった。
>
> （小沢 1969: 98-99）

ここには、永六輔による「河原乞食」の言説との親和性が顕著である。永は小沢に誘われて、一九六六年から雑誌『話の特集』で「われらテレビ乞食」と題する連載をしていた（矢崎 2005: 109-110)。「河原乞食」に「テレビタレント」とルビを振った永が、この時期、テレビタレントである自分自身のアイデンティティを探求して芸能者たちの調査をしていたことは、先に述べたとおりである。

二つ目の考察は、芸能者への現実の差別の問題である。同和問題を扱った今井正監督の映画『橋のない川』（一九六九年二月公開。原作は住井すゑ、一九六一年）へ出演したことが、こうした差別を考えるきっかけとなったとして、次の記述がある。

この日本では、げんにいま、人が人を差別している。居住、就学、就職、結婚など基本的生活における具体的な差別である。芸能人の差別をさきほどイキマイタが、これにくらべたら、チャンチャラおかしいと笑われよう。しかし、私は、私なりに、芸能者の差別史を、部落差別反対のエネルギーの核にすえて、あの映画に出た。（小沢 1969: 100-101)

自らが提起している「河原乞食」が、机上の「チャンチャラおかしい」ものであることを、小沢は理解している。次章で観察するように、小沢は『日本の放浪芸』の録音収集の旅で実際に差別を受けている芸能者たちや、差別のゆえに芸能者であることをやめた人たちと出会ったことで、それ以降、「河原乞食」という言葉を控えるようになるのである。
そして三つ目の考察は、文化政策に関する次のような主張である。

もともと、芸能が、芸能の「出身地」をはなれて、支配者の側についた時には、その芸能はみじめであった。これまた日本の芸能史が証明済みだ。宮中に入った雅楽。武家式楽となった能。「演劇改良」とやらで洗われて、明治大帝の天覧に供した歌舞伎。大政翼賛会推薦の愛国浪曲。――体制がわにくみいれられた時、その芸能は輝きを失って滅びる方向へまっしぐら。そしてその反対のがわにいる限り、芸能は、涙と怒りをはらにこめ、猥雑、放埒などハレンチな毒をもドップリと包んで、みずみずしく、溌溂として民衆を楽しませるのである。

（小沢 1969: 102-104）

「体制がわ」によって行われる文化政策が、「体制がわ」ではない小沢自身の劇団の立場から批判されていることは明らかである。このような「体制がわ」による洗練された「芸能」「芸術」を否定する言説には、明らかに郡司正勝の影響がある。小沢はこの書の「II 愛嬌芸術」で、流しの芸人について語った後、郡司の次のような文章を引用している。

「おそらく〈語り〉には、もと〈騙る〉という表現芸術以前の原罪的性格があって、ながい歴史を騙ってきた古代の傀儡子以来の漂流民が、しっかりと大衆の泣きどころを把んできた悪党の生活がかかってきたのであろう。祭の日のジンタとともに、どこからかやって来て、血を騒がし、娘っ子などを家出させ、やがて哀愁を残して、風のごとく去っていってしまう正体なき漂泊の芸人の群の心情は、おそらく今日の〈流し〉にまで、かすかに水尾を曳いているのだろうが、そこには、身をもってのめり込んでゆく、売りものと買いものがあるだけで、芸術のための表現などという高尚なものはありえないのではないか。むしろ、そこには、〝芸術になってやるものか〟といった無言の血の伝統の抵抗があるようにおもわれる。」――郡司正勝――（小沢 1969: 162）

この郡司の文章の初出は、小沢の主演による俳優小劇場公演「あんじぇら曼陀羅」（人見嘉久彦作、早野寿郎演出、一九六九年）のパンフレットである（小沢 2005: 225）。「芸術になってやるものか」という表現は、その後、「芸術になってやらぬ芸」といったバリエーションを見せながら、『日本の放浪芸』のキャッチフレーズとして使用されていく。引用文中の「漂泊の芸人」が、『日本の放浪芸』のアイディアのもととなることも察しが付く。郡司は歴史学者でありながらも、小沢のみならず実際の演劇人・芸能者たちとの実践を通した交流を行う異色の人物であり、当時の演劇界における影響は大きいものであった。

アングラ演劇の旗手であった唐十郎（一九四〇〜　）は、彼の劇団「状況劇場」（紅テントで知られる）のために「河原乞食」という言葉を戦略的に使用して、小沢以上にこの言葉を流行させた人物である。唐が「河原乞食」を初めて使用するのは、一九六六年の新宿戸山ハイツ灰かぐら劇場での『腰巻お仙忘却篇』（唐 1976: 108-109）である。[13]

こうしたことも背景に、『私は河原乞食・考』の出版の二年半後（石垣純二との対談、『毎日ライフ』、一九七二年五月）には、小沢自身がこの言葉からの撤退を図ろうとする、次のような言葉が見られる。「あれから二年半、いまや河原乞食という言葉にある種のカッコよさがあるということになりますと、もうその言葉を口に出すのがいやになりました」（小沢 1974: 87）。

唐は、アングラ演劇の立脚点を構築するために新劇俳優としての千田を攻撃したが、小沢は、いわゆる「新劇アカデミズム」の時代に千田の演技を見て、「千田是也の演技は、いままで観たどの俳優の演技とも全く異質であった。それは人間存在としての異質さから来るものでもあったが、私には、ただただ衝撃であった」（小沢 1987: 309-310）というほどの感銘を受けたことで、新劇の門を叩いたのであった。したがって、唐による「河原乞食」を共有するには、小沢はあまりにも新劇俳優としての千田を敬愛していたと考えられるのである。

新劇寄席――「シロウト」が「クロウト」を越える試み

最後に、「付録・落語と私」を検討しておきたい。「落語と私」は、『私は河原乞食・考』の付録のために書かれたものではなく、一九六六年に上野の寄席である本牧亭のパンフレット『ほんもく』に連載されたものの再録である（小沢 1969: 279）。これも「なかがき」と同じように、小沢の最も主張したいことが含まれているにもかかわらず、否、それがゆえに、「付録」という位置に置かれたものと推測される。この文章の内容は、小沢が新劇俳優になるまでの経歴と新劇俳優となることを選んだ理由を語ったものであり、時系列的には冒頭に置かれるべきものであった。

「落語と私」からは、小沢の俳優としての生い立ちが新劇から始まるのではなく、幼少時から親しんだ寄席に始まることが理解できる。寄席で習い覚えた落語を学校の演芸会などで演じてきた小沢は、しかし大学受験を控えて、文筆家で寄席研究家の正岡容《いるる》（一九〇四〜一九五八）に弟子入りをし、落語を研究する立場に身を置くようになった。そして前近世的な芸能者の在り方であった「クロウト」としての落語家に憧れつつも、それにはなれない自分に気づいたことで、「シロウト」でも学習すればできる（と当時の小沢が考えた）新劇俳優の道へ入ったのである。[14] ここに、「シロウト」である自分が、どうしたら「クロウト」のようになれるのか、という疑問を含んだ芸能論の種が蒔かれる。「シロウト」が「クロウト」をどのように凌ぐかということは、「新劇」と「寄席」をどのように繋ぐかということである。「新劇寄席」とは、この芸能論の種を舞台において発芽させようとした出来事なのである。

その試みは、一九六二年七月の「俳優小劇場　第二回　後援会の夕べ」で始められたようである[15]が、「新劇寄席」の枠での小沢の一人芝居『とら』（作・田中千禾夫《ちかお》）の初演は、一九六三年七月二四日～二八日、六本木の俳優座劇場である。[16]『とら』は、主人公である「老いたる香具師」が大酒飲みであることを意味する「大虎」と、彼が舌先三寸で売る「新家庭虎の巻」とを両輪として物語が進行する。小沢の『とら』が新しかったのは、香具師である小沢が黒子の姿で、三味線の曲師を伴った香具師の口上を取り入れたことである。これは、新劇寄席での二作目の演目である『榎物語』（初演一九六七年）でも同様で、人を殺めた僧侶を描いた永井荷風の一人称語りの小説を、「浪花節の研究の成果や説教節、お経、御詠歌、阿呆陀羅経その他もろもろ」（早野 1972）によって演出して舞台に上げている。[17]

本章の冒頭で検討した、日本の伝統的な芸能と西洋モデルの新劇のあいだに生じた近代化の問題を、「それはそれとして」と接続した小沢の文章が、この新劇寄席の再演時のパンフレットからの引用であることはすでに指摘した。興味深いのは、小沢がこの引用を、「落語と私」で行なった亡き師の正岡との架空の「対談」の中に挟み込んでいることである（小沢 1969: 270-274）。しかもこの奇妙な「対談」は、その半分以上を、この引用の新劇寄席にまつわる話が占めている。つまり小沢は、現在取り組んでいる新劇寄席の活動について相談し、新劇における近代化の問題を解決したいがために、亡き師を『ほんもく』から再び呼び出して『私は河原乞食・考』に再録しているのである。

時系列的にも冒頭に置かれるべき内容をもつ「落語と私」が、付録という名のもとに最後に配置されたのは、この引用個所に提起された近代化の問題を、小沢が自らの次の一歩で解決すべき問題として捉えているからである。その問題提起に敏感に反応したひとりが、日本ビクターの若きディレクター、市川捷護であった。

第一章
「放浪芸」の誕生と展開

『ドキュメント　日本の放浪芸
——小沢昭一が訪ねた道の芸・街の芸』(1971年6月)
『ドキュメント　又　日本の放浪芸
——小沢昭一が訪ねた渡世《てきや》芸術』(1973年12月)

本章では、LP『ドキュメント 日本の放浪芸――小沢昭一が訪ねた道の芸・街の芸』（七枚組、一九七一年六月）とその続編『ドキュメント 又 日本の放浪芸――小沢昭一が訪ねた渡世芸術《てきや》』（五枚組、一九七三年一二月）[1]の制作の背景を明らかにし、レコード作品としての構造分析を行う。最初に、これらの作品の長いタイトルが論を進めるためには煩雑となるため、小沢の意図には反するであろうが、前者を『日本の放浪芸』または第一作、後者を『又日本の放浪芸』または第二作と表記することをお断りしておく。同じように三作目の『ドキュメント また又 日本の放浪芸――節談《ふしだん》説教 小沢昭一が訪ねた旅僧《たびそう》たちの説法』（六枚組、一九七四年七月）を『また又日本の放浪芸』または第三作、そして最後の『ドキュメント まいど…日本の放浪芸――一条さゆり・桐かおるの世界 小沢昭一が訪ねたオールA級特出《トクダシ》特別大興行』（四枚組、一九七七年二月）を『まいど…日本の放浪芸』または第四作と記す。これら全四作とその他のスピンオフ的イベントやLP以外の商品も全てを合わせて、〈『日本の放浪芸』シリーズ〉と表記するが、日本ビクター（現・JVCケンウッド）の公式名称というわけではない。また、上記LP作品名の前には〈LP〉とはつけず、同名のイベントあるいは書籍である場合にはそれを記載する（例えば書籍『日本の放浪芸』など）。

以下では、まず『日本の放浪芸』シリーズの生みの親であるビクターの元ディレクター／プロデューサー市川捷護《かつもり》の、『日本の放浪芸』の着想に至るまでの仕事を描いてみたい。次に、第一作『日本の放浪芸』を取り上げ、この作品を当時の文脈に置き直しながらその構造を紐解いた上で、続編の『又日本の放浪芸』の制作の経緯と作品の構造を第一作との関わりに着目しながら分析する。本章で扱う資料は、『日本の放浪芸』のレコードと解説書のほか、市川氏の著作『回想 日本の放浪芸――小沢昭一さんと探索した日々』（以下、『回想 日本の放浪芸』と略記）、筆者が市川氏と小川氏に行なったインタビュー(2)、当時の新聞雑誌記事である。これらによって作品分析を行なったのち、最後に、本書全体を照らし出すための視点として、マリー・シェーファーのサウンドスケープ論との比較から、音によって芸能者の「環世界」（ヤーコプ・フォン・ユクスキュルの用語）を描く作品として再解釈する視点を提示したいと考える。

市川捷護の仕事

一九六五年、後に名ディレクター／プロデューサーとして業界にその名を馳せることになる市川捷護は、一橋大学商学部の最終学年に籍を置いていたが、夏休みを映画研究会での映画撮影に費やして就職試験の時期を逃してしまい、周囲からは少し遅れて将来の道を探していた（市川 2021.11）(3)。大学時代、黒澤明（一九一〇～一九九八）、川島雄三（一九一八～一九六三）、そして今村昌平という監督たちの映画に影響を受けたことで、市川の夢は映画監督になることであった。ところがその年、市川が希望していた日活での助監督の募集はなかった。次の手段を考えつつ、大学でビクターの人材募集を見て、ふらりと様子を窺いに本社を訪れたとき、偶然、池田勇人首相（一八九九〜一九六五）の葬儀の帰りに本社に立ち寄った社長がおり、面談をして直ちに採用が決まった。一九六六年四月一日、市川は、日本ビクター株式会社の社員として採用する旨の辞令を受け取った。通常は新入社員は営業部などからキャリアを積んでいくところ、市川は音楽制作部の「ワールド・グループ」[4]という部署に配属された。ワールド・グループは、海外の様々なマイナー・レーベルやインディペンデント・レーベルを集めて扱う部署で、取引のある様々なレーベルの商品リストからレコードを選択し、その日本盤を制作するという任を負っていた。この部署でたまたまクラシック音楽の担当者が病気になったことで、市川はすぐにディレクターとして、クラシック音楽の日本盤の制作を一手に引き受けることになる。弱冠二五歳である。

市川は、当時の自分にはクラシック音楽の専門的な知識はなかった、と言うが、その時代の彼の仕事のうち、記録的な販売数を誇ることになった日本盤のクラシック音楽レコードがある。[5]ショスタコーヴィチ『弦楽四重奏曲　全曲』（五枚組、一九六七年一一月、SMK-7525〜29）と、ベートーヴェン『トリプル・コンチェルト』（一九七一年三月、SMK-7630）である。[6]前者は、旧ソ連国営レーベルのメロディアの制作で、ボロディン弦楽四重奏団による全世界初の「全曲」（ただし一五番中一一番まで。この時期ショスタコーヴィチは並行して続きを作曲していた）である。日本盤は第二二回芸術祭参加作品ともなり、約七〇〇部が売れた。後者は、メロディアとドイツEMIエレクトローラの共同制作によるもので、スビャトスラフ・リヒテル（ピアノ）、ムスティスラフ・ロストロポーヴィチ（チェロ）、ダヴィッド・オイストラフ（ヴァイオリン）、そしてヘルベルト・フォン・カラヤン指揮&ベルリン・フィルハーモニー管弦楽団という豪華キャストによるもので、日本盤の一九七一年の初版は一万六〇〇〇部がすぐに売り切れ、翌一九七二年に二万部の増版が行われた。これは一九七一年度「日本レコード・アカデミー賞（協奏曲部門）」を受賞している。

　クラシック音楽の担当者としてこのような優れた成果を残した市川であるが、

帯の色が異なる版があるが、シルバー地に赤の文字枠の帯（左）の「新世界レコード」の発売元には「日本ビクター株式会社」、赤地に白の文字枠の帯（右）には「ビクター音楽産業株式会社」と記載されており、1972 年に日本ビクターの音楽制作部が子会社として別会社になったことから、1971 年 3 月の初版（左）と 1972 年以降の増版（右）と同定できる。また、「新世界レコード」と品番の SMK について、当時、ビクターはソ連の国際図書貿易公団（通称メジクニガ）との直接の取引ができなかったため、独自のパイプでレコードを日本に輸入していた新世界レコードを通じて音源供給を受けており、品番の SMK とは、新世界メジクニガ（Межкнига）の頭文字をとったものと思われる。以上は公益財団法人日本伝統音楽振興財団理事長・市橋雄二氏による情報提供による（いずれも筆者所有の LP）

しかしいつも並行して、クラシック音楽以外のレコードの仕事がしたいという意識を持ち続けていたという（市川 2021.11）。まさにこのような文脈において、市川はワールド・グループに揃っていた世界の中小のレコードレーベルの商品リストの中から、フランスのレコード会社シャン・ドゥ・モンドの商品リストに目を通し、LPレコード *Chants des maquis du Viêt-Nam*（南ベトナム解放民族戦線の歌声）（一九六五年、LDX-S-4316）を選んだのである。彼の手がこのレコードの記載されている頁で止まらなかったなら、後の『ドキュメント 日本の放浪芸』は存在しなかったと言える。

LP『南ベトナム民族解放《〔ママ〕》戦線の歌声』は、第二次世界大戦時には対ナチスのレジスタンスのメンバーであったフランスの女性ジャー

Chants des maquis du Viêt-Nam（南ベトナム解放民族戦線の歌声）の原盤のLPジャケット（左）と日本盤のLPジャケット（右。日本盤の帯の「民族解放戦線」は現在は「解放民族戦線」と表記）。元となったフランス盤では旗のアルファベットが裏向きになっていたものを直すためか反転しており、中央のギターとバンジョーが左右逆になっているが（もし左利きで持ち替えたのであればギターのペグは下側に来る）、これは日本盤では元に戻されている。またギターのネックの先が左側の人物の鼻先にあるなど不自然なところからも、「解放民族戦線合唱団」として数枚の写真をコラージュしたものと思われる（いずれも筆者所有のLP）

ナリスト、マドレーヌ・リフォ Madeleine Riffaud（一九二四〜　）が、ホー・チ・ミン（一八九〇〜一九六九）との出会いを通して、一九六四年にヴェトナムへ『ユマニテ』の特派員として渡ったときに民謡や革命歌などを現地録音し、フランスに帰国してから政治的コラボレーションとして編集したものである（Riffaud 1965: 141）(7)。内容の一例を挙げると、《高地の木琴の調べ》は、伝統楽器の木琴のリズムに継続してリズミカルな軍事演習風景が挿入される作品、《鳥たち・アメリカの爆撃》は、鳥の声とリズミカルな遊び歌にやはり継続して断続的な爆撃音を入れた作品、最後を飾る《解放民族戦線賛歌》は、革命歌《インターナショナル》を思い起こさせる曲調のヴェトナム語による合唱である。市川は、ヴェトナム戦争のルポルタージュを『朝日新聞』に連載していた朝日新聞記者（当時）の本多勝一（一九三二〜　）に、ジャケット裏面に載せるための文章を依頼した。日本盤（SJET-8074）は、一九六八年に出版された（市川 2000: 16)。

リフォのレコードから得た現地録音に対する市川の考え方は、次の文章に明白に語られている。

当時は出張録音といえばSL蒸気機関車を採るくらいで、本来は戸外で採る方がいいものでも、スタジオへ招いて録音していた。〔…〕スタジオできれいな音で仕上げられたものからは、風土に育まれた音楽や芸能が持っている野趣や力強さが抜け落ちてしまう。リフォー《ママ》の仕事からはこうしたことを考えさせられ、私の胸に刻まれた。（市川 2000: 17）

こうしてリフォのレコードの持つメッセージ性の高い表現としての「現地録音」の手法に強く影響を受けた市川は、これと同じようなＬＰを企画したいと考えるようになった（市川 2000: 16-17）。そして一九六〇年代後半、三つのレコード作品を企画・制作する。一作目は、ヴェトナムで本多勝一が録音した歌と、本多の文章を俳優の宇野重吉（一九一四～一九八八）が朗読した作品で構成した『戦場の村』（一九六八年、SJET-8095（M））、二作目は、学生闘争が激しかった日本大学を市川が現地録音した『実音 日大闘争の記録』（一九六九年、SJET-8149（M））、そして三作目は、カストロの右腕としてキューバ革命に貢献したアルゼンチン生まれの政治家チェ・ゲバラの言葉を俳優の佐藤慶（一九二八～二〇一〇）が朗読する『革命と死／チェ・ゲバラ』（一九六九年、SJET-8187（M））である（市川 2000: 19）。三つのいずれも現地録音と朗読で構成されているのが特徴である。

『戦場の村』（1968年）、『実音 日大闘争の記録』（1969年）、『革命と死／チェ・ゲバラ』（1969年）。中央と下のジャケット・デザインは、『日本の放浪芸』でデザインを担当する渡辺千尋による（いずれも筆者所有のLP）

これらのレコードの誕生は、軽量で携帯可能な録音機の発達によって可能となったことは言うまでもない。ヨーロッパでは一九五一年にスイスで生まれた肩掛け式録音機NAGRA-I（通称「ナグラ」）が、そして日本では同じ年にソニーが開発した肩掛け式録音機M-1（通称「デンスケ」）が、報道などの現場でプロフェッショナルによって使われるようになった（いずれもオープンリール式）。これらは一九六〇年代にさらに改良が進んだ。リフォも「ナグラ」[8]と「日本製の録音機」（Riffaud 1965: 141）を使ったことを自伝や伝記映画の中で述べている。そして市川も、学生闘争の只中の日大校舎に「デンスケ」を持ち込み、日大全共闘の書記長で指名手配中のため潜伏していた田村正敏（一九四七～一九九八）にインタビューを申し込み、目隠しをされた状態で車で一時間の「某所」へ連れていかれて、現地録音を果たすことができたのである（市川 2000: 18-20）[9]。

「ナグラ」NAGRA-I、1951年（ナグラのオフィシャルサイトより）

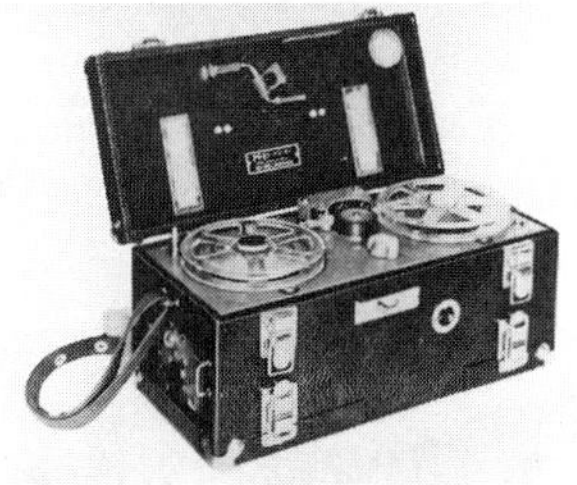

「デンスケ」M-1、1951年（ソニー・グループのオフィシャルサイトより）

これらの作品は、一九六〇年代から七〇年代の社会運動を背景として誕生したものであるが、より具体的には、渡辺裕が『朝日ソノラマ』の分析において取り上げた音のルポルタージュ＝「音のルポ」というスタイルの出現がある。[10] 渡辺はこうした「音のルポ」を、一九五〇年代からのノンフィクション文学やドキュメンタリー映像による「記録の時代」の延長線上に捉えており、とりわけラジオで展開した「録音構成」の手法の影響を指摘している（渡辺 2013: 476-477）。「録音構成」とは、当時主流であった一種の音のドキュメンタリーを指すが、その狭義としては、「2ブロック以上の録音を、その前後に説明をつけて連続させる」（宮田 2016: 104-105）演出形式のことで、戦後に占領軍を通してアメリカから輸入されて、日本放送協会を中心に広がったものである。「録音構成」による「音のルポ」とは、「録音資料を使ったルポルタージュ」であるといえる。

一方、当時、「ドキュメント」あるいは「記録」という言葉がタイトルに付されて出版されたレコードも少なくない。『昭和の記録　ＮＨＫ録音集』（一九六五年）[11]、『ドキュメントにっぽん '71』、『にっぽん　１９７２年の記録』などがそれである[12]。その内容は、例えば『昭和の記録』であれば、ＮＨＫラジオで放送されたニュースの録音を、宮田輝《てる》アナウンサーの「解説」によって繋いで編集した「録音構成」であり、『にっぽん　１９７２年の記録』もラジオのニュースの録音を古谷《ふるや》剛正《つなまさ》の「解説」と血《ち》脇啓寿《わきひろひさ》の「構成」で編集した「録音構成」なのである。ニュースソースをひたすらナレーションで繋ぎ続けるというドキュメンタリー・レコードは、「録音資料を使った話芸」とでも呼ぶことができるであろうか、現在では見られないタイプの作品である。渡辺はこの時代を、「ドキュメンタリー・レコードの時代」と名づけうると述べている（渡辺 2017: 177）。

市川はこのような時代のニュース性の強い「音のルポ」や「ドキュメント」のレコード作品の潮流があることを、プロとして認識していたであろう。そして、市川がその地点からどこか新しい境

『昭和の記録　NHK 録音集』（オープンリールテープ 10 本組、監修・NHK、編集・NHK サービスセンター、1965 年）（筆者所有のオープンリールテープ）

（左）『ドキュメントにっぽん '71』（キングレコード、TBS 報道局）、（右）『にっぽん 1972 年の記録』（企画・制作　東京レコード）（いずれも筆者所有の LP）

地へと向かいたいと感じていたことが、自ら企画した三つのレコードについて次のような回想を残していることからも理解できる。

いずれもジャーナリスティックな視点が動機になっていたが、心の中ではもっと普遍的なもの、地味でも腰を据えたものを私は追い求めていた。（市川 2000: 20）

ここで彼が言う「ジャーナリスティックな視点」とは、時代のニュース性の強いものを意味しているだろう。市川は、そうした時代のニュース性から離れた「普遍的なもの、地味でも腰を据えたもの」を制作したいと考えていたと思われる。

一九二〇年代から三〇年代に、虚構の世界を描く「物語」に対して、現実の世界を記録するという意味において、「ルポルタージュ」「ドキュメンタリー」という用語が世界的に使われるようになった（当時の日本語訳は「報告」「記録」）（鳥羽 2010: 8）。爾来、表現における虚構と現実という用語の多義性から、「ルポルタージュとはなにか」「ドキュメンタリーとはなにか」という問いかけは幾度となく繰り返されてきており、現在でもそれを正確に定義することは難しい。市川が影響を受けた今村昌平監督の作品の一つに、『人間蒸発』（一九六七年六月二五日公開）がある（市川 2021.11）。この映画は、「ドキュメンタリーとはなにか」を問うもので、真実を描くことのできる「ドキュメンタリー」なるものは存在しない、という今村の回答をラストで提示するよう構成された佳作である。市川が「ジャーナリスティックな視点」を越えようとしていたというのは、このように今村が「ドキュメンタリー」を越えようとしていた方向に類似している可能性がある。

市川が小沢の『私は河原乞食・考』を読んで小沢のレコードを作ろうと考えたのは、まさにこのような時期であった。当時、演劇雑誌『テアトロ』のレコード欄の担当者（津野氏）がビクターの市川の元に情報収集のために出入りしており、『テアトロ』（一九六九年一一月号）に掲載された『私は河原乞食・考』の書評を市川に教えたことで、市川はこの著作を読んだのである（市川 2021.11）[13]。市川は『回想 日本の放浪芸』の中で、読後の思いを具体的に次のように述べている。

それは、学者や評論家などの書く整理された辻褄のあったものではなく、実演者からの視点で書かれた、切れば血の出るような文章だった。ストリップや大道芸からホモセクシュアルについての小沢的考察が執拗に繰り広げられており、己の俳優としての生き方を絶えず問い返しながら、のたうちまわっているようだ。〔…〕

それまで、そうした世界には余り縁がなかった自分には目からうろこが落ちる思いだった。そして漠然とだが、この本の中身をレコードにできないかと思った。具体的なイメージがあったわけではなく、あくまで直観だった。

（市川 2000: 15-16）

市川がこの「直観」に突き動かされて直ちに小沢に連絡を取って会いに行き、「この本の世界を何とかレコードにしたいのですが」（市川 2000: 22）と提案した行動力に、市川の才能と『ドキュメント 日本の放浪芸』の成功の原因があると、筆者は考えている。もちろんこうした提案ができた受け皿には、小沢も「時間も金もかかるだろうが、森進一氏[14]、藤圭子嬢[15]で儲かった分をこっちへ回してくれるなら」と冗談で市川との初対面で述べたと解説書に書いている通り、市川が所属していた日本ビクターという大企業の存在があったろう。しかし、売れるかどうかも分からない未知のコンセプトに予算をまわすということは、いつの時代もどのような大企業でも難しいものである。したがって、市川が次に述べるように、

社に戻ってから、上司に基本的なOKをとった。上司にしても未経験のジャンルで、どのようなものが完成するのか判断に迷ったろうが、今にして思えば、その懐の深さに感謝するのみである。（市川 2000: 22）

という「懐の深」い上司——数多くの海外アーティストを来日させて日本の洋楽文化を開拓した鳥《とり》尾敬孝《おあったか》（一九三三〜一九九〇）[16]——を有する、日本ビクターの内部の土壌の肥沃さこそ、この作品を誕生させた要因のひとつであるだろう。

それに市川は、このような未知のレコードを、インディペンデント・レーベルではなく日本ビクターという歴史ある大企業の組織のなかで実現するために、どれほど面倒な手続きを踏む必要があ

るのか、十分に承知していた。作品の中身は見えていなくても、アイディア実現のための指標が見えていることは、次のような記録に明らかである。

> 通常なら、小沢昭一という俳優に仕事を依頼するならば、拘束時間を決め、ギャラも決め、そして全体の予算をはじくのが筋道だが、この時はそうした手続きを踏むだけの見通しや予測が殆どたたなかった。〔…〕前例となるような作品はなにもないのだ。それらをひとつひとつ解決していたら、それだけで時間だけがどんどん過ぎて行くのは明らかだった。だいたい未知数の要素が多い企画やプロジェクトの場合は、さらに問題点をつきつめてからということになり、マイナスの問題点が指摘され、やっぱり駄目でしたという結果になりやすい。そうはしたくなかった。
>
> （市川 2000: 22-23）

「そうはしたくなかった」という最後の一言は、私たちに多くのことを教えてくれる。以上のことからは、このの ち実現されていく『日本の放浪芸』は、映画の助監督を夢見ていた市川が、レコード会社で自分のドキュメンタリー・レコードを制作していくなかで、同時代の「ドキュメンタリー」を越えたなにものかを目指していたところに、小沢の『私は河原乞食・考』がトリガーのように働いて生じた事象であったということが出来るであろう。

答えたという。

『私は河原乞食・考』のようなレコードを作りたいと申し出た市川に対して、小沢は次のように答えたという。

それより、例えば、日本中の大道芸、門付芸のたぐいを、私がそっくりどぶさらいして集めて廻る様なレコード。〔…〕彼等や私達の御先祖しらべ——これは前々から気になって、少しはやり始めてもいることだし、これならやらしてもらいたい。

（小沢 1971.6: 1）

この回答を得た市川が、社に戻って上司の了解を取ってきたのは先に見たとおりである。そして一九七〇年三月、二九歳の市川捷護と、四一歳の小沢昭一と、俳優小劇場のプロデューサーで三二歳の小川洋三（一九三五〜　）は、芸能の探訪と録音収集の旅を始める。筆者が市川氏と小川氏へのインタビューで確認したところ、小沢がここで述べていることは事実で、小沢はそれ以前から映画の地方ロケや劇団の地方公演の際にさまざまな芸能の調査を「やり始めて」いたという（市川・小川 2021.12）。だからこそこのとき小沢は、『私は河原乞食・考』そのものの録音ではなく、「日本中の大道芸、門付芸」という具体案を咄嗟に提示できたのであろう。また、レコードの解説書には、この収集の理由について次のように記している。

聞 (夕刊)　第3種郵便物認可

大衆芸能のふるさと求めて

小沢昭一が全国行脚

日暮れの浜通り。二人の男が、自転車を並べてやってくる。一人は、紙芝居の道具一切を荷台に積んだ老人。もう一人は、カメラとテープレコーダーを肩からタスキにかけた俳優小沢昭一。

「浜松にいたんですよ。まさしく正調派の紙芝居。弁士くずれで、マンドリンをかなで、水アメやコンブを売る。見てると、こどもは文学がおめあてなんですね。文学――そう、わたしは芸能の中の文学をほしがっているんです」

小沢昭一が、いま、全国をまたに、大衆芸能のふるさとをさぐっている。レコードにするためだ。仮の題を「ドキュメント 小沢昭一が訪ねた道の芸・街の芸」

徳島市の旅館。午前十時すぎ、夫婦づれの芸人を招き入れる。阿波の三番叟(さんばそう)と恵比須(えびす)まわし。「トートータラリ アガリ タラリーヤー……」妻がつづみを打ち、夫が唱える。これをテープにとり写真にとる。話を聞く。「つらい思いもなすったでしょうな」「えー、まあ、ふぶきの中でゆき倒れたときなんか……」。

旧家の縁先に門付け芸をたずねる小沢昭一(徳島市内で)

映画の仕事も断って テレコとカメラを肩に

次は実地取材。「十郎兵衛屋敷跡」近くの民家。実際の語り、人形を使って呼び込み。小沢は、人形をいじってみる。人形を入れた箱をかついでみる。かけ回ってな耳をとる。

「祝福芸なんですよ。このあいだまでは、四国、中国、九州の農山漁村を門付けして歩く芸人がおぜいいたんですが、もう根絶者がいるのはとこぐらい。漂泊の芸能者は姿を消していく一方。三河万歳のような祝福芸、角兵衛獅子(じし)、祭文、虚無僧のような道の芸、独楽(こま)回し、居合抜きといった口上芸、声色、法界節といった街の芸、がまの油、記憶術のような人寄せの芸、それに、物売りの声やさまざまなかけ声……。いまがギリギリの時期なんです。のがすと、もうチャンスはない」

浪花節の源流探訪

午後二時すぎ、宿にいったん戻って、テープやフィルムの整理。スケジュールは、このあと浪花節の源流「ほめら」の探訪。レンタカーで、録音、カメラのスタッフといっしょに出発。と、プロレスの宣伝カーがゆく。世紀の対決、坂口と××。「あれ、とって」と録音スタッフに。

「ほめら」の三味線をひけるという老人をたずねる。「忘れてしもた」。歌えるという老人をたずねる。「聞きおぼえたで」。録音で歌う。いいノドだ。だが、惜しいかな、この老人歌詞をおぼえていない。あの人なら、というので、また車をとばす。めざす当人、しぶる風情。そこそこに切上げる。「せいては事を仕損じる。こんどにしよう」。すでに日は落ちている。ひとまず宿へ。途中、「おっ、古本屋!」。ひとわたり、目をサラにする。

図書館で資料調べ

「本を調べたり、人伝てに聞いて現地へ向う。"ほめら"の場合? 浪花節の源流は何か、諸説ありましてね。だいたい、祭文、うかれ節、ちょぼくれ、なんかがごっちゃになってできたというのが通説なんです。ところが、上方の七十歳以上の老浪曲師、たとえばことし九十四歳の初代広沢虎造さんなどは『コンポンは"ほめら"や』と聞いている』というんです。でも、ほめらとは何か、は知らない。そんな話の中からヒントをつかんだ。昔の浪曲師は、阿波出身者が非常に多かった、という。いまの浪曲の三味線のスタイルを完成させたのが岩助という阿波の人だ、という。それ徳島だ、というんで徳島県立図書館の資料をあさったら、ありましたね。ほめら、という門付け芸が盛んだった、とね。そして、こんどは歌える人、というわけで、きょう……」

宿に帰ったのが夜十時ちかく。

「思いがけない協力者がいて、感激しますね。期待されることもあります。土地土地に研究家がいましてね。東北のある町の研究家で、教えをこいにいったら、ノイローゼみたいになった人がいた。中央から来て肝心の研究の上ズミをさらわれるのではないか、と思ったらしい。そうじゃないんです。私は学者でも、資料収集家でもない。芸能の心を知りたいだけなんです。そして、芸人と芸の心を随筆風なレコードに」

ひとフロ浴びて、一日の取材のメモをつけ、やれ一服。なぜ、この仕事をはじめたのか――。

採録テープ50時間

「数年前から、気になりだしたんですよ。芸能人、芸人とは何だろう。ぼくら、芸人の本性は何だろうか。ぼくにとって新劇は父親、では母親は何なのか。また、父である新劇って何だろう。なぜ、若い人にしか見られないのか。この輸入品は日本列島には根づかないのか。根づく条件は何か。根づいた芸能は何か……。こんなわけで、芸能の源をさぐりながら、芸人のあるべき姿をたずねているわけです」

三月半ばから現地採録に歩いている。そのため、映画、テレビ、芝居の仕事はいっさい断った。レコードはLP三枚組でこの秋に発売の予定である。現在までの採録テープは約五十時間。「まだ十分の一」というから来年にかけて続編も出さなければなるまい、ということだ。

初めての報道(『朝日新聞』、1970年5月31日、夕刊)。「三月半ばから現地採録に歩いている。そのため、映画、テレビ、芝居の仕事はいっさい断った。レコードはLP3枚組でこの秋に発売の予定である。現在までの採録テープは約50時間。「まだ十分の一」というから来年にかけて続編もださなければなるまい、ということだ。」当時、『朝日新聞』の秋山記者は、放浪芸を追って放浪する小沢を追ってしばしば現地まで訪れたという(市川 2021.11)

この探訪、動機はともあれ全く私も俳優の業《なりわい》を始めて二〇年、芸能の特質を放浪遊行《ゆぎょう》の諸芸に探り、日本の芸能者の出身の土壌を確認したかったのは、もうあと二〇年ほど続けられれば続けるであろう俳優の仕事に、一種のよりどころが欲しかったという、まったく個人的な事情が私にあったのである。

（小沢 1971.6: 1）

ここには、この作品の目的が個人の俳優としてのアイデンティティの構築にあることが端的に告白されている。少し先のところで小沢はそれを「実演家としての責任」と言い換えている。『私は河原乞食・考』から「日本中の大道芸、門付芸」への歩み出しは、この「実演家としての責任」に突き動かされたものであったと思われる。このLP作品が、小沢のアイデンティティの構築のための芸能のルーツ探訪であると同時に、これから続けていく俳優としての実践を見据えているものであることは、小沢自身だけでなく市川もそれと認識していた(17)。

こうして進みだした第一作は、一九六八年にキングレコードから発売されていたLP『明治風物詩――明治もの売りの声』（監修・渡辺晏孝）のように、豆腐売りや納豆売りの「物売りの声」といった音楽的要素の強い声をスタジオ録音するというよりも、序章で見た「新劇寄席」で取り入れた、「語り物」の要素の強いジャンルの声を現地録音するという方向へ舵が取られていった。「物売りの声」に全く関心を示さないというわけではないが、その場合、「声」よりも「物売り」の言葉のテクニックが着目される。それはこのLPのタイトルが、企画書の段階では『ドキュメント 日本の舌耕芸』（市川 2000: 31）であったことにも表れている。

この「舌耕芸」というタイトルは、一九七〇年九月二三日・二四日に俳優小劇場芸能研究室と日本ビクターが共催したイベント「説教――埋もれた芸能史からの招待　説教を聞く会」のチラシ裏面に掲載された「予告」では、『ドキュメント　放浪の芸能』と姿を変えている。そして最終的には、『ドキュメント　日本の放浪芸』となるわけであるが、市川によれば、タイトルを変更するからといって具体的な方向性の変更があったわけではないという。しかしタイトルについての協議は行われ

「説教――埋もれた芸能史からの招待　説教を聞く会」（1970年9月23日・24日）のチラシ裏面。市川捷護氏所蔵

て、市川が「ドキュメント」を入れることを望み、小川が「放浪と芸能」と提案して、最後に小沢が郡司の用語である「放浪の芸能」を縮める形で「放浪芸」とした上で、当時本のタイトルでよく見かけた「日本の」という言葉を入れることを提案して、この形に落ち着いたという（市川 2021.11; 市川・小川 2021.12）[18]。以下では、「舌耕芸」から「放浪の芸能」、そして「放浪芸」へのタイトル変更の裏には何があったのか、分かる範囲で検討していこう。

芸能探訪・録音収集の旅を始めて一年が経った一九七一年三月中旬、小沢が編集に入ろうと市川に告げたとき、録りためた録音は四〇〇時間に上っていた（市川 2000: 70）。ここから七時間にまとめ上げる「録音構成」の編集作業が行われた。この作業が十分に行われた背景には、一九六九年に設立されたばかりの、高品質の編集機材を備えた日本初の本格的な「ビクタースタジオ」（東京・青山）の存在がある。そして、『ドキュメント 日本の放浪芸』は一九七一年六月に発売された（市川 2000: 75）。アルバムのボックスの装丁と付属の解説書のデザインは、市川がプロデュースした『実音 日大闘争の記録』で協働した若き銅版画家、渡辺千尋（一九四四〜二〇〇九）である。出来上がった『ドキュメント 日本の放浪芸』は、音楽芸能の現地録音、芸能者へのインタビューの現地録音、そして小沢の語りのスタジオ録音、という三つの録音の構成要素を用いた「録音構成」の作品となった。構成の大枠は、小沢自身によって以下のように形作られた。

第1枚目「祝う芸＝万歳さまざま」（全国各地の万歳）

第2枚目「祝う芸＝その他の祝福芸」（はこまわし・大黒舞・お福さん・はりこま・せきぞろ・すったら坊主・福俵・春田打・春駒）
第3枚目「説く芸と話す芸＝絵解の系譜・舌耕芸」（絵解・のぞきからくり・錦影絵・紙芝居・節談説教・辻咄・流しにわか・入れこみ噺・修羅場講釈）
第4枚目「語る芸＝盲人の芸」（ごぜ唄・おく浄瑠璃・早物語・いたこ口寄せ・梓みこ・肥後琵琶）
第5枚目「語る芸＝浪花節の源流」（浪花節・浮かれ節・五色軍談・デロレン祭文・江州音頭・阿呆陀羅経・なみだ経・ほめら）
第6枚目「商う芸＝香具師の芸」（東寺や天王寺等の境内の露店のタンカ・見世物小屋呼込み・洋服たたき売り・東京の縁日風景・競馬競輪予想屋・演歌）
第7枚目「流す芸＝漂泊の芸能」（音曲流し・声色屋・立琴流し・円山公園花見風景・角兵衛獅子・願人節・まかしょ・厄はらい・太神楽・飴屋・金多豆蔵人形芝居・猿まわし・三曲万歳・虚無僧）(19)

構成の大枠は、第1枚目・第2枚目ならびに第7枚目に、小沢の個人的な聴覚的記憶にあった芸とそのルーツが配置されており、それらに挟まれる形で、第3枚目から第6枚目までに、「新劇寄席」に取り込んだ語り物系の芸能とそのルーツが配置されたものと考えられる。各レコードの「祝う芸」などのカテゴリー名は小沢が作ったもので、これについて次のような断り書きが解説書に記されている。

レコードとして世に出す以上は、多くのひとさまに聴いて頂くものとして収集整理しなければならない、という任務も生じたわけであるのに、それは終始忘れて、私好みのとりあげ方、並べ方になったことを、どうかお許し願いたいと思う。従って、「祝う芸」から「流す芸」までの分類も、私の気分のまにまにだし、これだけ多くの芸能を集めてお聴かせする時に、ふつうやらなければならない、体系的な区分けや、それにともなう解説、詞書の作製など、すべて私には出来ないこととして、やっていないことも、お見逃しいただきたいのである。

（小沢 1971.6: 1）

ここには、郡司の研究室で芸能研究の方法論を学んだ小沢が、それを理解しつつも自分の流儀で分類したことが記されている。解説書の「解説」については、当時の様々な辞書・解説書・研究書からパッチワーク的な手法で諸芸の解説が寄せ集められており、それがこの作品のひとつの特徴となっている。本書の巻末の表1は、『日本の放浪芸』の解説書にある芸能の種目とその解説の典拠を一覧にしたものである。これを見ると、『演劇百科大事典』（全六巻、早稲田大学演劇博物館編、平凡社、一九六〇～一九六二年）から引用されたものが目立つが、さまざまな著作や雑誌、地方のイベントで配布されたような解説書からも寄せ集められていることが分かる。

「予告」の『放浪の芸能』と、実現した作品『日本の放浪芸』を見比べると、全体の構成は変わっていないが、[20]「予告」の時点で五枚組であったものが、発売時には七枚組となっている。この二枚の差を全体の内容と照らし合わせて比較すると、『放浪の芸能』の「①祝い事」が、『日本の放浪芸』ではもう一枚増えており、また、『放浪の芸能』の「③語り芸」が、『日本の放浪芸』ではもう一枚増えたことで、結果として予告よりも二枚多く計七枚となったことが分かる。まさにこの増加した個所に、小沢の「好みのとりあげ方、並べ方」が現れているように思われるので、この点を詳しく観察したい。

まず、『放浪の芸能』の「①祝い事」が、『日本の放浪芸』では第1枚目「祝う芸＝万歳さまざま」（全国各地の万歳）と第2枚目「祝う芸＝その他の祝福芸」に分けられて増えたのだが、その理由は、第1枚目に全国の万歳を数多く収録することになったところにある。万歳とは、現在よく吉本興業などで知られている漫才の起源となった伝統的な大衆芸能で、『日本の放浪芸』の解説書には、『風俗辞典』（東京堂、一九五七年）から次のような説明が引かれている。

解説書に『人倫訓蒙図彙』（元禄時代）から引用されている「まんさい」の図（『日本の放浪芸』解説書、9頁）

正月に風折烏帽子《かざおりえぼし》に素袍《すおう》を着、足駄をはき、才蔵を伴って、家ごとに訪問して歌い舞いながら家門の繁栄を祝い、新年の賀詞を述べたてて米銭を乞う門付芸人の一種。古くは鎌倉・室町時代に「千秋万歳」といって、禁中をはじめ諸家を歩いた散所や唱門師らは、陰陽師の支配下にあった[21]。

また、同じ解説書に「放浪の芸能」という論考を寄せた郡司は、第1枚目と第2枚目の「祝う芸」すなわち祝福芸を、他の芸能と比較して「もっとも古く、由緒を辿れる」ものと評価し、なかでも万歳と猿まわしを、「平安朝もしくはそれ以前の影を曳いている」と述べている（郡司 1971.6: 5）。小沢は万歳をことのほか愛して、自分でも演じて門付けを経験しており、とあるお菓子屋さんを訪れたときに、女店員ががま口から二〇〇円を出してそっと手渡しながら、「きっとまたチャンスがありますから、一日も早くテレビにカムバックしてください」と小沢に小声で言ったという話がレコードに収録されている。この話を小沢は好んで他でも書き、人にも話していた（小沢 1971.8: 310）。市川によれば、ビクターにも正月に門付けに来たという（市川 2021.11）。

そして、『放浪の芸能』の「③語り芸」が、『日本の放浪芸』では第4枚目「語る芸＝盲人の芸」と第5枚目「語る芸＝浪花節の源流」に分けられて増えたのだが、ここには小沢の浪花節のルーツ探訪へのこだわりが窺える。「盲人の芸」と「浪花節の源流」に入れられている音楽芸能のジャンルは、小沢の「座右のレコード」（小沢 1979.11: 70）であった中川明徳の構成・解説による『浪花節発達史』（三枚組、日本コロムビア、一九六四年[22]）に収録されているものと、そこから派生する形で探索されたものであると考えられる。したがって量が増えただけであるなら「浪花節の源流・その1」「浪花節の源流・その2」などととしてもよさそうである。それにもかかわらず、わざわざ別に「盲人の芸」というカテゴリーを作っていることからは、小沢が特に「盲人の芸」として入れたい芸があったということが推測される。次にみるように、それは「梓みこ」であると思われる。

「梓みこ」（梓巫女）とは、梓弓の弦を竹の棒で打ち鳴らすリズムと、イラタカ数珠をすり合わせるリズムによって憑依状態になり、霊を降ろして口寄せをするイタコのことである。梓巫女は、口寄せという意味では「舌耕芸」に入れることもできるかもしれないが、小沢の関心は梓弓とイラタカ数珠のリズムによって引き起こされる憑依のほうにあったと考えられる。憑依をして語るイタコは、近世にはすでに差別化されて社会的地位の低下が進んでいた（池上 2019: 187-188）が、近代以降はさらに「迷信」「淫祠《いんし》邪教」とされることで「うしろめたさ」を持って仕事をせざるをえなくなり（川村 2006: 19-20）、また、近代精神病学においては「病理」とさえされるようになったという歴史がある（兵頭 2007: 151-159）。一九七四年の出版である桜井徳太郎の『日本のシャマニズム』では、イタコが師匠から独り立ちする前に授

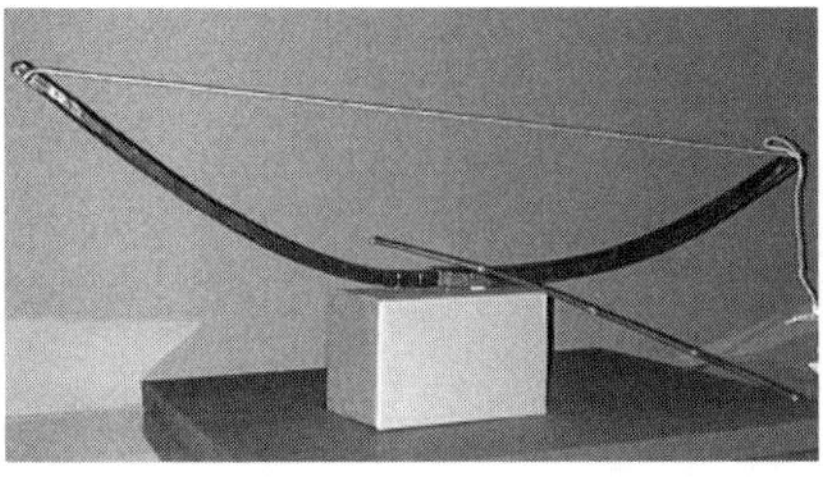
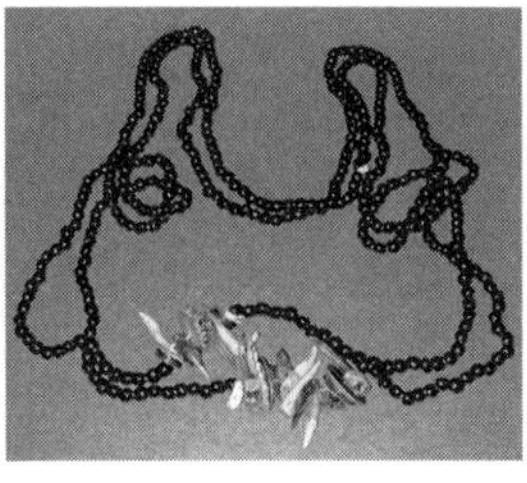

梓弓（左）とイラタカ数珠（右）。国立民族学博物館所蔵（標本番号：H219274、H219273）

与される梓弓とイラタカ数珠について、「けれども最近は梓弓で口寄せする例は稀となり、もっぱら簡単な一弦琴か数珠のみでかたる」（桜井 1974: 241）と註が施されており、一九七〇年代初頭には、梓弓を使う梓巫女がほぼ消滅していたことが窺える。実際、小沢も梓弓を使う巫女を図の中でしか見たことがなく、探し歩いてようやく青森市の間山タカという巫女に巡り合い、亡父の霊を降ろしてもらうことで録音をしたのである。小沢にとって、梓弓とイラタカ数珠の響きで憑依する梓巫女が他の芸能者よりも一段と魅力的な題材であったことは、その録音がストリップ特集の第四集の『まいど…日本の放浪芸』（一九七七年）で再利用され（第四章）、そして映像版『小沢昭一の新日本の放浪芸――訪ねて韓国インドまで』（一九八四年）に再び登場することからも明らかである。

第4枚目「盲人の芸」には、もう一つ特徴的な要素がある。それは、青森県の猿賀神社のイタコたちの周囲には「カラスみたいなおじさん」の「ヒモ」がいるとか、一対の人形（オシラサマ）を持って「おしら祭文」を唱えるイタコに付きそう介添え人が、小沢らの録音マイクを隠していた熊笹を分けて小用を足したとか、音楽学者の田辺尚雄が熊本の盲僧たちから「内密に」聞いたという、肥後琵琶の「卑猥な」チャリを聞くことができたとか[23]、あえて尾籠な話がこの第4枚目の最後まで重ねられることである[24]（小沢 2004: 263-268）。このような小沢の尾籠な話の背景には、小沢たちの探訪と並行して、杉本ハルと伊平たけという二人の瞽女が一九七〇年に国の「記録作成等の措置を講ずべき無形文化財」の「瞽女唄」の保持者に認定されたことがあると推測される。桜井によれば、この時期にはイタコの「芸能的価値がみとめられて、国あるいは地方自治体で、これを無形文化財に指定するケースも増えてきた。またその価値と意義とを啓蒙するために、国立劇場で演出したり、芸術祭の民俗芸能部門に参加して、人々に感銘を与える機会は多くなった（テレビでの紹介はしばしばであっていちいち列挙しえない）」（桜井 1974: 529）という状態であった。つまり小沢たちの瞽女への関心は、当時の瞽女の「保存」の潮流と重なっていたわけである。それゆえにこそ、小沢はあえて瞽女の流行について、

いろいろ写真やなんかに最近出ていますけれども、やっぱりあれはやらせるというやつだもんですから、どうしても現業で回っているゴゼさんをつかまえて一緒に旅したかったんです。

（小沢ほか 1971.5: 77）

などと述べるのである（レコードの刊行前の座談会「ドキュメンタリー・レコード『日本の放浪芸』をめぐって」）。そして続くところで、肥後琵琶のチャリに触れながら、「卑俗、わい雑は私の専門といいますか、これは社会的な責任とすら思っているくらいなものですから。（笑）」（小沢ほか 1971.5: 77）と、序章で観察した左翼的な新劇知識人としての「トルコ道」「エロ事師」の立場からの発言をしている。小沢はこのように、行政や研究者による「無形文化財」の記録や茶の間を飾るテレビ番組では必ず隠匿される性的な側面を、あえて表現する方法をとることで、近代における「盲人の芸」に対する復権を唱えたものではないかと考えられる。

以上のことからは、「舌耕芸」から「放浪の芸能」、そして「放浪芸」へのタイトル変更は、「新劇寄席」で取り組んだ「舌耕芸」の芸能のルーツ探訪が旅のあいだに拡張していき、梓巫女のように「舌耕芸」では収まらない録音がストックされたことで、レコードの監修者である郡司の「放浪の芸能」という概念によってそれら一式を包み、そこへ「日本の」という用語を付けるために「の」の重複を回避して、『日本の放浪芸』と決まるべくして決まったように思われる。これらの音楽芸能には、かつて「放浪」をした音楽芸能に歴史的に結び付けられているだけで、もはや「放浪」をしないものもあるのだが（梓巫女のように）、それでも「舌耕芸」に比して「放浪芸」という用語が魅力を放っているのは、芸そのものではなく、その芸を運ぶ人物に、つまり小沢が出会った芸能者たちに意識をフォーカスすることができるところにあると考えられる。

放浪する小沢昭一のドキュメンタリー

さらにこの「放浪芸」という言葉は、放浪する小沢自身の姿を思い起こさせるという利点がある。放浪の芸能者と、それを追って放浪する俳優の小沢とを重ねあわせて見る視点は、実際、制作当時から意識されていたようである。行動を共にした小沢の劇団のプロデューサー小川は第一作では写真を担当しており、放浪する小沢を客観的に被写体として眺めていたこともあるだろうが、解説書の小川によるあとがき「隠された道を――小沢昭一と共に」には、小沢を「漂泊の芸人」と見做した次のような一文がある。

小沢昭一は、全国を放浪する漂泊の芸人であり、事実、カレは、はじめて行く見ず知らずの街や村で、常にある親しさをもって迎えられた。しかし、かつての先輩芸人たちの芸能を受け入れた道や街や人々はもういない。

（小川 1971.6: 25）

ここに書かれている「常にある親しさをもって迎えられた」小沢の逸話は、例えば第1枚目B面に収録されている山口での「猿まわし採訪」でも見られたことであった。かつて猿まわしが盛んであった山口にその伝統がまったく途絶えてしまったと聞いて小沢たちが訪れたとき、元猿まわし師を父に持つ市議会議員の村崎義正（一九三三〜一九九〇）がたまたま小沢を見かけて声をかけたことが、後の猿まわしの復興に繋がったのである（市川 2021.11）[25]。また、次章で詳しく述べるように、第3枚目B面に収録されている、名説教者と言われた愛知の亀田千巖《せんがん》の節談説教のテープ録音を丸暗記し、袈裟と坊主かつらをつけて『説教 板敷山』と題する一人芝居を創作したことは、宗教的に不敬とも受け取られかねない芸能化であったが、現役の僧侶にもおおむね好評で、これを契機として節談説教も復興の兆しが見えていく。小沢は節談説教と猿まわしには思い入れが深く、レコードを準備している段階で、俳優小劇場芸能研究室の主催で、「説教――埋もれた芸能史からの招待説教を聞く会」（一九七〇年九月二三日・二四日）、（『読売新聞』1970.9.19）[26]や、「放浪の芸能と猿まわし」の会（一九七一年六月一一日・一二日、神保町岩波ホール）、（『読売新聞』1971.5.31）など、実演・講演・対談を含むイベントを行った。[27]

小沢が「常にある親しさをもって迎えられた」ことについては、市川氏もインタビューで同じ証言をしている。市川氏の記憶に残っているのは、小沢という「芸」を共有して味わってくれる理解者が来たからこそ演じてくれた芸能者たちが多かったことや、現実の芸能者への差別が残っている地域において、最後まで取材を拒絶されることもあったにせよ、小沢だからこそ受け入れてくれるケースが多かったということである（市川 2021.11）。

小沢は『私は河原乞食・考』で「河原乞食」という言葉を差別の歴史とともに語ったとき、同和問題の歴史を扱った今井正監督の映画『橋のない川』（一九六九年二月一日公開）に出演したことで、「この日本で、げんにいま、人が人を差別している」歴史に向き合うようになったと述べていた（小沢 1969: 100-101）。しかし、言うまでもないことであるが、知識として知ることと、実際の差別のうちに生きている芸能者の人々に出会って関係を結ぶことは、質的に異なる経験である。小沢が『日本の放浪芸』では「河原乞食」という用語を使わなくなるのは、例えば第5枚目で、インタビューをした人物が「ほめら」を「乞食」の芸とみなす発言をしたとき、小沢の語りがスタジオ録音で（現地ではなく）それを批判するといった個所（小沢 2004: 281）からも明らかなように、現実の差別の視線を目の当たりにし、それに対して自分はその場で批判できるような立場にいないということに気づいたからであることは想像に難くない。そしてそれゆえに小沢が、このような差別とは分けて保存された芸能は「残るとしても、それは「保存」された標本で、生きた放浪芸ではあるまい」（小沢 1971.6: 1）と、強い調子で「保存」という行為を否定したものであることは、十分に考えられることである。こうした強い否定は、本書の「はじめに」ですでに引用して紹介した、小沢の次のような芸能観に展開していく。

世の中のくらしに密着していた芸能であったからこそ、そのまま一緒にのたれ死するのであろう。生きながらえて人々のくらしの外で余命を保つことを、それは拒否しているかの様にも思える。芸能とは、本来そういうものなのかもしれない。（小沢 1971.6: 1）

芸能が「のたれ死する」ことを受け入れる姿勢は、近代化によって失われゆく文化財を保存する思想とは、全く相いれないものであることは明白であろう。

第一作はさまざまな音楽芸能を陳列している感があり、第二作以降のように一つの音楽芸能の「特集」によって作品としての明確な輪郭をもっておらず、全体を捉えるためにそれぞれの音楽芸能に言及することには困難を覚える。こうした困難を生じさせる第一作の構成上の特徴として、それぞれの放浪芸の録音が一つずつのトラックではなく、LPの片面で一つのバンドになっていることが挙げられよう。この第一作は、小沢が自身のアイデンティティ構築という一つの目的のために音楽芸能の探訪を行い、そこに「放浪芸を芸能実演者の小沢昭一が何故これほどまでに追い求める

IEC（国際電気標準会議）によると、「レコード上で連続する2つの録音のトラックの分割を示すために溝の広さが大きく取られたスペース」を「マーカースペース」という（IEV参照番号 806-13-28）。片面に1バンドということは、このマーカースペースが存在しないということである

のか」（市川 2000: 71）を探る音のドキュメンタリーを作りたいとする市川のメタ的な視線が合わさったことで、小沢個人をめぐるひとつの音のドキュメンタリー作品として完成したのである。つまり『ドキュメント 日本の放浪芸』の「ドキュメント」とは、放浪芸の録音「資料」（＝ドキュメント）である以上に、放浪の芸能者たちを追って放浪する小沢を描いた、音によるドキュメンタリー作品であることを意味している。

この第一作を聞いて、収録されたそれぞれの音楽芸能に心を動かされた誰しもが、そのそれぞれをもっとじっくりと聴きたいという期待あるいは不足感をもつ。おもむろに、現地録音をした一九七〇年当時の編集前のナマ録音テープはどうなっているのだろうか、などと思いを馳せる（市川氏によれば、これは現在も本社に保管されており、デジタル化もされている）。そうした愛聴者の気持ちに応える形で、二〇一五年のCD復刻の際に、編集前のナマ音源「デロレン祭文〈山形〉――「義士外伝」」（二五分五五秒）と「ごぜ採訪〈新潟〉――祭文松坂「葛の葉の子別れ」」（一七分三九秒）がボーナスCDとして付けられた。だが、これらを聴いて分かるのは、もしこ

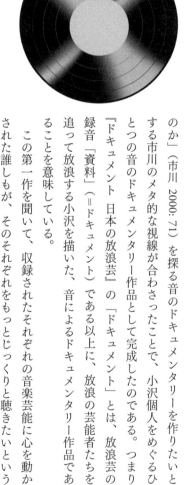

れらの音源を編集することなく完全に収録していたならば、そのレコードはこれらの音楽芸能を主題とする一つの「芸術」作品集になってしまい、ドキュメンタリーとしての『日本の放浪芸』とは似ても似つかぬものになっていたであろうということである。そして、当時これらを短く編集するという作業が、いかに異常なまでの労力を必要とした仕事であったかということに気づかされる[28]。

以上で述べてきたことをもとに、最後にこの第一作の意義を、音楽芸能の録音アーカイヴという視点から二つ指摘しておきたい。

同時代の「民族音楽」レコードやユネスコ・コレクション『世界の音楽』（*UNESCO Collection of Traditional Music of*

ビクタースタジオ（1969年9月設立、東京都渋谷区）での編集風景。左から市川、村岡良一（録音部）、小沢。市川によるこの写真へのキャプションに、「400時間から7時間にまとめる編集作業は、朝から夜まで約4か月間に渡った。（1971年　ビクター第二編集室）」とある（「写真で綴る『ドキュメント日本の放浪芸』取材㊙話」、『別冊　日本の放浪芸　小沢昭一が訪ねた道の芸・街の芸』、CD解説書、ビクターエンタテインメント、2015年、頁記載なし）

the World）などでは、一つの楽曲を一トラックとし、複数のトラックを一面に収録してアーカイヴ化あるいは保存しようとする。各トラックの間にあるのは、透明だと思われている時間である。しかし実のところ、そこで各トラックを分けているものは透明でもなんでもなく、各トラックに収められている音楽芸能を隔てて扱いうると前提する「科学」の思想である。このようなことからは、個別のトラックの区切りが存在しない片面一バンドによるひとつの音のドキュメンタリー作品である『日本の放浪芸』は、その構成の形態自体によって、音楽芸能の一般的な保存やアーカイヴを可能にする「科学」への批判となっている点で意義のあるものなのである。

もう一つの意義は、録音した演者の名前が欠落していることの多かった当時の民族音楽の録音アーカイヴとは対照的に、『日本の放浪芸』の解説書の巻末「『日本の放浪芸』取材日録」には、一九七〇年三月から一九七一年三月までの調査の間に出会った人々の個人名がすべて記録されており、さらにレコードに収録した芸能者の人々の名前は朱色と太字で強調して記載されていることである。この重要性を小沢は認識しており、第一作では編集が終わる時点で、市川と小川が一つ部屋に三日三晩籠って、それまでの二人のメモと記憶を頼りに膨大な出演者の名前を書きだしていったという（市川・小川 2021.12）。こうしたクレジットはもちろんのこと、芸能者にはそれぞれ小沢の指示で金額が決められて現地で現金での支払いが行われている（市川 2021.11）。領収書をもらうわけにもいかないこれらの支払い――「お花代」や演者が住所不定であることに起因する――を会計に認めさせた市川と、それを認めた日本ビクターの仕事は、『日本の放浪芸』の名と共に音楽芸能のアー

市川の当時の取材メモ。当初はカード式（右下）、次第にノート（左上）に。市川氏所蔵

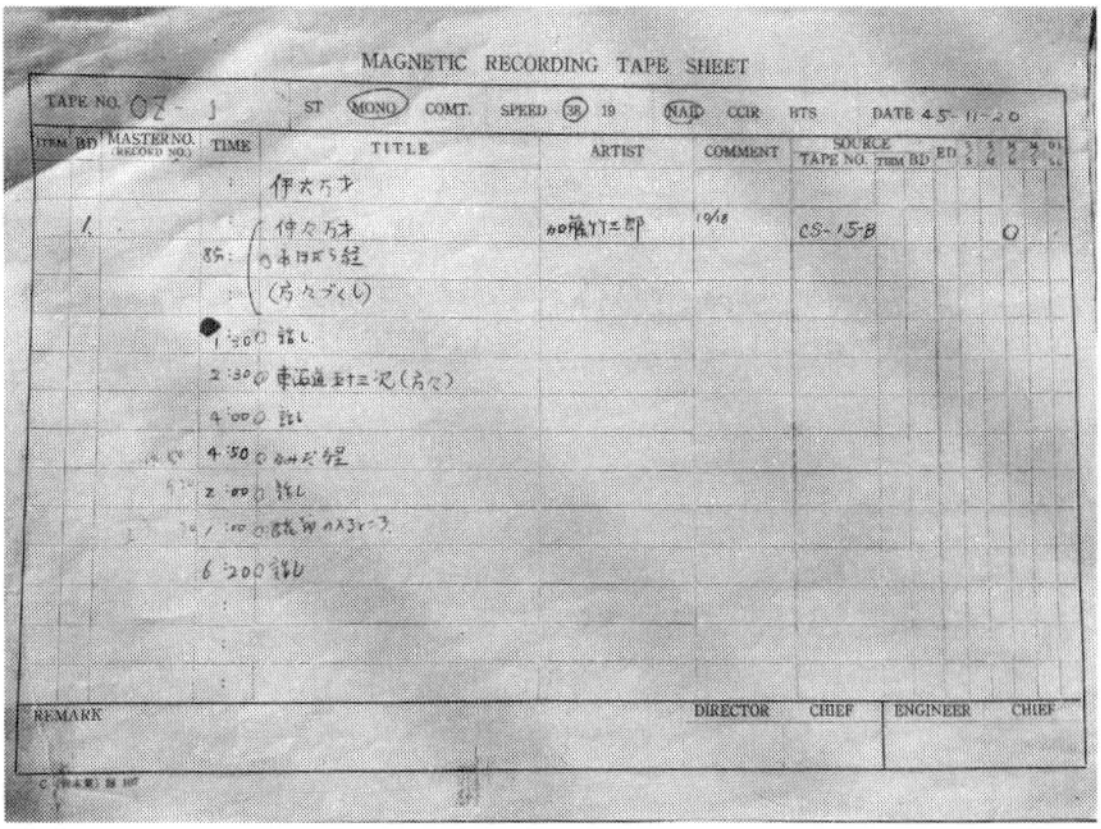

現地録音の生テープの内容は、市川自身が当時すべてシート化した。市川氏所蔵

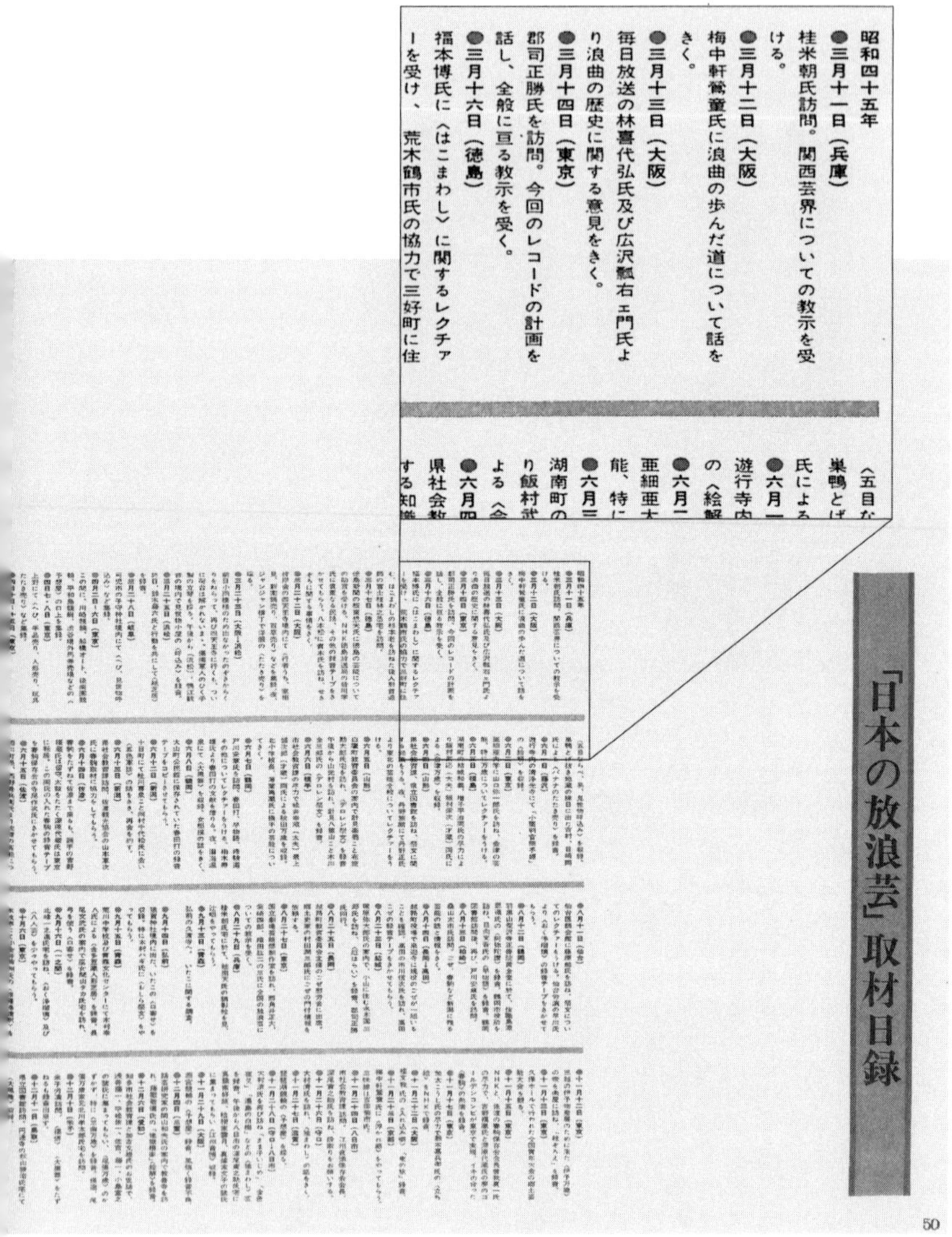

「『日本の放浪芸』取材日録」（『日本の放浪芸』解説書、50-51 頁）

ついてのさまざまな話をきく。林喜代弘氏同席。

●七月十一日（大阪）
市川歌志氏の案内で、氏の師匠に当る市川福治氏を訪問。〈阿呆陀羅経〉に関する思い出話をきく。

●七月十二日（武生）
〈越前万歳〉は、大夫山田黹氏の指導のもとに河端嘉作氏をはじめとする若手がよく継承、保存されていた。保存会長増永達夫氏宅にて、斉藤槻堂氏の解説をきく。

●七月十三日（徳島）
小松島市の銭谷尹久子氏の尽力によって、森井クメ氏宅に、犬伏ヒサエ、中野トメ、小山ウメノ、大川キクエの諸氏に集まってもらい、〈ほめら、すったら坊主、せきぞろ〉などの

カイヴ史に語り継がれる価値がある。

このLPの値段は、当時の市川の月給の約半分に当たる一万二六〇〇円[30]という高額なものであったので、市川は発売前には売れ行きを非常に心配していたが、予想外の売り上げを見せて増版され、その年末にはレコード大賞の企画賞を受賞したことで、さらに売り上げが伸びていった（市川 2000: 82）。一九七四年に三部作が揃ったのちに集計された第一作の総売り上げ数は、一万二〇〇〇セットである（本書一四八頁を参照）。これは値段からみても驚異的な数字であった。第一作がこのような成功裡に終わったことは、市川ほかビクターの関係者にとって、儲けや続編の企画といったことよりも、これまで支払いも保証もなく他の仕事をほぼ全て断らせていた小沢のことを思って、「最低でも五〇〇部は売らなくては小沢さんに申し訳ない」と願い続けていた日々の後の、胸を撫で下ろす出来事であったという（市川 2021.11）[32]。

市川は、レコードの「あとがき」（市川 1971.6: 114）で、「小沢氏の執念としか表現する言葉がない程の情熱で日本各地を引きづりまわされ」たことによって、「ドキュメントばやりの昨今ですが、方法論を観念的に論じるよりは、まず徹底的な調査・実証が第一であることを身にしみて分った

『読売新聞』、1971年11月24日夕刊、9面の広告。日本レコード大賞企画賞の受賞が記され、宣伝の一つとなっている

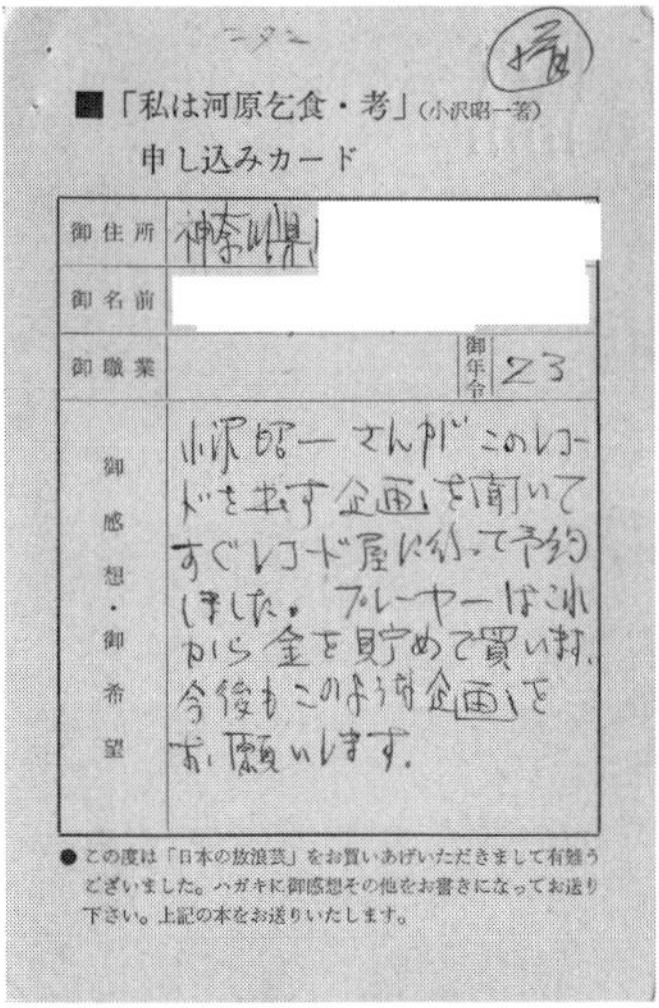

■「私は河原乞食・考」(小沢昭一著)
申し込みカード

御住所	神奈川県
御名前	
御職業	御年令 23
御感想・御希望	小沢昭一さんがこのレコードを出す企画を聞いてすぐレコード屋に行って予約しました。プレーヤーはこれから金を貯めて買います。今後もこのような企画をお願いします。

● この度は「日本の放浪芸」をお買いあげいただきまして有難うございました。ハガキに御感想その他をお書きになってお送り下さい。上記の本をお送りいたします。

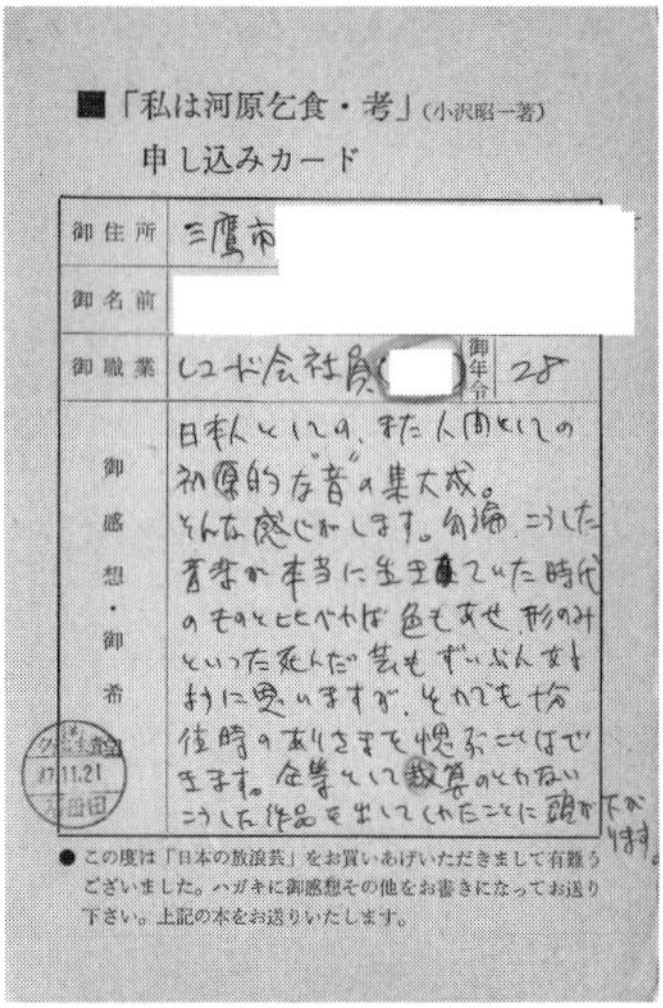

■「私は河原乞食・考」(小沢昭一著)
申し込みカード

御住所	三鷹市
御名前	
御職業	レコード会社員( ) 御年令 28
御感想・御希望	日本人としての、また人間としての初源的な音の集大成。そんな感じがします。こうした音楽が本当に生きていた時代のものとくらべれば色もあせ、形のみといった死んだ芸もずいぶん多いように思いますが、それでも往時のありさまを想うことはできます。企業として採算のとれないこうした作品を出してくれたことに頭が下がります。

● この度は「日本の放浪芸」をお買いあげいただきまして有難うございました。ハガキに御感想その他をお書きになってお送り下さい。上記の本をお送りいたします。

市川の元に寄せられた「購買者カード」(アルバムに同梱されており、購買者が感想や希望を書いて返送すると『私は河原乞食・考』がもらえるようになっていた)のメッセージのなかには、レコードプレーヤーを所有していないのに購入したと書いてきた人(川崎市、23歳)もいた。[31] 他にも、「企業として採算のとれないこうした作品を出してくれたことに頭が下がります」と書いてきた他のレコード会社の社員(三鷹市、28歳)もいる。市川氏所蔵

(上)1971年6月の初版のレーベル(W-7011～7):市川が日本ビクターで所属していた音楽事業本部のワールド・グループ・レコード部から出版された。
(下)1973年12月の増版以降のレーベル(SJX-2051～7-M):1972年4月に音楽事業本部がビクター音楽産業の子会社となったため、ビクター音楽産業から出版された。両者の内容は同じであるが、初版はLPの紙の内袋が7枚がそれぞれ異なる配色のエンボス紙であるのに対して、増版は赤一色の薄い紙である。また、解説書の紙質も初版のほうが上質である

一年余でした。」と、小沢と小川との初めての『日本の放浪芸』という出来事を締めくくっている。しかし続くところでは、これらの放浪芸が「果たして、芸そのものの中に滅亡の必然性があったのだろうか」という疑問を提示しており、小沢の『日本の放浪芸』とは異なる形で、「芸そのもの」の余韻が市川の内に生まれたことを示している。その余韻は、『日本の放浪芸』シリーズの終了後、市川を中国少数民族やロマのなかへ「芸そのもの」の探訪に赴かせることになる、熾火となったように感じられる。

LP『ドキュメント 又 日本の放浪芸』の誕生

続編を作ることになった経緯について、市川は『回想 日本の放浪芸』では、次のように記している。

購入者の反響は続いて寄せられていたが、多くの人々が続篇を要望しており、さらにひとつひとつの芸能をもっとたっぷり楽しみたいという希望が述べてあった。七枚組で、七時間余も収録されていても放浪芸全体を包括すると、ひとつひとつの芸能に割り当てる時間には限度があった。小沢さんにも購買者からの便りは折にふれて見てもらっていたので、続篇が望まれていることは分かっていたのだろう。改めて、意思を確認するまでもなく、自然に放浪芸の採録

行脚は続行していったのだった。　　　　　　（市川 2000: 82）

筆者が市川氏に行なったインタビューにおいては、第一作が終わったところで「これで終わり」という意識を小沢とも共有していたということであった（市川 2021.11）[33]。興味深いことに、市川は次の計画として、『日本人はどこから来たか』という企画を立ち上げて、民族音楽研究者の小泉文夫に交渉して承諾を得てから着々と計画が進んでいたが、突然ビクター側に人事異動があり、この計画は立ち消えになってしまったという[34]。そしてこの話を小沢にしたところから、『日本の放浪芸』の続編の話に繋がったということである。続編は先の引用にあるように、購買者の「ひとつひとつの芸能をもっとたっぷり楽しみたいという希望」に沿う方へと向かった。取り上げる芸能については、第二作として香具師、第三作として節談説教を特集し、以上の三部作でシリーズを完結する予定であったという[35]。

第一作『ドキュメント 日本の放浪芸』の現地録音には、市川は最初は先述のソニーの「デンスケ」を持って行ったが、重くて大きい上に、オープンリールテープの録音可能時間が一〇分程度と短いことから、途中からフィリップスのステレオカセットレコーダー EL-3312 を用いていた（市川 2021.11）[36]。第一作の「購読者カード」には、録音の音の質が悪いという意見が多く寄せられており、この時代はスタジオ録音が主流であったこと、音響機器の品質が向上して「良い音」に人の耳が慣れていたことが理解できる。市川は『回想 日本の放浪芸』でも（筆者によるインタビューでも）、

「1970年　新潟」とクレジットのある小沢の写真（2015年のCD復刻版『日本の放浪芸』に付属の「別冊 日本の放浪芸」）のレコーダー部分を拡大したもの。デッキの窓口の形態と年代から、EM-1（モノラル1トラック）の「デンスケ」と同定できる

フィリップスのEL-3312（『ステレオ』、1969年11月臨時増刊、244頁）

それについて心残りを表明している。現在の筆者の耳からすると、マイクの打撃音や衣類との摩擦音が、この録音が「隠し録り」であることを証拠づけており、現在では「隠し録り」自体が法的に不可能であることもあって、「ドキュメンタリー」としての価値を高めることに一役買っているように感じられる(37)。当時も、このレコードの刊行直前の座談会「ドキュメンタリー・レコード『日本の放浪芸』をめぐって」では、「おじいさん、おばあさんのガヤガヤガヤガヤ言うあの雑音が非常に効果的に入れてあるのかもしれませんが、楽しくて……」（山口龍之介）、「そのほうがかえって現場にいるみたいでいいですね」（早野寿郎）といった意見が出ている（小沢ほか 1971.5: 72）。

第二作からは、ビクターの録音部の村岡良一が録音を担当することになって随行した。村岡は第一作の編集作業に携わっていたため、自然に第二作の録音に加わることになったという（市川 2021.11）。第二作の録

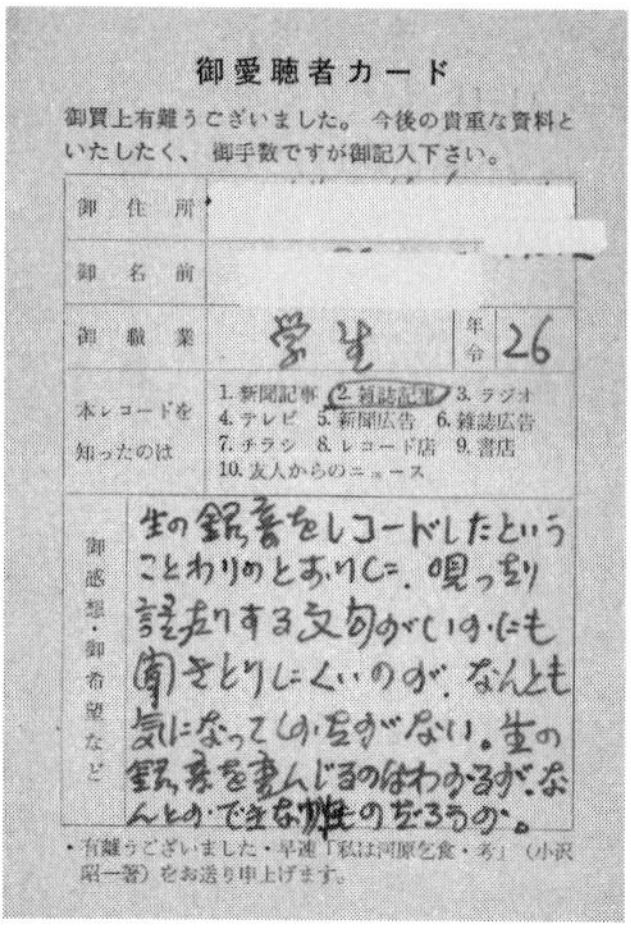
御愛聴者カード

御買上有難うございました。今後の貴重な資料といたしたく、御手数ですが御記入下さい。

御住所			
御名前			
御職業	学生	年令	26
本レコードを知ったのは	1.新聞記事 2.雑誌記事 3.ラジオ 4.テレビ 5.新聞広告 6.雑誌広告 7.チラシ 8.レコード店 9.書店 10.友人からのニュース		
御感想・御希望など	生の録音をレコードしたということわりのとおりに、唄ったり語りする文句がいかにも聞きとりにくいのが、なんとも気になってしかたがない。生の録音を重んじるのはわかるが、なんとかできないものだろうか。		

・有難うございました・早速「私は河原乞食・考」（小沢昭一著）をお送り申上げます。

「購買者カード」には、現地録音の言葉が聞き取りにくいので解説書に詞書をつけてほしい、といった声が多く聞かれる。たいていのレコードには「歌詞カード」が付属しているものだ、という通念から生じる不満が「音の質が悪い」という意見に繋がっているようにも見受けられる。市川氏所蔵

音機は、村岡がさまざまな録音機を試しながら選択し、一九七二年に発売された西ドイツのウーヘル UHER のステレオ・ポータブル・カセットレコーダー CR-124に切り替えた（小沢・村岡 1973.11: 220, 市川 2000: 83-84)。

　市川はインタビューで、もう少し待てばソニーの良い録音機が出ていた、と語っていた（市川 2021.11）。このソニーの録音機とは、一九七三年五月に発売された、コンパクト・カセット式ポータブルステレオ録音機「カセットデンスケ」(TC-2850SD) であると思われる。これはそれまでのオープンリール式の「デンスケ」とは比較にならないコンパクトなカセットレコーダーであり、アマチュアがSLや野鳥の声などを録音する「生録《なまろく》ブーム」に繋がったことで知られる。第二作の録音は一九七二年の春彼岸から行われ、第三作はそれが終わりかけた頃（一九七二年）から並行して始められ、七四年半ばまで続けられた（市川 2000: 83,

94, 108, 114)。『日本の放浪芸』の「三部作」は、まさに「生録ブーム」の隆盛を脇に眺めながら制作されたものだ。[38]『日本の放浪芸』の企画が数年遅れて完全に「生録ブーム」の時代に入っていたら、様々な意味で異なる内容になっていたかもしれない。

しかし小沢自身は、ステレオやハイファイへのこだわりには距離を置いた見方をしている。第二作を制作中に小沢に行われたインタビューで、音と録音機の関係について、小沢は次のような意見を述べている。

今回〔第二作のこと〕はステレオでの録音ということで、いい音でという考えがレコードを

隠し録り用のバックにウーヘルのCR-124を装備する村岡。「とに角録音すること、ひたすらにテープを回すこと、それが「放浪芸」の録音の基本です。」と述べる。小沢昭一・村岡良一「放浪芸と音」、『録音のすべて1974』（『ステレオ』『週刊FM』別冊）、音楽之友社、1973年11月、220頁。下は同誌のウーヘル（先行モデル）の広告ページ

作る側の希望としてあったわけで、そのためにスタッフの方も同行して下さった。しかし、そのこととは別に、たとえばモノラルより、ステレオの方がいい音だという考え方、仮にそういう考え方があるとして、ボクはとても承服できない。機械がそこの間に入ってきて、音の出る仕組みが複雑になればなるほど、ボクのいい音は遠ざかっていく、という気がするんです。
（小沢・村岡 1973.11: 218）

小沢は、むしろ自分が使用している「アイワの第一号機」（TP-707Pのことか）のような「小さいキカイが音を吸収し、吐き出しているという感じ」のほうが好みであると述べている。続くところでは、第二作のための録音の旅をしている当時の、編集に関しての小沢の意見が述べられる。

ボクの編集はとってもウソッコにするわけです。録ってきた材料というのは、一つ一つまさしくホンモノ

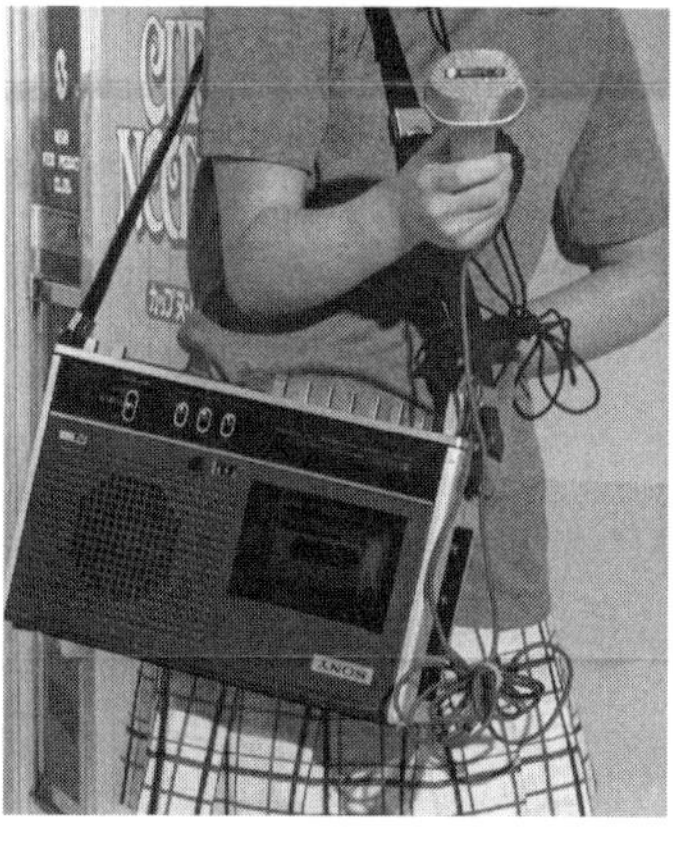
ソニーのカセットデンスケ。『録音のすべて 1974』（『ステレオ』『週間 FM』別冊）、1973年11月、とじ込みポスター（部分）

をとってきたわけです。べつににせものや、作りものを使うわけじゃない。けれど、あやつって、ウソッパチの世界を創って、それをドキュメントと称して売り出すというのが、まあ、ボクのひそかな楽しみなわけです。だから編集したあとはもう、ボクの世界になってしまうわけで、ボクにとってこうありたい世界ですね。だけどドキュメンタリーってそれでいいんですよね。まあ、お客さまをちょっとダマスわけなんだけど、今回は特に内容が香具師さんのものだし、だますことは、より内容にふさわしいことだと思っているんです。この場合だますということは、ボクはちっとも悪いことだと思っていない。むしろ、ボクらの商売がより完璧に、よりすばらしく、より喜んでもらえるようになるためには〝だます〟っていうことに精通しなければならないのです。

（小沢・村岡 1973.11: 217-218）

小沢は、「ドキュメンタリー」は「だます」ものだということと、「ボクらの商売」（俳優）は「だます」ことに精通する必要があるということを、重ねて語っている。このことからも、『ドキュメント　日本の放浪芸』は、小沢にとって俳優業の延長線上に認識されていることが理解できよう。

「お金と換える芸」への転換

続編であるLP『ドキュメント　又日本の放浪芸』の内容を検討するにあたっては、その解説書の冒頭に置かれた小沢の巻頭言「お金と換える芸能」を確認しておくことが重要である。なぜなら、この巻頭言は、第一作を出版したことによって小沢が受けた「誤解」についての釈明から始められており、これらの「誤解」への反応によって続編の内容が整形されていったことが予想されるからである。

第3種郵便物認可

「放浪芸」追う 小沢昭一

こんどは〝てきや芸術〟

芸をめで 人をめで

取材する小沢昭一＝青森県弘前市で

「ダマシて喜ばす精神」

天王寺や祭りの露店で収録

「放浪芸」探索の旅を続けている俳優・小沢昭一が、近くレコード第二集を出す。題して「ドキュメント・又日本の放浪芸――小沢昭一が訪ねた渡世（てきや）芸術」（ビクター、LP5枚組）

いまや死滅寸前の路上の芸能を、大きな網ですくいあげたのが、前作「ドキュメント・日本の放浪芸――小沢昭一が訪ねた道の芸、街の芸」である。今回は、タイトルにうたってるように「てきや」に的をしぼった。

「前のはドブさらい。その結果、てきや、説教、ストリップが、ボクの中に残った。この三つは親類ですよね。あとは博物館。節季ごとに働く、いわば制度的にかぼそく土壌にしがみついているか、保存会という形で生き残っているか、です。それに、現に、生命をかけているものではない。で、最後的にひっかかったのは、説教です。まず、てきやを……」

一枚目A面「天王寺境内彼岸風景」B面「まつりの露店さまざま」二枚目「行者うち鳴らし」三枚目「大ジメ（ヘビの大ジメ口上）」四枚目「見せ物小屋」五枚目「街の流し、花見の流し」。全編を通して、てきやの一方の旗頭・[illegible]氏とのインタビューがつく。

「ふつう、芸能といわれない世界に芸能の特質、芸能の神髄が生きている。野放図で、素朴で、やや荒っぽいが、芸能の祖型がある。基本形は、ダマシですよね。ボクらの芸もダマシ。つくりものでダマスのが、ボクらの仕事の根本ですから。でも、ただダマスのではない。ダマシて喜ばせる精神が根底にある。彼らは、そこに矜持（きょうじ）をもっている。その辞仕の姿には打たれますね。それから、玄人と素人ということ。やらざるを得ない芸、気がついたときにはやっていたという芸は、これこそ玄人の芸。好きでやる芸、これは素人くさい芸。なにやら、おのが姿にひきくらべると、てきやから突きつけられているようで……」

昨年の六月ごろから、収録に本腰を入れた。前のは、かくし録りが多く、音の悪さが気になったので、今回は、本職の技師に同行を頼んだ。収録地は、北は青森県弘前市から南は福岡市まで。収録テープは、時間にしてどのくらいになるのか、いずれにせよ、全体の九五％を捨てて、五枚で三百五十分に仕上げた。編集のためのテープのつなぎは、一万回にのぼる。

「てきや」と並行して、「説教（祭文説教、節談説教）」の収録も進めていた。現在、八〇％の進展状況。来春には「又々日本の放浪芸」として、[illegible]のはずである。

第二作の予告記事「こんどは〝てきや芸術〟」、『朝日新聞』、1973年11月6日、夕刊、9面。「基本形はダマシですよね。ボクらの芸もダマシ。」とあり、調査録音のたびに「放浪芸」と自分の俳優業と重ねて言説を積み上げていっていることが分かる。写真は小川洋三撮影。第一作の解説書の写真は小沢と小川が担当していた（第二作・第三作ではカメラマンの羽生春久が担当）

小沢はこの弁明を、自分が「日本の滅びゆく芸能の保存に情熱を傾けている」（小沢 1973.12: 2）（傍点原文）と多くの人から「誤解」されたと嘆くことから始めて、続くところで次のように論じている。

> 私は保存にあまり関心がございません。
> もちろん学問的な研究の対象としての保存の必要性は十分わかります。また郷土のタカラとして、昔から伝わった芸能を、なるべくそのままに保存することの大切さもわかります。しかしそれは、いま、アッシには関わりのねェことでゴザンシテ[39]、虫のいいことを言わせていただければ、それは誰方かに、さしずめ文化のほうのお役所にやっていただきたいと思います。
> 実をいうと、放浪の諸芸の保存は、例えば農民の民俗芸能に比べて、あまり進んでいるとは申せないようであります。なぜでしょうか⁉ （小沢 1973.12: 3）

「文化のほうのお役所」という言い回しが、文部省（現文部科学省）あるいは一九六八年に設置されたばかりの文化庁を揶揄したものであることは明らかである。文化庁は、それまで文部省の内局であった文化局と、外局であった文化財保護委員会とを統合して作られた部局である。一九五〇年に制定された文化財保護法は、世界で初めて「無形文化財」の保護を計画に入れた画期的な法律であったが、一九五四年の文化財保護法の一部改正の際に、「歴史的、芸術的に価値の高い」とされる「重要無形文化財」と、それ以外の無形文化財である「助成の措置を講ずべき無形文化財」の区別＝差別が明言化されたことは強調しておかなければならない。さらに、いわゆる「民俗芸能」が、一九五一年の選択基準に則って選択が行われていく（橋本 2014: 133）。選択された民俗芸能は、例えば「大日堂舞楽」、「黒川能」、「祇園祭」等であった。小沢にしてみれば、これらは定住の文化によって生み出されたもので、文化財保護法は「重要」と「民俗」との差別化のみならず、「定住者」と「放浪者」の差別化をも図ったことになる。

こうした国による文化政策への不信感は、第二次世界大戦中に軍国少年として教育されたことに対する不信感からも生じているであろうことは、第二作の解説書の続きで「もうひとつの誤解」として、『日本の放浪芸』の日本に力点をおいて、私が日本好き、日本のよきものを賛歌する愛国者とまちがえられたこと」（小沢 1973.12: 2-3）を嘆いているところからも読み取ることができる。「日本」の無形文化財という、国家単位で文化を捉える思想に否定的なまなざしを向ける小沢がそこにいる。

この現地録音と調査の旅は、小沢の俳優としてのアイデンティティとその実践に益するために計画されたものであることは最初に確認した通りであるが、一見したところ、高度経済成長期に失われつつあった音楽芸能を保存しようとする文化財保護の動きと同じ「保存」の空気を共有しているかのようである。実際、第一作は、国鉄のキャンペーン「ディスカバー・ジャパン」と時を同じくしており、小沢自身も、「ただいま流行の〝滅びゆくもの〟ブームにピッタリのせていただいた」

（小沢 1973.12: 2）と述べている。しかし、第二作の解説書にみるこれらの言説からは、第一作の出版によって受けた「誤解」が引き金となり、小沢がこの自らの放浪芸収集の仕事に改めて新しい意義を見出したことが理解できる。つまり第一作は、俳優としての個人的なアイデンティティの構築のために始まった大道音楽や物売りの声の録音収集であったが、それが、放浪者の芸能を無視して農村や山村の定住者の芸能のみを救おうとする政策に対する抗議運動としても機能するものであったことが、小沢自身によって発見され、言語化されていくのである。とりわけ第一作からの意識の変化を端的に表現しているのが、次の一文である。

一番多い誤解は、私が郷土芸能、民俗芸能、または諸国の祭などをいっぱい見ていて、それに関するウンチクも深いと思われていること。

私の関心は一点、職業芸——金に換える芸、ないしは芸を金に換えるくらしについてでありました。（小沢 1973.12: 2）

そもそもこの「巻頭言」のタイトルが「お金と換える芸能」であることからも分かるように、第二作以降の小沢は、自分の関心が「お金と換える芸能」であることを強調するようになっていく。これは次のようにも変奏される。

今回の『又日本の放浪芸』では香具師の芸だけを、そして次回『また又日本の放浪芸』には節談説教だけを、たっぷり収録いたします。といいますのも、この両者だけが、たとえ一時代まえよりは衰えたにしても、まだまだ現業で頑張っているということ、そして、芸能が野に在った時代に、芸を金に換える時の荒々しい納得のさせ方が、むき出しになって、生きていたからであります。

(小沢 1973.12: 3)

ここでは、「芸を金に換える時の荒々しい納得のさせ方」を評価することで、金銭的な保護なくしては生きられない「文化財」を間接的に批判している。「お金と換える芸」、すなわち金銭とのダイレクトな交換によって行われる香具師の世界を記録することで、無形文化財という「お金に換えられない芸」を批判したのである。

このように第一作と明確な線引きが行われた第二作の思想は、その構成にも反映されることになる。第一作では現地録音された諸芸とインタビューが、スタジオ録音された小沢の長い語りに方向付けされることによって紡がれ、一つの「放浪芸」のドキュメンタリーとして「録音構成」された。それと比較して第二作では、現地録音されたさまざまな香具師の口上の諸芸と、ビクタースタジオの和室で録音された香具師の親分である浪越繁信と小沢との対談(小沢は浪越の話を引き出すことに専念している)が交互に配置され、小沢によって観察された香具師という一つの芸能のドキュメンタリー作品となっている。

第二作の壱枚目「天王寺境内彼岸風景・まつりの露店さまざま」を例に取って、構成の詳細を観察してみよう。A面は現地録音の「境内風景」として、鐘、太鼓、傷痍軍人の歌、小沢の短いナレーション（「お彼岸の大阪四天王寺境内です」）、木づち、易者、鐘、柏手と祈祷師の語りといった音と周りのざわめきの現地録音が並べられて、境内のいわゆる「サウンドスケープ」が描かれるところから始まる。これを序曲として、浪越が小沢の質問に答えて語る香具師の起源や由来についての話と、香具師の口上とが、交互に現れる。

浪越＋小沢「自由なくらし」
浪越＋小沢「露店のはじまり」
香具師（現地録音）「もぐさ売り」
浪越＋小沢「神農さんが祖神」
香具師（現地録音）「家相説明」
浪越＋小沢「香具師の由来」
香具師（現地録音）「のぞきからくり」

B面も同じ構成であるが、香具師の各種の詳細に入っていく。

香具師（現地録音）「貯金箱売り・瀬戸物売り」
浪越＋小沢「香具師の種類①コミセ」
香具師（現地録音）「コミセ」（風船・おもちゃ）
浪越＋小沢「②サンズン」
香具師（現地録音）「サンズン」（下着・指人形）
浪越＋小沢「③コロビ」
香具師（現地録音）「コロビ」（万能野菜切り器）
浪越＋小沢「④中ジメ」
香具師（現地録音）「中ジメ」（ハサミ）
浪越＋小沢「⑤大ジメ」
香具師（現地録音）「大ジメ」（薬草の本）

これらの要素が、第一作のときと同様、一面に一つのバンドとしてまとめられて収録されており、各要素がトラックに分割されていない。目次上では浪越の語りと香具師の口上が交互に現れているが、レコード上では浪越の対談の背後に香具師の口上が流れ続けている場合もあるから、トラックに分割することは不可能である。CD化してトラックが付けられた時にはやはり便利にはなったが、それぞれのトラックの前後で音の断面が現れている。

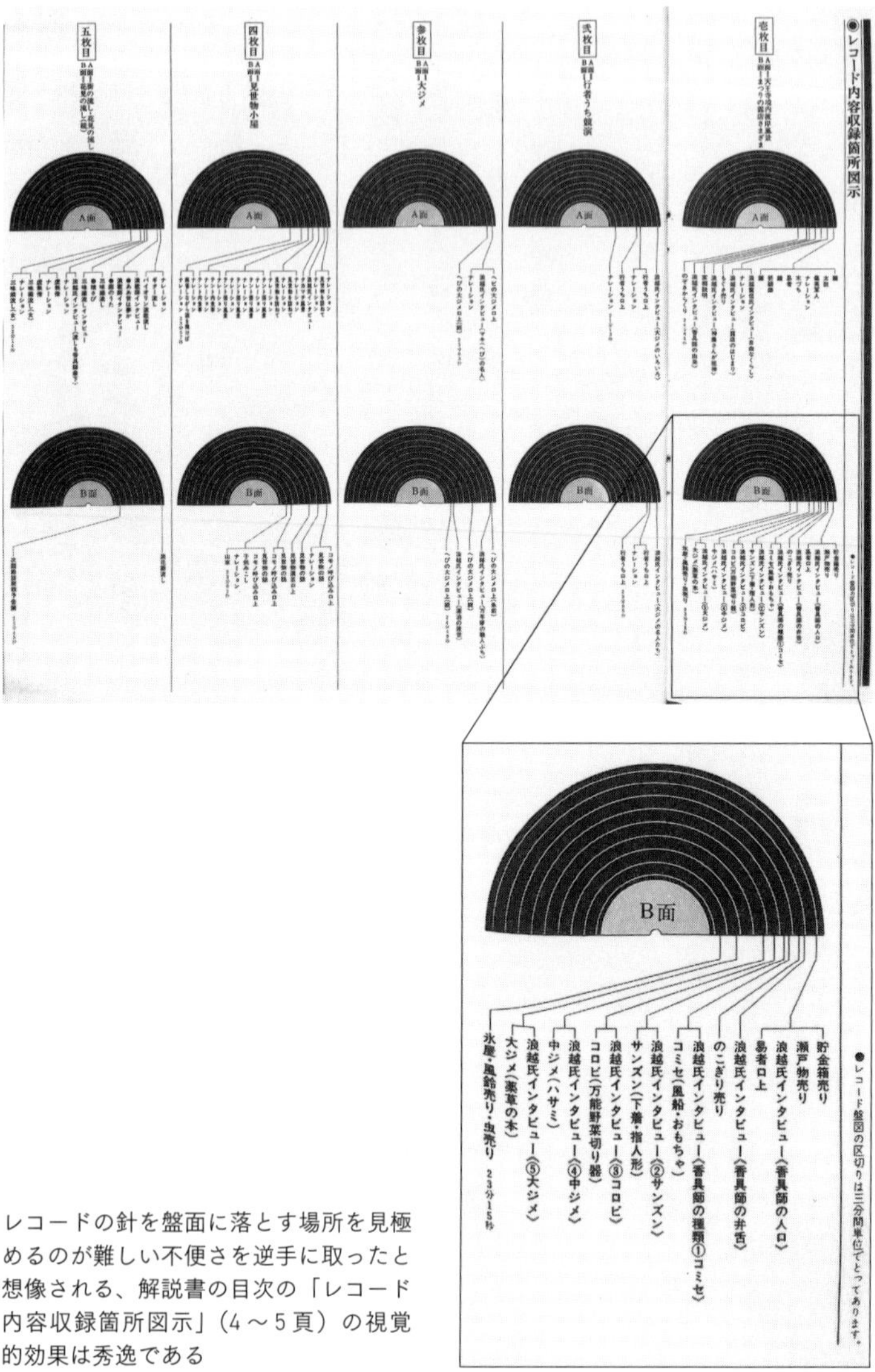

レコードの針を盤面に落とす場所を見極めるのが難しい不便さを逆手に取ったと想像される、解説書の目次の「レコード内容収録箇所図示」（4～5頁）の視覚的効果は秀逸である

こうした構成の特徴は、弐枚目「行者うち競演」・参枚目「大ジメ」ではさらに濃厚である。弐枚目は両面ともに「浪越繁信氏インタビュー」と「行者うち口上」が一つのバンドに、参枚目も両面ともに「浪越繁信氏インタビュー」と「へびの大ジメ口上」が一つのバンドになっている。しかもこれらの口上は長いもので二一分間もあって、片面をノンストップでほぼ丸々占めていることもあり、「ひとつひとつの芸能をもっとたっぷり楽しみたいという希望」を満たす構成であることは間違いないが、よくこうした「たっぷり」な構成をビクター側が許したものである（もっとも実際の口上は二、三時間以上続くものもあったそうであるから、これでも断片に過ぎないのであるが）。四枚目の「見世物小屋」、五枚目の「街の流し・花見の流し」は、さまざまな音楽芸能が収集された第一作に近い色調を帯びてはいるが、これらの職種がいずれも香具師の傘下であることから、同様に浪越の対談とともに交互に細かく構成されて一つのバンドになっている。

このように第二作は、浪越の語りとそこに挿入される香具師たちの口上によって、浪越という香具師の親分の生きる世界の主体的な語りを丸ごと記録しようとしたドキュメンタリー作品である。それはもちろん小沢の主観に基づいており、「お金と換える芸」である香具師の世界を記録することで、無形文化財という「お金に換えられない芸」を批判するメッセージを含んだドキュメンタリー作品として仕上がっているのである。

LP『日本の放浪芸』シリーズと「ノスタルジー」

本書の目的は、『日本の放浪芸』シリーズを歴史上に正しく位置づけることであるので、ひとまず第一作と第二作に関してはここで論を閉じてもよいのであるが、筆者はこのシリーズの解読が、現在の無形文化財の保護制度に何かしらの提言をもたらすことができるよう希望を抱いているため、章を閉じる前に、文化資源学ならびに聴覚文化研究の知見から本書全体を照射すると思われる視点を投げかけておきたい。

ここ十数年の間に、音または音楽を対象とする研究領域において、聴覚文化研究（Auditory Culture Studies）またはサウンド・スタディーズ（Sound Studies）と呼ばれる潮流が世界的な広がりをみせた。その特徴は、私たちが音を聴くときに無意識のうちに行われてしまう取捨選択の形成基盤（近代的な科学認識、録音再生技術、音楽教育……）や、一般的な「音楽」の定義から排除された音（物売りの声、交通機関の音、騒音……）といった、音の聴取に関わる境界線に着目して、私たちの聴覚文化がいかに政治・社会・テクノロジー等によって制度化されているかを改めて考察することである。このような諸研究はそれまでもあったわけであるが、カナダのジョナサン・スターンJonathan Sterneの著作『聞こえくる過去』（スターン 2015）が総括したことで広まったのである。日本においては、一九八〇年代から細川周平『ウォークマンの修辞学』（一九八一年）・同『レコードの美学』（一九九〇年）、渡辺裕『聴衆の誕生』（一九八九年）・同『音楽機械劇場』（一九九七年）、吉見俊哉『「声」の資本主義——電話・ラジオ・蓄音機の社会史』（一九九五年）などが、現在の聴覚文化研究の潮流に先んじて、同様の地平をすでに開拓してきた。

渡辺は、著書『サウンドとメディアの文化資源学　境界線上の音楽』（二〇一三年）の冒頭（「総論」）において、それより以前である一九六〇年代末から一九七〇年代にかけて、聴覚文化研究を先取りする動きが生じていたと指摘して、マリー・シェーファー Murray Schafer（一九三三〜二〇二一）の『世界の調律 *The Tuning of the World*』（一九七七年）のサウンドスケープ論を例として挙げている（渡辺 2013: 40-49）。ここで注目したいのは、渡辺はこのようにシェーファーに聴覚文化研究としての先駆性とその影響力を認める一方で、シェーファーの環境運動家としての問題意識が「方便にすぎなかった」（渡辺 2013: 48）ために、サウンドスケープ論がなおも「音楽」の問題意識の内側にあるように感じられると留保していることである。

「サウンドスケープ」とは、「ランドスケープ」（土地 land ＋風景・環境 scape）という言葉からシェーファーが創出した造語であり、sound ＝音と scape ＝風景・環境を合わせることで、これまで視覚的な要素によって捉えられてきた風景や環境を聴覚によって捉えようとしたものである。こうした音への着目は新しいものではなく、日本でもラフカディオ・ハーン（小泉八雲）の『知られざる日本の面影 *Glimpses of Unfamiliar Japan*』（一八九四年）や寺田寅彦の「物売りの声」（一九三五年）などに既にみられるものであるが、サウンドスケープ論の意義は、シェーファーが自身の職業である作曲家として近代的な「音楽」の概念を問いつつ、近代化のもたらした騒音問題を解決しようとした実践的な思想であるところにある。そうしたなかで、シェーファーが「音の分裂症schizophonia」のような造語で音のヒエラルキーを作ってしまったことは、従来の音楽概念を問おうとするサウンドスケープ論においては確かに本末転倒であった。その意味では、庄野進が「産業革命後の機械打ち壊し運動を思わせるような」（庄野 1997: 54）とシェーファーを評したことは的を射ている（渡辺もこれを引用している）。しかしこうしたシェーファーの造語は、「産業革命後の機械打ち壊し運動」というよりは、「一九六八年」という社会運動の時代における扇動的な表現[40]であり、執筆当時の時代的背景を理解するための資料として重要な要素として読むべきであると考える。

　ただここで、渡辺の著作全体の思想からそのサウンドスケープ論の批判を眺めてみると、それはシェーファー個人の思想に矛先を向けているというよりも、一九六〇年代から一九七〇年代という時代特有の「シェーファー流のサウンドスケープ論」（傍点引用者）に見られる「ノスタルジー志向的な傾き」（渡辺 2013: 47）に対して向けているように思われる。ここで渡辺が批判する「ノスタルジー」は、「産業革命以前のサウンドスケープ、近代化以前の姿を残す共同体への復古というか、今で言うレトロ志向」と同書で言い換えられていることからも、近年のメディア研究や記憶研究が対象とする、集合的記憶として意図的に刷り込まれた過去の「美しいもの」「失われたもの」を思慕する心理現象を意味するのであって、ノスタルジー nostalgie（仏）という造語の語源（帰郷 nostos/νόστος＋苦痛 algos/ἄλγος）がもつ、故郷から引き離されることで発症するとされた病理現象（今林 2022 :52-53）を意味するのではない。例えば、渡辺は同書中で、一九九六年に環境庁（現環境省）が行なった「残したい日本の音風景百選」について論じた個所で、その選定結果の三分の二近くが自然の音であり、残りのほとんども「近代化や都市化の動きの中で消滅しつつあるとされている「近代化以前」の産業や共同体に関わる音」（渡辺 2013: 415）に偏重していると指摘しているが、こうした現在のサウンドスケープの在り方を「「サウンドスケープ論」的なステレオタイプ」（渡辺 2013: 417）と括弧に入れて言い直している。つまりこの著作は、現在の「ノスタルジー志向的な傾き」を持つ、ステレオタイプ化したサウンドスケープ思想への再考を促すものであることが理解できるのである。

長々と渡辺のシェーファー論を見てきたのは、彼がこの書で、LP『ドキュメント 又日本の放浪芸』（一九七三年）を、こうした一九六〇年代から一九七〇年代の「ノスタルジーの感覚」の産物であるように提示しているからである（渡辺 2013: 33-35）。実際には、本章で観察してきた通り、『日本の放浪芸』シリーズは、伝統芸能・民俗芸能を偏重する文化財行政に異を唱えるものであった。特に第二作は、第一作の出版によって小沢が受けた「誤解」への異議申し立てによって、無形文化財とは相反する思想である「お金に換える芸」をスローガンとして立て直されたものであることを、本章では検証した。小沢が受けた「誤解」とは、小沢が「滅びゆくもの」を「保存」したいと考えているという、まさに「ノスタルジー志向的な傾き」のある「誤解」であった。したがって、小沢の作品を「ノスタルジー志向的な傾き」にあるとしては、その内実を見落とすように思われるのである。

小沢の『日本の放浪芸』シリーズ（一九七一～一九七七）とシェーファーの『世界の調律』（一九七七年）は、時期的にはほぼ同時代のものではあるが、直接的な関わりはない。しかし上記の考察からは、サウンドスケープ論が「ノスタルジー志向的な傾き」へ取り込まれやすい要素を持っているように、『日本の放浪芸』も本人の意図に反して「ノスタルジー」を喚起しやすい要素をもっていることが分かる。そうした点に二人の親和性を見出すならば、現在のステレオタイプ化したサウンドスケープ思想への再考を促すように、現在のステレオタイプ化した『日本の放浪芸』シリーズ像への再考をも促すことができると思われる。

その意味で興味深いのは、渡辺もその著作中の図版に用いている（渡辺 2013: 35）、『日本の放浪芸』シリーズが一九九九年にCD復刻された際のチラシである（本書「はじめに」vii頁参照）。このチラシは、どぶ板のある町並みを旅する小沢の姿や、「完全復刻版」「二十世紀ドキュメント・レコードの金字塔、遂にCD化」「後世に／手渡す／道の芸／街の芸」というかつてはなかった宣伝文句によって、一九七〇年代の『日本の放浪芸』シリーズに対してノスタルジーを喚起する仕掛けになっており、一九九九年という年に新たな文化資源化が行われたことを如実に示している。

シェーファーの騒音問題に対する音楽家・環境運動家としての思想は、「騒音／楽音」の対概念を内に持つ「音楽」や、コンサートホールやライブハウスの内側で聞く「音楽」を、より広い音の文化の環境へと解き放って捉えるための思想として、聴覚文化研究において現在も有効であると筆者は考えている。「環境」というと多義的で漠然としており、そこに「ノスタルジー志向的な傾き」

が潜みやすいと思われるので、ここでは「人間／環境」といった二元論によって人間の外部に客観的に存在するとされる「環境」ではなく、生物学者・哲学者ヤーコプ・フォン・ユクスキュル Jakob von Uexküll（一八六四～一九四四）のいう「環世界（Umwelt《ウムヴェルト》）」——生きとし生ける主体が生の必要に従って己の周囲に意味を与えて構築している「環境」[41]——を想定する。[42] このような個の主体的な知覚に基づく「環世界」の音を認識する手立てとしてサウンドスケープの思想を捉えるとき、小沢の音の作品も、収録された諸々の芸能者のサウンドスケープを描くものであり、さらに小沢個人のサウンドスケープを描くものであると、再解釈が可能であるように思われるのである。近年、このユクスキュルの生物学の「環世界」の考え方は、聴覚文化研究のみならず、人文学研究の諸領域で方法論として新たな広がりを見せている（伊藤 2015; 石井ほか 2021）。

シェーファーの大道音楽や呼売り人の声

ここで、「ノスタルジー志向的な傾き」という時代的な特徴において検討するために、マリー・シェーファーの『世界の調律』で扱われた大道音楽や路上の呼売り人の声の役割を例として観察する。このことは、『日本の放浪芸』シリーズ全体を一つの視点から再考するために有益であると思われる。しかし、もし本節が煩雑に感じられるようであれば、次の最終節へ直接進んで頂いても内容の理解に差し支えはない。

シェーファーは『世界の調律』の第四章「町から都市へ」で、「路上の呼売り人」(street criers)という項目を設けて、都市の大道音楽家(street musicians)や路上の呼売り屋(hawkers)の声の喧騒とそれへの論争や規制を歴史的にいくつか紹介している。シェーファーは声の喧騒の具体例として、イギリスのルネサンス・バロック期の作曲家たち、ウィールクス Thomas Weelkes(1576-1623)、ギボンズ Orlando Gibbons(1583-1625)、ディアリング Richard Dering(1580-1630)が声楽曲(『ロンドンの喧騒』など)に取り入れた、一五〇にのぼるロンドンの路上のさまざまな呼び声からいくつかを以下のように紹介している。

魚　一三種
果物　一八種
酒とハーブ　六種
野菜　一一種
食品　一四種
所帯道具　一四種
衣類　一三種
物売りの呼び声　九種
物売りの歌　一九曲

囚人開放嘆願の歌　四曲
夜警の歌　五曲
ふれ役　一名

（シェーファー 2006: 155-156）

これらの例は音楽的なものであり、語り芸を重視した小沢との差異は明白である。この一六世紀後半から一七世紀前半を生きた作曲家たちが関心をよせた「路上の呼売り人」を紹介するシェーファーの論調はポジティブで、

呼び売り屋はめいめい真似のできない呼び声をもっていた。二、三ブロック離れたところからでも、歌い手の職業が何かをわからせたのは、そのことばというよりむしろ音楽的な動機、父から息子へと受け継がれてきたその声の抑揚だった。店が荷車で移動していた時代、広告とは声を陳列することだった。

（シェーファー 2006: 154-155）

と音楽的な観点から高い評価を与えながら紹介している。

そして続くところでは、一九世紀初頭の「知識人」「芸術音楽家」によって記された、パリのオペラハウスでの物売りの声が「繊細な観客の耳や気持ち」を壊してしまうという批判を紹介している。これらの「知識人」「芸術音楽家」の批判のせいで「芸術音楽が室内に移った後は、大道音楽

はますます軽蔑の対象となった」（シェーファー 2006: 157）とシェーファーは考えているのである。

このようなことから、シェーファーがここで問題としたいのは、「路上の呼売り人」「大道音楽」そのものというよりも、それを排除しようとする「知識人」「芸術音楽家」の誕生という出来事であることが分かる。つまり、「路上の呼売り人」「大道音楽」という主題は、「芸術音楽家」がそれらの声を排除する過程を見せてくれるという点において、シェーファーのサウンドスケープ論にとって重要な役割を果たしているのである。

もう一点、「路上の呼売り人」「大道音楽」がシェーファーのサウンドスケープ論にとって重要だと思われるのは、「知識人」「芸術音楽家」がこれらの声や音を「騒音」として論争の対象にしたり法律で禁じたりしてきたにも関わらず、最終的には論争によっても法律によっても解決することは決してできなかったという歴史と、そしてそうした歴史とは対照的に――ここが彼の考察の最終的な着地点であると思われるのだが――産業革命によって登場した自動車の「騒音」が、瞬時にしてそれらの「騒音」を消滅させたという歴史である。これについてシェーファーは簡潔に、同じ第四章の終わりで次のようにまとめる。

問題が解決したのは、何世紀にもわたって法律が練り直されたからではなく、路上の呼売り人の声を消してしまう自動車が発明されたからだった。（シェーファー 2006: 159-160）

要するに、シェーファーが大道音楽や路上の呼売り屋の声に言及するのは、騒音は法律によっては規制できず、自動車の「騒音」という近代の新たなひとつのサウンドスケープによってのみ解決したということを、前例として説明したかったからだということが理解できるだろう。ここには大道音楽や路上の呼売り屋の声へのノスタルジーの影はない。

このような「騒音」への強い関心が、シェーファー自身が騒音に悩まされていたことにあるという、以下の鳥越けい子による指摘は興味深い。

> ヴァンクーヴァーの家は港に面した高台にあり、周囲を飛び交うおびただしい数の水上飛行機などの騒音にさらされていた。また、都市の喧騒を離れた郊外、バーナビーの丘の上に位置するSFUのキャンパスでも、〔…〕校舎の硬いコンクリートの構造が授業が始まってからも続いていた工事の騒音の伝播に理想的な状態となっていたのである。こうしたなかで、シェーファーは、自分が「音」の専門家であるのに、それらの問題に何の手も下せない歯がゆさを感じていたようである。
>
> （鳥越 1997: 35-37）

シェーファー自身も、『世界の調律』では「騒音」と題する一章（第一三章）を割いており、その冒頭で次のように述べている。

計画していた本〔＝『世界の調律』〕の話をもちかけたのだが、それには彼らは難色を示した。そこで私はこう主張した。騒音公害の問題に対処するための唯一の現実的方法は、包括的なサウンドスケープ・デザインへ向けての前段階として、全体的なサウンドスケープを研究することであると。しかし、このような私の興味をどうも学問的だと思っている様子だったので、さらにこう続けた。〔…〕もしそのような聴覚文化が成立したならば、もはやどんな騒音公害も生じる余地はないだろうと。

（シェーファー 2006: 369-370）

ここでは、「騒音」とされてきた大道音楽や路上の呼売り屋の声がいかなる抵抗や法律によっても解決されなかった歴史と同じく、自身が悩まされていた騒音公害を解決できないことが理論の前提となっている。それに「対処するための唯一の現実的方法」として「包括的なサウンドスケープ・デザインへ向けての前段階として、全体的なサウンドスケープを研究すること」が提案されている。この「サウンドスケープ・デザイン」こそが、サウンドスケープ思想にとって重要である。つまりそこにあるサウンドスケープではなく、自らがサウンドスケープをデザインして創出することが目指されるのである。引用の後半部分で、「しかし、このような私の興味をどうも学問的だと思っている様子だったので」と彼自身が断っていることからは、サウンドスケープ論が、サウンドスケープ・デザインという創造のアクションを通して現実へ対処することを求める音楽的実践であったことが理解できる。

芸能者の環世界を描く

このように、シェーファーのサウンドスケープ論に見られる大道音楽や路上の物売りの声は、ノスタルジーや保存の概念とは遠く、騒音という現実問題を前にした音楽家がサウンドスケープの実践的理論を構築するために必要とした、歴史的証言としての役割を果たしている。目の前の日常の騒音公害にどのように対処するかということは、環境運動家ならずとも実践的な行為であり、そのような実践を求められる状況にあって、シェーファーが内省的に、作曲家である自分を支える「音楽」の概念を脱構築しながら騒音の概念を捉えなおしたところに生まれたのが、サウンドスケープの思想であった。シェーファーはこれを他の著作で言い換えて、サウンドスケープの思想は、「騒音というネガティブなテーマ全体をくるりと裏返し、サウンドスケープ・デザインというポジティブなテーマの探求へと転換する方法」であるとしている(シェーファー 1998: 4-5)。このような実践を含む思想は、社会運動としてはもちろんのこと、思想が自らの領域を省みながら現実の問題に根差し続ける方法を提示している点において、知のモデルとすべきものであるように思われる。

これと対比させつつ、小沢の『日本の放浪芸』シリーズの意義を改めて検討しよう。一九七〇年代、近代化や高度経済成長によって消滅の危機感をもって捉えられた日本の「正統な」「民俗的な」音楽芸能を、研究者や文部省などは無形文化財として保護する努力をしたが、小沢はそうした法律や議論では自分の目の前にある西洋モデルの新劇がはらむ近代性の問題――序章で観察した、西洋モデルの新劇と日本在来の音楽芸能との結びつきにおけるアイデンティティの問題――は、何も解決しないことを理解していた。そこで、自らの幼少年期の記憶に残る在来の音楽芸能と、その起源としての大道音楽や路上の物売りの声を、新劇俳優である現在の自分の音風景として知覚することで、新しい芸能者の環世界を音によってデザインしようとしたのが、第一作目の『ドキュメント日本の放浪芸』であった。第二作目ではそれを応用して、文化財行政では扱われることのない香具師という芸能者の環世界を音によって描いた。

芸能者の環世界を、音によってレコード面の一バンドの上に、あたかもホログラムのように立ちのぼらせる手法は、続く第三作と第四作でも展開される。『日本の放浪芸』シリーズの意義は、無形文化財保存の「ノスタルジー志向的な傾き」を忌避するために、小沢を主体とする個の芸能者の環世界を聴かせることで、真に音楽芸能を後世に残すとはどのようなことか、人々に考えさせるところにあるだろう。

第二章

——演者と観客の一体化、生と死の一体化

『ドキュメント　また又日本の放浪芸——節談《ふしだん》説教
小沢昭一が訪ねた旅僧《たびそう》たちの説法』（1974年7月）

永六輔・関山和夫・祖父江省念

小沢が「節談説教《ふしだん》」という浄土真宗の節付きの説教に関心を抱くきっかけを作ったのは、永六輔であった。序章でも触れたが、永は一九六四年の一年間、上方芸を調査する目的で大阪在住の身となっていた。(1) その折に、永と小沢は、桂米朝（一九二五〜二〇一五）の独演会で舞台に上げられて引き合わされている（永 2004: 213-214）。翌一九六五年、東京へ帰った永は、上方芸を周囲の芸能人たちに紹介するために、赤坂一ツ木通りの「アマンド」の地下でライブハウス「ばらえ亭」を月に一度開催して、大阪で出会った様々な芸人たちに上京してもらった（永 2004: 217）。そこに、節談説教の名説教者である祖父江省念《そぶえしょうねん》（一九〇五〜一九九六）が招待されたときに、小沢はこの名説教者と節談説教とに出会ったのである（小沢・関山・永・祖父江 1974: 121）。永は浄土真宗の寿徳山最尊寺の次男として生まれ、念仏が日常的に聞こえる空間に育ったが、「放送芸人」となり、そしてやはり寺の家に生まれた芸能史研究者の関山和夫（一九二〇〜二〇一三）の『説教と話芸』（一九六四年）を読んだことから、父と自分の職業の繋がりを考えるようになったという（小沢・関山・永・祖父江 1974: 122-123）。その関山から祖父江を紹介してもらい、「アマンド」へ来てもらったというわけである。それから小沢は、『週刊アサヒ芸能』で連載していた対談「東名好色道路」（一九七〇年七月九日号）に祖父江を呼んで話を聞いて、多大な影響を受けたと述べている（『週刊アサヒ芸能』1976.12: 90)。

小沢はそれと並行して、関山から借り受けた故亀田千巖《せんがん》の節談説教のカセットテープを聞いて感銘を受け、そのカセットテープの節談説教に「入門」して、俳優小劇場芸能研究会の「新劇寄席」において早野寿郎の演出で『説教 板敷山』を演じるようになった（小沢 1972.6: 97)。一九七〇年九月から『日本の放浪芸』の第一作の刊行をはさんで一九七二年六月まで、俳優小劇場芸能研究室の主催による「説教の会」と銘打ったイベントで、主要六都市を回っている。(2) これは、関山の節談説教についての講演、小沢の『説教 板敷山』の上演、祖父江の節談説教、そして永を司会に全員での座談会を行うという形式であった。イベント開始から一年後、一九七一年九月に俳優小劇場は解散するのだが、このイベントだけは主催者を変更して継続する。また、小沢はその後も『とら』『榎物語』『説教 板敷山』（のち『節談説教 板敷山』に変更）を上演していることから、新劇寄席の試み自体も俳優小劇場の解散とは関係なく継続していったということができる。このように節談説教は、『日本の放浪芸』シリーズに収められた音楽芸能のうち、小沢が直接的に俳優として舞台上の実践において長く取り組んだ、唯一の芸能なのである。

節談説教は日本の話芸の源流と言われるが、特に「中啓」という扇子と「マンダラ」という手拭いをもち、「前座」の制度があり、「高座」に座って説教をするという点で、落語の源流としての要

新聞（夕刊）　昭和45年（1970年）9月4日　金曜日　3版　（8）

小沢昭一　こんどは〝説教〟

話芸の源流に光を当てる

親鸞上人の一代記

教授や住職らも〝出演〟

22・23日に岩波ホールで

〝説教〟をけいこ中の小沢昭一（右）と構成の早野寿郎＝東京・渋谷の俳優小劇場けいこ場で

岩波ホールでの「説教の会」についての記事。「〝説教〟をけいこ中の小沢昭一（右）と構成の早野寿郎＝東京・渋谷の俳優小劇場のけいこ場で」とある。「小沢昭一こんどは〝説教〟　話芸の源流に光を当てる」、『朝日新聞』、一九七〇年九月四日、八面。

素を多く持つとされる。前章で見たように、小沢は第一作では浪花節の源流を探る方向性をとっており、浪花節よりも好んでいた落語については、ストイックなまでに取り上げることがなかった。それは、落語が一般的に都会の芸能であり、放浪性とは縁が薄いからかもしれない。もしそうだとしても、『私は河原乞食・考』の最後で、「噺家にはなり得なかった。けれども「コレになりたかった」商売は、今でも、やっぱり噺家である。」（小沢 1969: 278）とまで言っていたにも関わらず、第一作で落語について完全な沈黙を通しているのは、やや異様でもあった。そうした背景にあって、第一作の解説書で、「説教が講談や落語の源である名残りとして、高座、前座などの語が残り、噺家が手拭のことをマンダラと云っている、など関山和夫説である〔…〕」（小沢 1971.6: 24）という記述の中に、唯一、落語が語られているのである。また、節談説教特集となる第三作の制作中に書かれたと思われる小沢の手稿（市川捷護氏所蔵、日本ビクターの原稿用紙の裏に青の万年筆書き）には、いくつか挙げられた「タタキ」（キャッチコピー）のアイディアの中に、「落語、講談、浪花節——諸芸の源流を寺院の説教にさぐって」という一文が綴られている。これらのことから、小沢の噺家への夢は、『日本の放浪芸』においては節談説教に託されたものと推測できる。

小沢にとって「説教の会」は俳優小劇場のイベントであり、新劇を刷新するための運動の一つであった。興味深いのは、関山が「説教の会」での講演で、「はっきりと申し上げたいのは、説教というものは、決して、学問や理屈ではないということでございます」と述べた時に、会場から「そうだ、そうだ」という声が飛んだことが記録されており（小沢・関山・永・祖父江 1974: 89）、宗教関係者にとっても一つの運動の場として認識されていたことである。関山がその少し前で述べるように、節談説教は明治に入ってから真宗内部で「インテリや学僧」によって異端視されたことで、消滅の一路をたどった経緯を持つ。「説教の会」は、真宗における節談説教の復権運動としての機能をも果たしていたのである。

小沢は、坊主かつらと袈裟をつけて舞台上の高座で『説教 板敷山』を演じた後には、ただちに坊主かつらと袈裟を脱ぎ、「本願寺賽銭方」というタスキを掛けて柄ザルをもって場内を賽銭集めに回り、笑いを取っている（小沢・関山・永・祖父江 1974 :87）。これは、「本物」の信者と説教者たちを前にして、小沢が自らの「ニセモノ」である立場を明確にするために行った配慮であると考えられる。ただし、小沢が全く浄土真宗の教えに興味がなかったかというと、そうではなさそうである。永が小沢について描いた、次のような文章がある。

小沢昭一が歎異抄について語ったことがある。
芸人として親鸞の思想を捉えている感覚の鮮やかさは忘れられない。
親鸞は、賤民と悪人の味方であり、従って芸人を救うことの出来る教えがそこにある。
芸人が救われるということは、悪人としての自覚を持つことである。〔…〕
彼は救われない故に、人間味のある人間を演じ続けてきている。
それを演じることによって救われない人間に肉迫しているともいえる。
（永 1971: 102）

確かに永の言うように、小沢の演じる節談説教には、小沢が「肉迫」せざるを得ないなにものかがあることが、その録音から伝わってくる。坊主かつらや袈裟は表面上の目くらましに過ぎず、実際に演じることとはなにものかに「肉迫」せざるを得ないことである。小沢は新劇の役者として節談説教を演じることを通して、何を探求し、何を創出したのであろうか。

本章では、まず、節談説教と芸能史における先行研究を紹介したあと、第三作『ドキュメント また又 日本の放浪芸――節談説教 小沢昭一が訪ねた旅僧たちの説法』（六枚組、一九七四年七月）の構成を概観する。次に、第三作の壱枚目B面に収められた小沢の『説教 板敷山』（一九七二年六月の公演）を、第一作に収録されているそのオリジナルである亀田千巖の節談説教のカセットテープの録音と比較分析する。最後に、六枚目B面に収められた小沢の放送劇『夢の……』（北陸放送制作、一九七三年一一月一一日放送）を検討する。この放送劇は、一九七三年度芸術祭優秀賞を受賞している。小沢に出演を依頼したのは、北陸放送のディレクターで企画・構成をした金森千栄子（一九二八～　）である。制作現場に立ち会った鶴森緑氏（北陸放送の元ラジオ制作者）への聞き取り調査と作品とを合わせて、『夢の……』の制作背景を明らかにする。以上の結果を素材として、小沢における節談説教と第三作の意義を考察したい。

芸能史・音楽史における節談説教

節談説教とは、江戸時代の浄土真宗に発達した独特な節を伴う説教である。節談説教の先行研究については、関山和夫による一連の研究が挙げられる。関山自身によって洗練されていった定義の一つを紹介しよう。

節談説教とは、ことばに節（抑揚）をつけ、洗練された美声とゼスチャーをもって演技的表出をとりながら、聴衆の感覚に訴える詩的、劇的な「情念の説教」をいう。（関山 1987.3: 67）

節談説教は、浄土真宗の宗教行事の中でおこなわれ、説教者が信者の前で「高座」に座り、扇子に似た「中啓」を持って話をする。かつて、僧侶が節談説教の技術を習得して説教者になるためには、「すぐれた師匠に入門して随行修行をするか、東保流説教（播州東保・福泉寺獲麟寮）や遠藤流（大阪・獅子吼寮）の訓練のように合宿して修行するかどちらかの方法をとった」（関山 1974.7: 9）という。

江戸時代に隆盛したが、明治時代に入ると徐々に衰退した。その主な理由は、上部の学僧たちが檀家制度を離れて近代的な教義に沿った発展を望んだことにあるが、それだけではなく、映画やラジオなどの娯楽の普及によって大正時代には廃れ始め、戦後の教育の普及やテレビの登場によって説教を聞く必要が失われたことにもある（関山 1974.7: 11）。多くの説教者は節談説教をやめ、節のない現在の形の法話をするようになったが、北陸地方や中部地方には、一九七〇年頃になってもまだ数名の「名説教者」が残っていたのである。その説教者たちを小沢らが探訪する様子が、第三作の弐枚目A面に刻まれている。

関山が『説教と話芸』（青蛙房、一九六四年）以来語り続けた、「日本のすべての話芸の源泉としての節談」というイメージは、これに魅せられた小沢の活動とともに世に広まった。音楽史における節談説教についての研究はほとんどないが、語り物の声明である表白・講式について論じた澤田篤子がその論考中の図表で、中世の漢文の声明から和文の唱導・講式へ、そして近世の節談説教へという系譜を提示しつつも、実際の音楽分析に耐えうるだけの史料がないことに起因していよう、唱導・講式・節談説教のみ注意深く直線ではなく点線によって描いている（澤田 2002）。直林不退は関山によって作られた「節談説教」像を解体し、小沢の仕事によって関山の「節談説教」像のみならず、かつては「節談」と呼ばれたものが「節談説教」という用語として定着することになったことを指摘している（直林 2018; 2020）。

第三作の構成

第三作の特集を節談説教にするという話が決まったのは、第二作を準備している途中であったという。小沢が節談説教の特集を提案した時、市川は当初、それは少し特殊過ぎるのではないかと危惧したが、実際に目のあたりにした名説教者たちの声に圧倒されて作品の成功を確信したという（市川 2021.11）。

二〇一六年の復刻版CDに付属の「別冊 日本の放浪芸」によると、録音時期は一九七二年から一九七四年にかけてである。第三作で用いたレコーダーは、第二作で使用したウーヘルに加えて、特に名説教者たちの節談説教と聴衆の「受け念仏」をしっかりと録音するために、ステラボックスのオープンリール・ポータブルレコーダーを用いた（市川

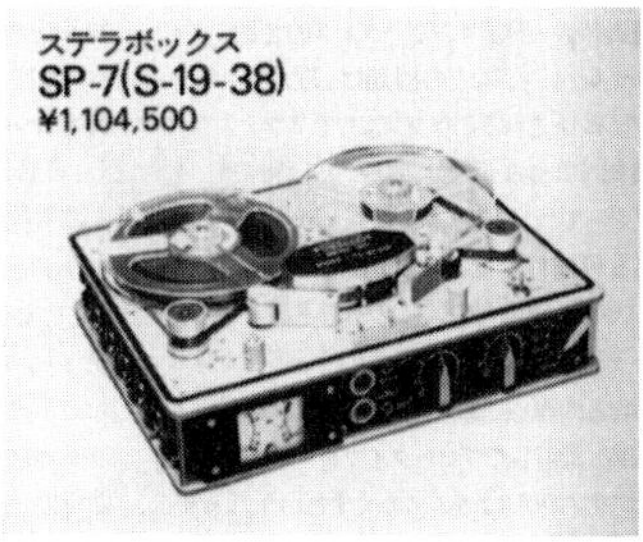

ステラボックスSP-7（S-19）は1969年の発売以降、何度か改良を重ねており、1970年代後半にもオーディオ評論家たちの高い評価が確認できる。写真は『季刊ステレオサウンド』、1977年7月、281頁

2000: 105)。ステラボックスは、ナグラと並ぶスイスの超精密プロフェッショナル用ポータブルレコーダー会社である。その軽量さと一九七〇年代後半のステレオ雑誌での高評価[3]から検討すると、ビクターが用いたステラボックスはSP-7であると推定できる。

この六枚組のLPの内容を観察すると、**〈序〉**・**〈本題〉**・**〈付録〉**の三つの部分に分かれていることが分かる。これらも前作までと同様、片面が一つのバンドとして作られている。

〈序〉＝壱枚目A面〜弐枚目A面

壱枚目A面「フシの魅力」は、「昔はわれわれの日常生活の中で、言葉のもつ節といったものが実に豊かであった」こと、それらの「節」が現在の「流行歌」「日本人好みの演歌調」に入り込んでいることを伝えるために、ビクターの既存のレコードから森進一「港町ブルース」、青江三奈「長崎ブルース」、浪速亭綾太郎「壷阪霊験記」（浪花節）、竹本越路太夫「壷坂霊験記」（義太夫）、広沢虎造「石松と三十国船」（浪花節）、という「節」の系譜を主張する。**壱枚目B面**「説教と私」には、かつての名人たちである範浄文雄《のりきよぶんゆう》と川上晃英《こうえい》の節談説教の録音、小沢の『説教 板敷山』の現地録音、そして「絵解」の現地録音が二つ収録される。**弐枚目A面**「節談説教を訪ね歩いて」は、小沢が昔風の節談説教ができる説教者を探し続ける様子を現地録音した、録音構成によるドキュメンタリーである。市川はこの小沢の探訪の姿をこそ表現したかったと語っている（市川 2021.11）。

〈本題〉＝弐枚目B面〜五枚目B面

そして**弐枚目B面**から**五枚目B面**までは「説教」と銘打って、小沢が探し出した当時の現役の名説教者である七名——川岸不退《ふたい》・廣陵兼純《ひろおかけんじゅん》・寺本明観《めいかん》・誓山信暁《ちかやましんぎょう》・野上猛雄・豊島照丸・祖父江省念——の現地録音が、片面に一人ずつ、完全収録ではないにせよ、第二作の香具師の口上のときよりは「たっぷり」と収録されている。名説教者たちの声もさることながら、聴衆の「受け念仏」（後述）の声もステラボックスできっちりと拾われており、かつて節談説教と受け念仏が鳴り響いた音響空間としての「記憶の場」が耳と心によみがえる。

〈付録〉＝六枚目A面・B面

最後の**六枚目**は、**A面**は出発点である「説教の会」における小沢・永・関山・祖父江の座談会の現地収録、**B面**は終着点である珠玉の放送劇『夢の……』が配置されている。〈付録〉としたのは、小沢が「付録というほどでもありませんが」と断っているからであるが、実際の内容は、確かに五枚目までの節談説教の「記憶の場」からは場面が急転換しているものの、小沢が試行錯誤してきた節談説教の活動の歴史を記録する重要な役割を果たしている。

小沢の節談説教——「シロウト・クロウト」のはざまで

小沢は芸能としての節談説教を、大きく二つの要素によって評価している。一つは、言葉と節の関係で、語りと歌の境目がないという点である。小沢はそれを、「フシかなと思うとコトバになり、コトバかなと思うとフシに変わっていく、その境目が実にゴチソウで」（小沢 1990）と表現する。壱枚目A面の冒頭では、小沢は次のように主張している。

> 普通、語ると歌うのは区別して考え、語るというのは文句を主にし、歌うというのは音楽性を主にしている。例えば日本のものでも、義太夫や浪花節は語り物、長唄や小唄などは歌い物というふうに分けるようですが、節という点に限ってみると、実際その境界線は不明確です。
>
> （小沢 2004: 359）

ここには「語り物」と「歌い物」を分けることに対する疑問があり、節談説教がまさに両者の境界線上にあるからこそ、小沢の興味を引いたことが理解できる。コトバと節の境目の妙味は、「語り物」と「歌い物」という既成概念を突き崩す、反権力的な「ゴチソウ」でもあるのである。

もう一つは、「受け念仏」という、節談説教が行われる場での信者側からのリアクションである。信者たちが宗教的に高揚すると、「ナムアミダブ、ナムアミダブ」と唱える声がさざ波のように湧き起こる。小沢はそれを、「演者と聴衆が合体するこれは、すばらしい瞬間だと私には思えました」（小沢 2004: 381）[4] と解釈している。堂内を満たして僧侶と信者を包み込む「受け念仏」の音響装置は、俳優である小沢にとって、演者（僧侶）と聴衆（信者）の融合という、近代演劇を超える理想の境地へ到達するための演出を体現したものであった。

ところで、第三作のための録音収集の旅に出ていた時期の小沢は、半ば並行して、「私のための芸能野史《雑芸者》歴訪ノート」（一九七二年一月〜一二月）と題するルポルタージュを月刊誌『芸術生活』に連載している。[5] 小沢はその連載の六回目「説教・絵解」で、「節談説教」の「質の高い芸」に対する関心を次のように述べている。

> もう何年か前になるが、『説教と話芸』の著者、関山和夫さんにおあいしてお話をきき録音テープをきかせてもらい、私の説教熱はカッと燃え上がった。衰退した浪花節や講談よりはるかに質の高い芸を発見したからである。かくて私は、関山さんの指導で、いまはなき名説教者、亀田千巌［ママ］師のテープに「入門」して、『祖師上人御一代記』より『説教　板敷山』を修得し、これもわずかに節談を伝える一人、祖父江省念師の前座のごとくなって、何回か聴衆の前で演ることになる。
>
> （小沢 1972.6: 97）（傍線は引用者）

節談説教に「質の高い芸」を見出した小沢にとって、聴衆の前でそれを上演する経験は重要なものとなった。とりわけ、浅草の東本願寺で『説教　板敷山』を上演したときに、堂内に「ナムアミダブ、ナムアミダブ」という「受け念仏」の声が信者たちのあいだから沸き起こったことは、貴重な出来事であった。小沢はその声に、「カッカとノリにノル」自分がおり、初体験の「忘我感」であったと語っている（小沢 1972.6: 97）。「本物」の信者たちから「受け念仏」を得た小沢の芸は、

1971年の「説教を聞く会」における『説教 板敷山』の小沢昭一。坊主かつらと袈裟をまとっている。写真は小沢昭一・関山和夫・永六輔・祖父江省念『説教――埋もれた芸能史からの招待』、（風媒社、1974年）の巻頭より

芸においては「本物」の節談説教と同格であると言ってもあながち過言ではなかろう。このことは小沢にとって、万歳の門付けで二〇〇円をもらったこと（第一章）よりも、芸能の本質に対する評価として感じられたに違いない。

さらにこのルポルタージュで観察しておきたいのは、この前月号の連載五回目の「万歳」（一九七二年五月号）である。小沢はその前半部分で、自分も万歳を習って現業者の太夫である平松佐一と門付け万歳をしたという経験を紹介したあとで、そうした試みが「ドウラク」ではなく、「オレハ俳優として芸能者として、ムイテイナイのではないか」という「マドイ」（四〇歳にしての惑い）に決着をつけるためであると述べている。小沢が前近世的な「クロウト」の落語家に憧れつつも、それにはなれない自分に気づいたことで、「シロウト」の自分でもできると思われた新劇俳優の道を選んだことは、序章で確認した通りである。以来、「私のオノレへの問い掛けは、自分の、芸能者としての不適性についてであった」（小沢 1972.5: 85）という「マドイ」の状態が、第一作を制作したのちも継続しているというわけである。「シロウト」

である自分は、どうしたら「クロウト」になれるのか。小沢は続くところで、「シロウト・クロウト」という小見出しを設けて、次のように論を展開する。

私もまたシロウトであった。いまでもシロウトである。新劇に在籍するにふさわしい。だがこのシロウトはクロウトにあこがれるシロウトであった。愚著『私は河原乞食・考』は、そういう私の、クロウトに対する思慕の情をつづったものだったが、あれは同時に、シロウトの私がクロウトになり得ない絶望を秘めた綴り方でもあったのだ。この国では、クロウトにならざるを得なかった人々が芸能をになう者としてはホンモノで、そのホンモノに対面しながら、クロウトになりたがっている私のニセモノ性を、実は、「考」えてみたかったのである。「私は河原乞食?考」なのだ。

（小沢 1972.5: 85）(6)

「クロウトになりたがっている私のニセモノ性」を『私は河原乞食・考』で「考」えた小沢が、浅草の東本願寺で「受け念仏」を得て、一時的にではあるが「クロウト」と同格になったとき、その考えを一歩進めたことは想像に難くない。

このように、『私は河原乞食・考』で提出された「シロウト・クロウト」の「マドイ」は、「私のための芸能野史《雑芸者》歴訪ノート」では、芸能論として進展を見せた。注目に値するのは、この連載が『私のための芸能野史』（一九七三年）として単行本化されたとき、連載第五回「万歳」のみが掲載順ではなく、冒頭に配置されたことである。つまり、単行本化するにあたって、小沢はこのルポルタージュの主題が、実のところは第五回で展開された「シロウト・クロウト」の芸能論であったことに後付的に気づいたものと考えられる。

小沢の演じた節談説教についての当時の評価を見ると、レコードのマーケティングのための推薦文では小沢の活動を賞賛している桂米朝や祖父江ら「クロウト」も、小沢の芸に関しては「シロウト」扱いをしており、以下のような言説が興味を引く。

> 根本的に落語と違うところは、やはり新劇だな、と感じるところは、台本と一字一句違わずに喋ってゆく点である。当日の雰囲気に合わせたアドリブが許されないことは、これは寄席における演出とは根本的に違うことで、これは実は、大変重要なことなのである。(桂米朝)
>
> (桂 1972)

> 今のお話で、時間を短くせよと言われたら、途中ぬくわけにいかない。(祖父江省念)
>
> (小沢・関山・永・祖父江 1974:127-128)

小沢の節談説教に寄せられた、これらの「アドリブが許されない」といった「クロウト」による「シロウト」の評価を、小沢は予測していたと思われる。同じ時期に、小沢は新劇の劇作家である秋元松代（一九一一～二〇〇一）と『新日本文学』で対談を行なっており、小沢が「結局、都会生活のなかから出てきた芸能としか、僕の正体は連結しないいんじゃないかといま考え出している〔…〕どうせ僕はシロウトだ、シロウトでいいんではないか」と告白めいたことを述べたあと、次のように対話が続く。

秋元　いまの新劇は、じっさい芸はないですね。

小沢　確かにそうなんです。芸を重んじると、形はどうあれスター・システムになってくるし、それは新劇の出発点とは対極の位置にあるものですから、スター・システムをつぶし、個人芸をつぶしていかないとスタートできなかった。新劇として間違いはなかったと思うのですが、〔…〕台本《ほん》のない芸をみてきて、その人たちと画された一線を身にしみてわかったときに、結局、僕らがたよるのは台本《ほん》だな、と思いました。（松元・小沢 1973.1: 77）

ここからは、小沢が『日本の放浪芸』の探訪の現場で、台本のない「芸」と出会ったことによって、むしろ台本を主体とする新劇の俳優としての自己の確立が行われたことが見て取れる。そして、自分の節談説教に寄せられた米朝や祖父江の批評は、台本を必要とする「アドリブが許されない」新劇へと、小沢をますます導くことになったことが推測されるのである。

分析――亀田（クロウト）と小沢（シロウト）

では、「クロウト」である説教者の節談説教と、「シロウト」である新劇の俳優である小沢の節談説教とのあいだに、実際にどのような差異があるのかを分析してみよう。

小沢が亀田の節談説教のカセットテープを聴いて、それを模倣して『説教板敷山』を上演したことは先に述べた。そこで、第一作に収録されたこの亀田の節談説教の一部分と、第三作に収録されたそれに対応する小沢の節談説教の一部分を比較する。

以下は、二人の『板敷山』の一部を亀田（第一作）と小沢（第三作）の録音から書き起こしたものである。節の付いている部分を太字で表記した。

引用1（部分）　亀田千巌（第一作、参枚目B面）

どうしたら、どうぞして。これのあるうちは安心できん。**それなら真宗の頼みはどうなります。真宗の頼みはな、どうしたらの頼みじゃない。己忘れての頼み。己忘れてとはな、親に計らわれて頼む**のじゃ。**どうしたらと小首ひねるは自分の計らいで頼む**ことになる。**己忘れての頼みは親に計らわれて、**　の頼みじゃで、他力の頼みじゃわい。**親に計らわれて頼むが真宗の頼みじゃぞよ。**

引用2（部分）　小沢昭一（第三作、壱枚目B面）

どうしたら、どうぞしてという自力のわがままが**あるうちは**安心できん。**それなら真宗の頼みはどうなります。真宗の頼み**はな、**どうしたらの頼みじゃない。己忘れての頼み。己忘れて**とはな、親に計られて頼むのじゃ。**どうしたらと小首ひねるは自分の計らいで**頼むことになる。**己忘れての頼みは**親に計らわれて、の頼みじゃやて、こりゃ他力の頼みじゃわい。**親に計らわれて頼むが真宗の頼み**じゃぞよ。

両者を比較すると、文字数では、亀田の説教の節の付いた部分（太字）が八三パーセント（一四一文字／一七二文字）、小沢の演奏の節の付いた部分が五八パーセント（一〇六文字／一八二文字）をその全体に対して占めている。したがって、節の付いた部分が多い亀田の説教が、小沢の説教より旋律的な説教であるという推測が立つ。ところが、実際はまったく逆で、小沢のほうが亀田よりも明らかに旋律的な語りなのである。例として、引用部分の「どうしたら、どうぞして」の冒頭の小節を便宜的に五線譜で比較する。

小沢の譜例2を見ると、母音の継続（ド・オ、タ・ア、ラ・ア、ド・オ、シ・イ、テ・エ）とユリ（〰で示した／タ、シ、テ）を多用しており、引用部分の全体の長さにおいて亀田の節談説教の二倍になっている。また、亀田の節談説教は、「フシ」と「コトバ」の境界が明確でないのに対し、小沢の節談説教は、境界線上ではそれらが曖昧であるものの、しばしば「コトバ」の句読点で演劇的な長い間《ま》が置かれることで、「フシ」と「コトバ」の部分がそれぞれに際立った印象を受ける。

この「フシ」と「コトバ」の明確な質の差異が、小沢の節談説教にコナレのない模造品のような印象を与えている。したがって、米朝と祖父江が「アドリブがきかない」云々と批判したのは、アドリブの問題というよりも、「フシ」と「コトバ」がそれぞれに存在する硬さが、柔らかな「アドリブがきかない」ような印象を与えたからであると考えられる。

放送劇『夢の……』における小沢の夢

第三作の最後（六枚目B面）に収録された放送劇『夢の……』（北陸放送制作）は、一九七三年一一月一一日に放送されたラジオ作品である。この作品は、一九七三年度の芸術祭優秀賞を受賞した。制作の背景については次項で述べるとして、先に構成と内容を観察する。

譜例１　亀田千巖

譜例２　小沢昭一

（筆者によるレコード音源からの採譜。小節線は比較のための便宜上のもの）

『夢の……』は、小沢が北陸で節談説教を探し歩いていた時に出会った、「一度死んであの世とやらへ行って、また帰ってきたという」（小沢 2004: 422）、いわゆる「黄泉がえり」をした「あるおばあちゃん」[7]へのインタビューの録音と、そのおばあちゃんが信頼していた名説教者の故範浄《のりきよ》文雄《ぶんゆう》（一九一三～一九六五）の節談説教の録音のほか、小沢らが現地録音した川岸不退・廣陵兼純・寺本明観の節談説教の断片と、小沢のスタジオ録音の語りを織り交ぜた、三〇分の「録音構成」の作品である。この作品は、第三作『また又日本の放浪芸』の最後（六枚目B面）に配置されていることからも、小沢の節談の活動の終着点として、そして一九六〇年代以降の小沢のラジオの仕事と『日本の放浪芸』シリーズとで練り上げた小沢の「語り」の総括として捉えられていたと考えられる。

物語は、加賀平野の農村に住むおばあちゃんが、自分は一時間か二時間、死んだことがあって、そのときにあちらの世界から範浄師がまだ来るな、と言ってくれたから生き返った、だからいつでもお迎えを待っていて、寝ても覚めてもそれが見えて、範浄師が「南無阿弥陀仏」を唱えれば死ぬのは怖くないというのだから安心している、といった内容を語る部分が核になっている。冒頭からところどころにこのおばあちゃんの声とも呼吸音とも念仏ともつかぬ音が大きく挿入されているのが音響的な特徴である。そして最後に小沢のスタジオ録音の声が、おばあちゃんがついこのあいだ亡くなったことを告げることで、おばあちゃんのいのちを再現するドキュメンタリー作品となっている。

説教者の声を信頼して三途の川を渡る準備をし、実際に渡っていくおばあちゃんの姿を語る小沢

第三作の節談説教を聞きに来た「おばあちゃんたち」を撮影した写真をあしらった解説書の中表紙（コンセプト・小沢、写真・羽生春久、デザイン・渡辺千尋）。現場で聴衆の表情に感銘を受けた小沢は、すべての「おばあちゃん」一人ずつを撮影するようにコンセプトを出したが、カメラマンの羽生は望遠レンズで撮影して引き伸ばせば大丈夫だと説得したという（市川 2021.11）。

放送劇『夢の……』は、佐渡と北陸の「おばあちゃんたち」を重ねながらも、節談説教によって心のやすらぎを与えられた北陸の「おばあちゃんたち」の、死に恐怖を抱かない声を掬い取る。

小沢「話は飛びますが、私が佐渡へ行ったときのことです。私は佐渡の、とある村はずれの、お地蔵堂の中に、おじいさん、おばあさんがいっぱい集まって、ひっそりとただ、もううずくまっているだけの光景を見たことがあるんです。〔…〕ところが、私の会った北陸のおばあちゃんたちは……」。

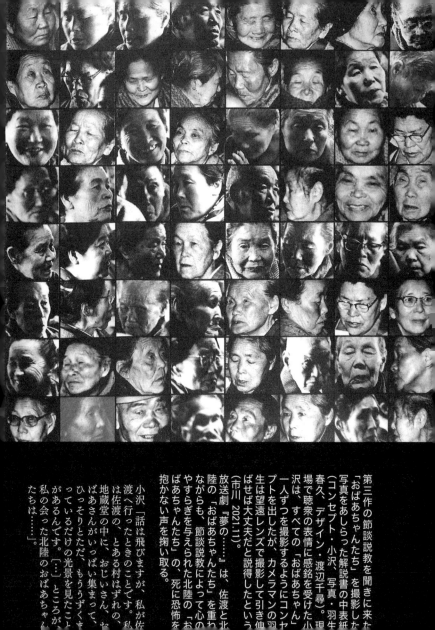

おばあちゃん1「そうね、死ぬちゅうことは、怖いと思わんわいね。お説教よう聞いたから[……]」。

おばあちゃん2「ちゃんとその、わがの行く日が決ってるんさかいにね[……]」。

おばあちゃん3「お阿弥陀さんからお迎えを受けて、そして連れられて、お浄土にお参りするというわけですがね。怖くないですね。うれしくて楽しいですわ。ありがたいですよ。心残りないですね[……]」。

あるおばあちゃん「なんどきでもお迎えを待っとるがす。一つも怖ない。どうなっても、がんばってね、死んでったそのときに、それをばっかり思っとったけ、寝ても起きてもそれが目に見えるし、体についてしもうとったけ、南無阿弥陀仏唱えりゃおっかなくないものね。範浄さんがそう言いましたさけに、じょうぶにおもうとります。よろこんでいきゃなんも恐ろしいことないぞ。」

六枚目B面『夢の……』
（小沢 2004: 425-426）

の声には、人間の生と死を結ぶ役割を果たす究極の演者（僧）への憧れが満ちている。こうした無名のおばあちゃんというのは、小沢も影響を受けた民俗学者の宮本常一（一九〇七～一九八一）が掬い上げようとした、近代化と高度経済成長期に切り落とされた文化の担い手である「忘れられた日本人」を思い起こさせる。小沢はそれをさらに突き進めて、おばあちゃんの環世界を記録する作品として演じ上げたといえる。

金森千栄子と『夢の……』の制作背景

ただし、『夢の……』は小沢だけによる作品ではない。レコード解説書に明記されているように、この作品の制作スタッフには、企画・構成の金森千栄子、調整（技術）の鶴森茂という、二人の北陸放送の社員が名を連ねている。おばあちゃんの声や息を使った特徴的な「音」を生み出したのは金森の感性であり、その「録音構成」のテープを紡いだのは鶴森茂の技術である。

ここで着目したいのは、金森がその直前に制作したラジオ・ドキュメンタリー作品『石崎《いっさき》の女片倉千代』（以下、『石崎の女』と記す）[8]が、『夢の……』と非常によく似た雰囲気を持っていることである。『石崎の女』の放送日は、『夢の……』が放送される約ひと月前、一九七三年一〇月一四日である。どちらの作品も、石川県の地域に生きる個の女性という、金森にとっていわば人生の先輩である女性たちへの金森自身によるインタビューが素材となっている点で共通している。『石崎の女』

には、金森が二〇年前に取材した、石川県七尾から都会に魚行商に行く人一倍闊達な片倉千代という女性にふたたび巡り合い、二〇年の重みを感じさせる女性となった片倉へふたたび始めたインタビューが用いられている。『夢の……』には、石川県の加賀平野の農村で生活を支えるために機織りと畑仕事に明け暮れ、北海道へ出稼ぎにいった夫の不実を笑い、範浄師への信頼と黄泉がえりを語るおばあちゃんへのインタビューが用いられている。ただ、『石崎の女』では、現地録音のインタビューも、スタジオの語りも、金森自身の声を使用しているため、小沢の声を使用している『夢の……』よりも、金森の特徴が顕著である。(9) このようなことから、『石崎の女』との対比から『夢の……』を眺めることで、後者の小沢の痕跡を浮き彫りにすることができると思われる。

金森はその才能に比してこれまで表立って語られることが少なく、全作品のアーカイヴもないのが現状である。北陸放送に『夢の……』の制作当時の関連資料について問い合わせたところ、北陸放送編成業務局テレビ編成業務部兼メディア推進室の河嶋裕介氏より返信を頂き、当時の資料は作品のテープ以外は現時点ではみつからないとのことであったが、当時、金森の元でこれらの作品の制作現場に参加された元ラジオ制作部員である鶴森緑氏への聞き取り調査を調整して頂いた。以下で述べる『夢の……』の制作背景は、この聞き取り調査をもとに、鶴森緑「北陸放送MROラジオ・ストーリー『日本列島ここが真ん中』日常に息づく人間ドラマを生放送」(『月刊民放』、二〇一一年)、北陸放送編『地域とともに四半世紀――北陸放送二十五年史』(北国出版社、一九七七年)を参照しながら、最後に考察を加えたものである。(10)

一九二八年石川県生まれの金森は、石川女子師範学校を卒業後、一九五二年に北陸放送に入社、当時の社長であった嵯峨逸平（一九二七〜二〇〇七）のもと、ラジオ制作部で女性初のプロデューサー／ディレクターに抜擢され、ラジオ作品・ラジオ番組の制作に携わった。一九六〇年代後半、テレビの隆盛を前に民放ラジオの地方局が衰退すると、その強化を図ったＴＢＳ（東京放送）が一九六五年にＪＲＮ（ジャパン・ラジオ・ネットワーク）を立ち上げた。そこへ北陸放送も同時に加盟するが、これが中央の番組が地方に流入してくる状態を招くことになった。そうしたなか、金森は中央のテレビとラジオから零れ落ちるものを掬い取るため、石川県の町や村を歩いて人々に直接話しかけて取材を行い、その蓄積をベースとする名作・名番組を残したのである。なかでも、ラジオ・ドキュメンタリー『石崎の女』は、一九七三年の日本民間放送連盟賞最優秀賞、放送批評懇談会第一一回ギャラクシー賞（金森千栄子の取材に対して）、毎日新聞社主催第一五回毎日芸術賞という三つの賞を受賞した秀作である。また、金森がプロデュースしたラジオ番組『ラジオ・ストーリー　日本列島ここが真ん中』（一九七四年七月〜一九九八年十月）は、町や村を「ラジオカー」で訪れて人々の声を掬い取って生放送するという斬新な手法で人気を呼び、現在の同じようなコンセプトのテレビ番組の先駆的な存在として長寿番組となった。（鶴森 2022.10）

鶴森は金森から学んだラジオ制作の姿勢に鑑みて、『石崎の女』と『夢の……』のいずれとも、突如として制作に取り組まれたものではない、と主張する。なぜなら、これらはそのベースに、すでに金森がラジオ制作において日常的に実践し、蓄積していた取材の仕事があるからである。例えば、金森は入社して間もないころ、敦賀へ帰航した「興安丸」の引揚げ者の取材へ特派員として赴いた経験があるが、対象者にマイクを向けることの残酷さを回避するために、右手でマイクを持っていれば必ず左手で相手をサポートして（肩を寄せるなど）、人と人であることを保つことを考えた。また例えば、能登でイカ漁の漁師にインタビューした時に、梅雨で海に出られないことに同情の言葉を寄せたところ、漁師から梅雨の雨こそ良いイカを育てると言い返されたという経験から、台本をあらかじめ作って後からインタビューの言葉を当てはめるのではなく、外に出て虚心坦懐に人々に尋ねて、そこから心に響いてきた言葉を使って作品を作ることを教訓としていた。町や村には面白い「知恵者」が溢れているのだから、まずは心を楽にして人々の話を聞くこと。そしてそれらの素材で自分の中に「ラジオの地図」を作ること。言葉は生きものであるから打ち合わせをしたインタビューはしないこと。このような実践においてすでに蓄積していた取材なくしては、二作品のアイディアさえ生まれなかった、というのが鶴森の見解である。（鶴森 2022.10）

鶴森の当時の断片的な記憶に基づいて、『夢の……』の大まかな制作プロセスを筆者がまとめると、①金森が「あるおばあちゃん」の死んで生き返った話をすでに取材して知っていた、②北陸放送に小沢らが節談説教について調査に来た、③一九七三年八月四日に小沢らが金沢東別院で「節談説教を聞く会」（演出・司会 小沢昭一）を開催して録音した、④小沢が北陸放送へその宣伝に行き、おそらくそれをきっかけに金森が小沢に声をかけてドキュメンタリー制作の話が進んだ、⑤金森がおばあちゃんの死んで生き返った話を改めてインタビューして録音した、⑥録音したインタビューをベースに金森が自分で台本を書いた、⑦小沢は「シンプルに行きましょう」と提言し、金森の台本にいくつかのアイディアを付け加えて、おばあちゃんの死んで生き返った話と節談説教を合わせた構想が固まっていった、⑧北陸放送の第一スタジオに金森・小沢・鶴森茂・鶴森緑が籠り、「あるおばあちゃん」のインタビューの録音テープと、説教者たちの録音テープを合わせて、試行錯誤しながら小沢の語りを同時に収録し、録音構成の編集作業を行なったということになる。（鶴森 2022.10）

以上の制作背景をもとに、『夢の……』における、小沢の痕跡が特に分かる個所を二つ挙げておきたい。一つは、明らかに小沢によって挿入された逸話の語りの個所である。例えば、佐渡ヶ島でおじいちゃんとおばあちゃんが地蔵堂に籠って、「あの世ゆきの団体旅行の待合室」であるかのように死の準備をしているという語り（小沢 2004: 425-426）は、すでに『大法輪』の一九七二年六月号にエッセイとして発表していた素材である（小沢 1976 : 54-55)。『夢の……』のこの挿入の開始部分では、小沢の語りが、「話は飛びますが、私が佐渡へ行ったときのことです。」と語り始めるが、実際に話が飛んでいる印象を受ける。確かにこの挿話によって、佐渡ヶ島のお年寄りよりも北陸のお年寄りのほうが節談説教のおかげで死を恐れていない、という比較が機能しているのであるが、それを確実に伝えるためにはもう少しそのコントラストを明確にする必要が感じられる。したがってこのようなところは、スタジオ現場で小沢が提案して挿入した形跡が顕著に残る部分であるといえる。一方で、小沢が一九七三年八月に金沢東別院で「節談説教を聞く会」を開催し、「あるおばあちゃん」の信頼する範浄文雄のもとで随行修行をした廣陵兼純を招いたことで、おばあちゃんが東別院で廣陵の説教を聞いて範浄を思い出したと涙を流していたという話や、南無阿弥陀仏と書いたオブラート紙を小沢に渡した話など、小沢と「あるおばあちゃん」との実際の出会いがあって起った挿話もある。

もう一つは、より全体の構成に関わる小沢の語りの箇所である。鶴森によれば、「あるおばあちゃん」ほか、北陸のおばあちゃんたちにインタビューをしたのは金森であるが、小沢は制作の途中で、小沢がおばあちゃんたちにインタビューをしたことにする作品にしてはどうかと提案したという（鶴森 2022.10)。また、通常は局のアナウンサーなどが読む冒頭と最後の作品名と出演者名までも、小沢が自ら読むことを申し出たという（鶴森 2022.10)。これらのことから、小沢がこの作品に並々ならぬ思いで取り組んでいたことが分かるというのが、鶴森の見解である。ここで重要なのは、金森の代わりに小沢がインタビューをしていると見せる（聞かせる）作品にすることが可能であったのは、インタビューに金森の相槌が入っていなかったからだ、ということである。鶴森によれば、金森はインタビューをするとき、後で行う編集作業を考えて、相槌はうなずくなどのジェスチャーや眼差しだけで十分に相手に伝え、決して自分の声が録音に入らないよう注意を払っていたという（鶴森 2022.10)。このような制作者としての金森によって行われたインタビューであったがゆえに、小沢はこの金森のインタビューを素材として使用することができたのである。逆の視点からすれば、小沢の対談の録音には必ず入っている相槌の声がこの作品のインタビュー部分には入っていないことで、小沢の対談に慣れた耳で聞くと非常に違和感があるのである。

以上のような小沢と金森の相違はあれど、金森が後に、「行くさきざきでわからないことは町の人に尋ねて下さい。インタビューはいりません。おはなしです」（鶴森 2011.12：27）と述べていることからは、本書の序章で観察した、小沢が「非有名人」のインタビューを「対談」へと磨き上げていった姿勢との相似形が浮かび上がる。人々の声を掬うことにおいて共通する両者が遭遇したことで、この『夢の……』という名作が生みだされたということができる。

演者と観客のあいだを結ぶ「新・新劇寄席」

最後に小沢にとっての第三作と節談説教の意義を考察しておきたい。

他の『日本の放浪芸』シリーズと比較して、第三作は仏教を主題とすることで、小沢が唯一「死」に「肉迫」する表現をした作品として特徴的である。小沢にとって節談説教は、演者（僧侶）と聴衆（信者）が生と死を越えて合体するといった、コミュニケーションの理想の極致にある芸能であった。言葉を与える者と受ける者の境界をなくし、生と死の間を飛び越させ、あの世とこの世を結ぶ、といった理想を、小沢は第三作において節談説教を通して描いたのである。

また第三作は、第三作の核である〈本題〉が、「録音構成」をあまり用いておらず、完全収録ではないものの選ばれた名説教者の節談説教で「たっぷり」と占められていることも、これまで以上のことである。言い換えると、第三作は、「芸術」としての節談説教を鑑賞する場が整えられており、「名説教者」の説教を堪能するといった新劇が否定するスター・システムのようなものを取り入れている点で、これまでの『日本の放浪芸』の趣旨と方向性が異なるのである。それはとりもなおさず、小沢がより直接的に自分の舞台のためにこれらの師の「芸術」を必要としたというところに原因があると思われる。本章では具体的な小沢の節談説教についての分析は、亀田と小沢の一節を比較するに留めて十分に展開しなかったが、他日、小沢の新劇寄席の舞台との関わりにおいて、より具体的に論じる必要があると考えている。

しかし全体の構成から見るならば、第三作は、このような「芸術鑑賞」的な要素をもつ〈本題〉を中心に据えて、〈序〉では俳優小劇場芸能研究会の新劇寄席から試行錯誤していた「節」の重要性を説き、〈付録〉では俳優小劇場芸能研究会のイベント「説教の会」での座談会ならびに放送劇『夢の……』を収録することで、スターや名人の「芸」を否定した新劇の要素と、スターと名人の「芸」で構成される寄席の要素とが混在する、まさに新劇＋寄席である新劇寄席を新たに体現した、「新・新劇寄席」とも呼びうる作品であると結論できる。

以上のことからは、この第三作に寄せられた購買者の声に、節談説教が聞きにくく小沢の語りが聞き苦しいのでやめてほしい（公務員、二七歳ほか）、実況録音は騒音が耳障りなのでスタジオ録音してほしい（陶器商、三五歳）という要望が散見する理由が理解できる。これは、節談説教の名人芸を堪能する目的でこの第三作を購買した人々である。反対に、録音構成の部分が少なく節談説教で「水増し」されているという批判の声も寄せられている（学生、二六歳）。これは、小沢の新劇寄席の活動への期待が大きかったファンである。こうした両側の声から、本書の「はじめに」で述べたこの作品の二つの「ドキュメント」の側面、すなわち、一つは音楽芸能の「音源集」（名説教者の節談説教の音源資料）としての側面と、もう一つは小沢の惑いの「記録」（新劇寄席に節談説教を援用した小沢自身を追う記録資料）としての側面が、すでに際立って内在していたことも見て取れる。『日本の放浪芸』の続編が計画されたとき、第三作までの「三部作」として完結するものと考えられていたことは前章で述べたとおりである。その第三作の解説書の最後に、小沢は次のように記している。

俳優の業《なりわい》をはじめて二十年、私が、どういうお芝居を、どうお見せしたらいいのかわからなくなった混迷から、何とかはい上がりたいと旅に出たのが、ここ何年来の放浪芸歴訪でありましたが、いつのまにか、どうやら気持ちだけは立ち直れた様であります。〔…〕何も放浪諸芸を、そのまま継承して演るのは私の任ではないと考えます。あれは、一言で片づけさせてもらえれば、世のみなさんの捨てた芸であります。それをそのまま掘り起こして演じてみても、つまりは捨てた世のみなさんに逆らうことになる。〔…〕仲間と「芸能座」という一座を組織いたしました。

（小沢 1974.7: 4）

右の2つの山が第一作へ寄せられた購買者カード（832通）、左の2つの山が第三作へ寄せられた購買者カード（1055通）。第三作には第一作よりも約200通多い「声」が寄せられたわけであるが、第三作の購買者層が第一作と大きく異なるのは、北陸（とくに石川県）の購買者が多いこと、なかでも浄土真宗の寺院関係者や信者が多く購入していることである。しかしキリスト教や日蓮宗の説教師からの感謝の言葉もある。また、第一作と第二作から続けて購入しているという20代〜40代の若い「声」もこのシリーズの特徴である。市川氏所蔵

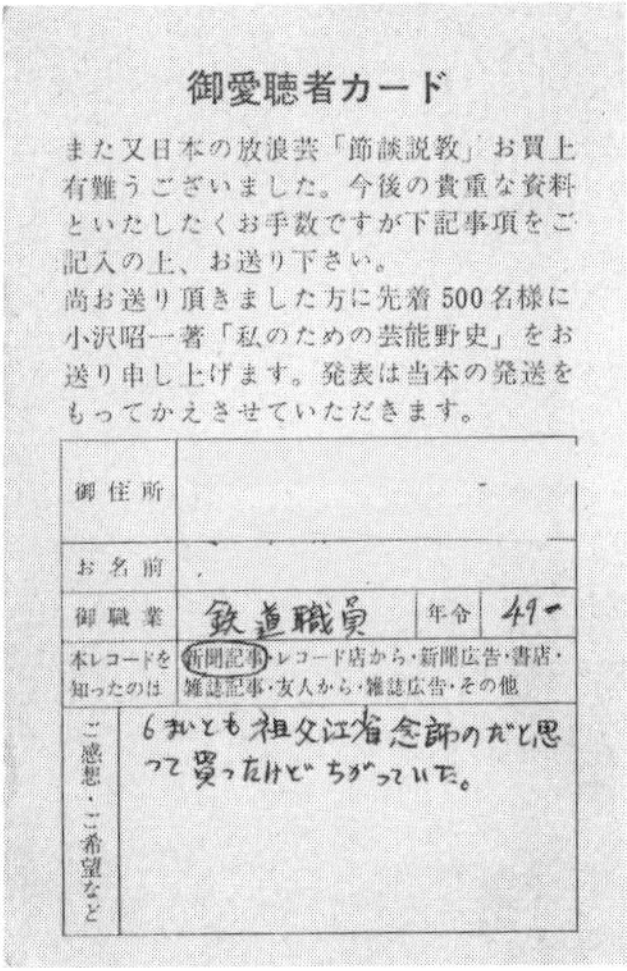

御愛聴者カード

また又日本の放浪芸「節談説教」お買上有難うございました。今後の貴重な資料といたしたくお手数ですが下記事項をご記入の上、お送り下さい。

尚お送り頂きました方に先着500名様に小沢昭一著「私のための芸能野史」をお送り申し上げます。発表は当本の発送をもってかえさせていただきます。

御住所			
お名前			
御職業	鉄道職員	年令	49才
本レコードを知ったのは	新聞記事・レコード店から・新聞広告・書店・雑誌記事・友人から・雑誌広告・その他		
ご感想・ご希望など	6まいとも祖父江省念師のだと思って買ったけど ちがっていた。		

節談説教の名人芸を待ち望んだファンが寄せた購買者カードのなかには、ジャケット写真に大きく出ている祖父江省念のレコード集かと思って購入したら違った、などと悲しくつぶやく声（鉄道職員、49歳）もあった。市川氏所蔵

『日本の放浪芸』の三部作の完結による、小沢の俳優復帰宣言である。三部作が終わると同時に「芸能座」を立ち上げた小沢は、この時点ではまだその舞台の内容をどのようなものにするかは具体的に考えていないにもかかわらず、「放浪諸芸を、そのまま継承して演るのは私の任ではない」ことだけは強調する。この個所は本書の「はじめに」で紹介したが、確かに小沢自身は保存や復元という行為に否定的であった。「アドリブ」のきく「クロウト」になりたいとは考えていなかったことも分かる。しかしながら、この作品に収録された名説教者たちの「声」と小沢の「声」は大きな反響を呼び、消えかけていた節談の火を再び内部から灯そうとする「声」へと繋がったのである。このような小沢という個人の声に基づいた芸の伝承は、国の公共事業的な側面を持つ文化財保護制度では成し得ない民間の仕事として意義があるといえるだろう(11)。

この後、第四作(一九七七年二月刊行)の着想へと至るまでには、少し時間が空く。第三作のトリをつとめた「おばあちゃん」と金森千栄子の息づかいは、第四作のストリップの踊り子たちの息づかいへと引き継がれているように感じられる。第三作の時点では、第四作についてのアイディアは有るとも無いともいえない状態であったのであるから、それは偶然に過ぎない。しかし、第四作の主人公となる一人のストリッパーの命を奪うにも等しい逮捕・裁判・服役という出来事が、この第三作を制作している時期、一九七二年五月から一九七五年八月にかけて続けて起っていたことを考えるならば、こうした女性たちへの小沢の想いが、これらの作品を共に包んでいることは、有りうることである。

第一作から第三作の放浪芸取材は、市川（右）・小沢（中央）・小川（上段左）・村岡（下段左）の四名を最小単位として行われた。早稲田大学演劇博物館所蔵

市川捷護氏作成の統計資料（日付不記載）より転写

1）レコード実績

・日本の放浪芸（7 枚組）　¥14,000[※1]　12,000 セット

・又日本の放浪芸（5 枚組）　¥10,000　6,000 セット

・また又日本の放浪芸（6 枚組）　¥12,000　7,000 セット

2）放浪芸関係出版実績

・「私は河原乞食・考」　三一書房（単行本）　10 万

　文春文庫　15 万

・「日本の放浪芸」　番町書房（単行本）　5 万

　角川文庫　7 万

・「私のための芸能野史」　芸術生活社（単行本）　5 万

　新潮文庫[※2]　10 万

3）レコードのアンケート分析（購入者 2000 人より）

・2000 人の購入者名簿あり

・年齢分布

10 代	20 代	30 代	40 代	50 代	60 代以上
3%	27%	23%	27%	12%	8%

（男 92%　女 8%）[※3]

・職業分布　会社員（37%）　公務員（10%）　自家《[ママ]》業（10%）
教師（小中高）（9%）　学生（8%）自由業（7%）
ジャーナリスト（6%）　大学関係（5%）　医師（5%）
芸能関係（3%）

・地域分布　関東 47%　関西 15%　中部 14%　九州　6%
東北　6%　山陽　4%　四国　3%　北海道 2%
北陸　2%　山陰　1%

・購買動機　雑誌記事 24%　新聞記事 22%
雑誌広告 13%　レコード店 9%
チラシ 9%　新聞広告 7%
友人からのニュース 6%　ラジオ 5%
書店 3%　テレビ 2%

※1　価格の差異については巻末の第一章註（30）を参照。

※2　この文庫本の出版年から、本資料は 1983 年以降に作成されたものと考えられる。おそらく 1984 年刊行の映像版『新日本の放浪芸』のためではないかと推測される。

※3　男女比のみこの資料の下書き（市川氏所蔵）より転写。

第三章
——放浪芸の「日本」の境界

『小沢昭一が招いた
「日本の放浪芸大会」』
（1974年7月）

書籍版『日本の放浪芸』
（番町書房、1974年10月）

「日本」の境界線　第三作と第四作の幕間にて

ここまで私たちは、『日本の放浪芸』の「放浪芸」について、その意味や背景を観察してきた。本章では、『日本の放浪芸』の「日本」について考察する。それは、ジャーナリストの竹中労《ろう》（一九三〇～一九九一）が監修したLPレコード『沖縄／祭り・うた・放浪芸』（CBSソニー、一九七五年）に、小沢が語りと対談を依頼されたことで明確な回答を迫られることになった問題である。

しかし実のところ、小沢における「日本」の問題は、ここに至るまでにすでに二度、立ち現れている。一度目は、外国モデルの新劇において、日本の「河原乞食」をモデルとすることを宣言した時である（序章）。小沢はこの問題への解決策として、第二次世界大戦前の「にっぽん」は戦後の「日本」にとっては外国であるから、外国の演劇を取り入れることを常としている新劇は、外国「にっぽん」の演劇も取り入れるのである、という理論の補強を行ったのであった。二度目は、LP『日本の放浪芸』の第一作を出版したことで、「日本」が好きな愛国者であるという「誤解」を受けたと、第二作の解説書の巻頭言で不満を述べた時である（第一章）。これに対して小沢は、「〃愛国〃はごめんこうむりたいと思います。「アメリカの」でも「ソ連の」でもないから「日本の」

とつけただけ」と抗した。このように「日本」と遭遇しながらも、これまで小沢はこれらの言説において、具体的な「日本」の領域について語ることはなかった。小沢が「放浪芸」を求めて歩いた「日本」とは、どのような境界線をもつものなのであろうか。

第三作の終盤（一九七四年夏）から第四作の準備開始に入る頃（一九七五年夏）までの約一年間の幕間の時期、小沢の「放浪芸」の仕事は三部作で区切りをつけたとはいえ、終わっていたわけではない。一九七四年六月二七日から七月一日まで、第三作の出版の宣伝もかねて新宿・紀伊國屋ホールで開催されたイベント「小沢昭一が招いた日本の放浪芸」では、小沢が構成・司会を担当し、三曲万歳、伊六万歳、演歌、飴屋、浪花節の芸能者たちの舞台上演を行っている。[1]この企画をした「新しい芸能研究会」は、かつて「説教の会」「猿回しの会」といったイベントを企画した俳優小劇

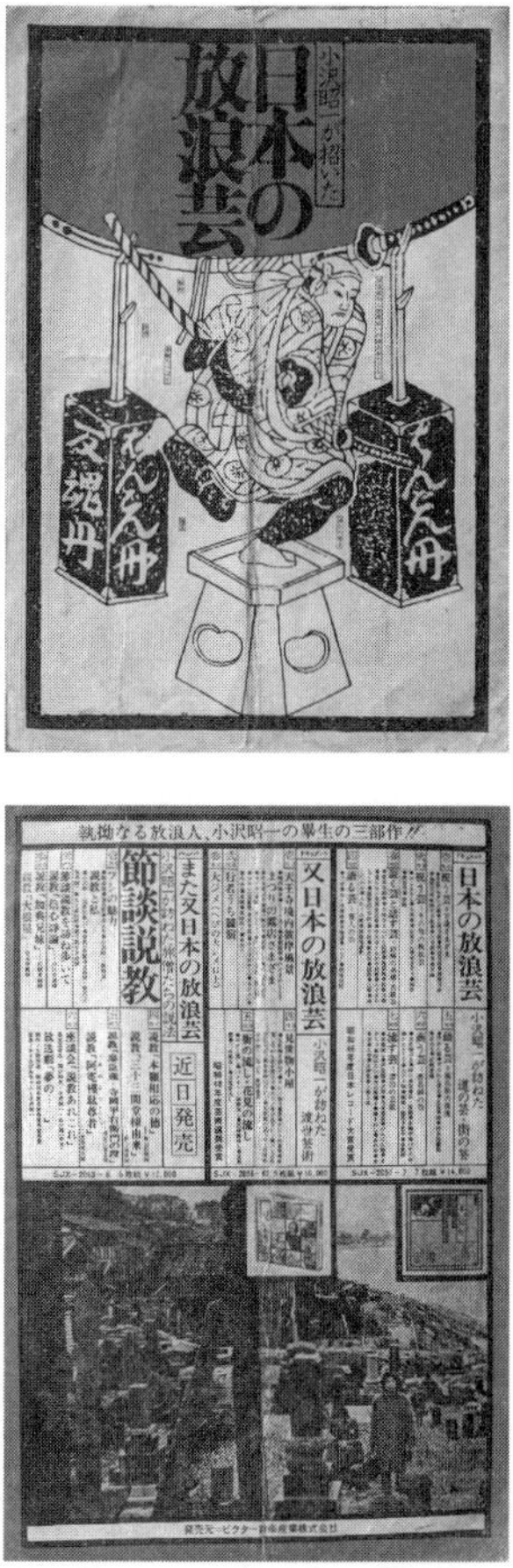

「小沢昭一が招いた日本の放浪芸」のプログラム。上が表紙、下が裏表紙（レコードの広告になっており、第三作が「近日発売」とある）市川捷護氏所蔵

場の「芸能研究会」を発展させたものであることは疑いがない。このように俳優小劇場と芸能座が『日本の放浪芸』の三部作を前と後ろで挟んでいることは、『日本の放浪芸』の三部作が前者から後者への発展のための橋渡しを果たしたことを物語っている。

放浪芸を主題とする対談、鼎談、インタビューは続き、書籍版の『日本の放浪芸』（番町書房、一九七四年一〇月）も出版された。この著作では、かねてから要望があった第一作から第三作までの録音の語りの部分の書き起こしが行われたほか、三部作の各巻の解説書の小沢の巻頭言と、新聞・雑誌に掲載された記事や小論がいくつか選ばれてまとめられた。興味深いのは、これらの選択された記事や小論の内容の共通点として、「ディスカバー・ジャパン」や「日本回帰」へ取り込まれることへの懸念といったものが散見されることである。例えば、『西日本新聞』（一九七三年一月六日）からここへ転載された記事では、小沢は次のような心配の声をあげている。

じつは私はここのところ毎年の正月に、尾張の「万歳」、わずかに残る古老と一緒に門付をやっているのであるが、去年の正月から明らかにオモライが多くなった。親が子供に、「これは万歳といってね、昔はよく来たもんなんだ」などと説明し、懐古を子供に押しつけながら、喜んでお金も余計に出すのである。〝ディスカバージャパン〟はこんなところにも普及して、〝日本の昔〟を珍重するのであった。

こういう一つ一つの現象はどうということもないが、そういう「回帰」が合わさって、ひょっとして「信仰」までよみがえらせるということはないだろうか。そしてそれだけならいいが、それがあの少し前にあった、「国をあげての信仰」にまたぞろつながるということにならないであろうか。よもやそういうことはないであろうけれど、あの「信仰」でひどく懲りたものにとってはこれは神経質にならざるをえない。

（小沢 1982: 140）

「ディスカバー・ジャパン」という、一九七〇年の大阪万博の終幕に合わせて電通が国鉄（現・JR）のキャンペーンとして打ち出した幻の「美しい日本」のイメージ戦略への批判を通して、自分が経験した第二次世界大戦中の「日本」の記憶を提示していることが分かる。

一方、この幕間の時期の小沢の表現活動は、放浪芸や演劇以外の多様なジャンルにおいて繰り広げられたという特色をもつ。これには、小沢が連載をしていた雑誌『話の特集』（一九六五年の創刊）が主催するイベントが大きく関わっている。例えば、小沢は父親の家業であった写真屋を受け継ぐとして、戦後の日本風俗を表す風景を永井荷風『濹東綺譚』風、かつ同時代の赤瀬川源平の「超芸術トマソン」風にフレーミングした写真付きの記事を同誌に連載していたが、『珍奇絶倫 小沢大写真館』（話の特集、一九七四年四月）が出版され、それを発展させた「小沢昭一個性展」（一九七五年六月～一〇月）が開催された。さらに有名なのは、雑誌『話の特集』編集長の矢崎泰久（一九三三～二〇二二）のプロデュースで結成された、野坂昭如（一九三〇～二〇一五）・永六輔・小沢の「花の中年御三家」が舞台を飾る、「話の特集１００号記念大博覧会記念ステージ」（於・渋谷公会堂、

『珍奇絶倫 小沢大写真館』(話の特集、1974年4月)

「小沢昭一個性展」の広告(『季刊藝能東西』、二、1975年7月、73頁)

一九七四年六月三〇日)[2]と「花の中年御三家大激突! 1974年ノーリターン・コンサート」(於・武道館、一九七四年一二月六日)である。これよりも前に、『話の特集』で一九六八年に組まれた企画「捧げる歌シリーズ」で、玄人はだしのハーモニカ奏者である小沢に《ハーモニカ・ブルース》(谷川俊太郎作詞、小沢昭一作曲/山本直純補作曲)が贈られている。[3]また、小沢自身も一九七二年に、《俺たちおじさんには》(昭和一桁生まれの自分たちには軍歌のほかに歌がないことを嘆く)を作詞作曲していた(『朝日新聞』1972.8.11)。それらがこの幕間の時期には知られるようになっており、ハーモニカを吹き歌謡曲や唱歌を歌うショーとして成立していったのである。敗戦後の焦土で失ったハーモニカを求めてさまよった小沢の実話に基づく歌詞によって、小沢は戦争反対を歌い上げ、自らの戦争体験を語ることで、「日本」と向き合っていた。

これら極彩色の目まぐるしい活動が、一九七四年五月に旗揚げしたばかりの芸能座で何を具体的に創出していくかを考えるための模索であったことが、次のような雑誌記事から読み取れる。

大体ぼくだって、俳小が解散したあと、決して芝居をやめたわけじゃない。流行歌も歌い、写真展も開いたが、みんなぼくにとっちゃいまの客が一番喜んでくれる表現への、さぐりの一つだった。

（『週刊明星』1974.6.30: 158）

一方で、相も変わらず成人向け週刊誌でのお色気対談は通奏低音のように継続していたが、この

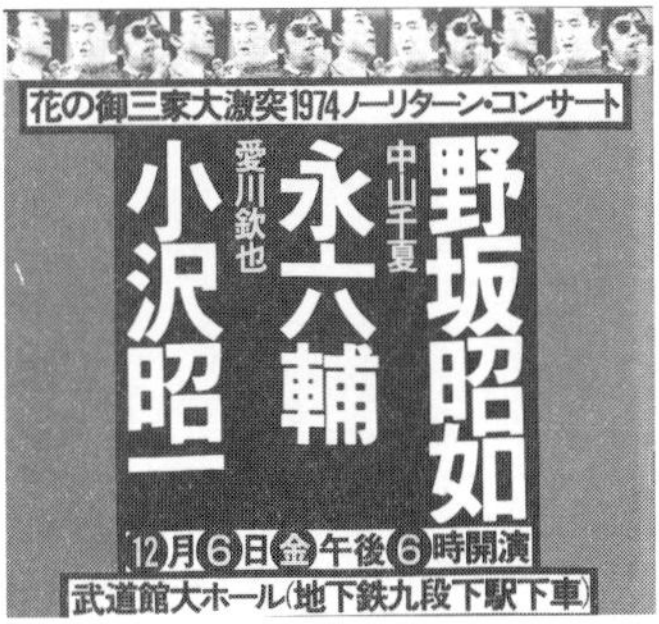

上は武道館を若者で満員にした「花の中年御三家大激突！1974年ノーリターン・コンサート」のパンフレット表紙（1974年12月6日、その後全国7か所で公演）、下は渋谷公会堂での「刑法175条VS.計量法 粉砕コンサート」（1976年9月9日）のチラシ（筆者所有）

時期にはそれらがまとめられて単行本となっていく。様々な雑誌でのお色気対談を中心としながらも演劇・芸能の対談も選ばれて編まれた『清談・性談・聖談そして雑談』（白川書院、一九七四年）、一九七四年七月から一九七五年一〇月三日まで『週刊ポスト』に連載されたお色気対談が集められた『猥学探険』（創樹社、一九七五年）がそれである。序章で確認したように、これら成人向け週刊誌で繰り広げた言説による、「トルコ道」「エロ事師」のイメージは、新劇の俳優であるインテリの小沢が大衆から乖離しないために、自身で作り上げた戦略であった。そしてこうした対談が、徐々に、「お父さんたちを激励する」（『サンデー毎日』、1979.9.30）ためのラジオ番組である「小沢昭一の小沢昭一的こころ」（TBSラジオ、一九七三年一月〜二〇一二年一二月）に吸収合併されていくように思われるのである。これも新たな「さぐり」として誕生した小沢の活動のひとつとして位置づけられよう。

このような視点から論じるとき、小沢が死の直前まで続けることになる「小沢昭一の小沢昭一的こころ」は、小沢の芸

『清談・性談・聖談そして雑談』（白川書院、1974年）

『猥学探険』（創樹社、1975年）

（左）ラジオ番組「小沢昭一的こころ」（TBS ラジオ）と（右）書籍版『小沢昭一的こころ』（芸術生活社、1974 年）の広告。いずれも「花の中年御三家大激突！ 1974 年ノーリターン・コンサート」のパンフレット内

能者としての技術と思想が凝縮されていることが分かり、本書のテーマと響きあいながらも、しかしあまりに大きいテーマであるため、ここでは一つだけ指摘するにとどめる。この番組は、TBSラジオの「ノーテンキプロデューサー」こと坂本正勝（一九三六～二〇一七）とともに、当初は小沢自身がいろいろな芸能や人物を演じる趣向であったが、開始からほぼ一〇年をかけて、一九八四年ごろから、「宮坂さん」という、今でいうアバターを作り上げていった（坂本 2015: 8-10）。この「宮坂さん」の登場によって、よりリアルに現代日本の一般的なサラリーマン社会における「お父さん」の悲哀を掬い取るようになったのである[4]。こうしてこの番組は、高度経済成長の景気に酔いしれる日本への警句を発する、「現代の落語[5]」とも評される高度な話芸となっていく。したがって、これもまた小沢が「日本」と向き合ったものであった。

以上のように、『日本の放浪芸』というタイトルが時を経て人口に膾炙していくなかで、小沢自身も「日本」と向

き合う仕事を広げていたちょうどその頃、小沢は竹中労監修のLPレコード『沖縄／祭り・うた・放浪芸』に参加したのである。

　小沢と竹中は、両者が常連であった言論の場である『内外タイムス』や『話の特集』を通して、例えば出版記念パーティやイベントの際に顔を合わせていた旧知の間柄である。しかし、「喜ばせるために気を使う」（永 1971.8: 144）[6] と言われた小沢と比較して、「ケンカ屋」とも呼ばれた竹中は自らの政治的立場を一貫して激しく表現した人物として対照的である。雑誌『話の特集』の編集長の矢崎は、『内外タイムス』時代からの竹中を知っており、付き合いの難しい竹中の両極端な面を評して、「豪放磊落のようで繊細緻密。野蛮人でいながら徹底したお洒落」「取材力は抜群で、しかも筆が立つ。危険な部分はあったが、ジャーナリストとしては凄腕」（矢崎 2005: 120）と述べている。

　共産党を脱退した「アナキスト」である竹中の最初の音楽関係のルポルタージュが、美空ひばりの人生（一九六五年）や、

竹中労『美空ひばり　民衆の心をうたって二十年』（弘文堂、1965年）

竹中労責任編集『ビートルズレポート　話の特集臨時増刊号』（日本社、1966年、装丁・レイアウトは和田誠）（写真は筆者所有の「完全復刻版」、WAVE出版、1995年）

ビートルズ初来日におけるファンの熱狂（一九六六年）といった、当時のアカデミズムからは無視・蔑視されていた音楽社会を主題としていることから分かるように、竹中の音楽に関する仕事は政治思想の表明とともに行われるところに特徴がある。竹中と小沢との間柄にプリズムのようにして光を当てることは、『日本の放浪芸』を異なる角度から眺めさせてくれることが予想され、有意義であると思われる(7)。

以下では、まず縦軸として、一九〇〇年代から一九七〇年代にいたるまでのアカデミズムによる沖縄音楽の録音収集とその歴史的背景を概観する。というのは、竹中はそれらへの反権力として、自らの活動を形作っていくからである。次に横軸として、竹中労監修による沖縄音楽のLPレコードのうち、間接的に小沢と関わりのある『沖縄春歌集』（二枚組、URC、一九七一年）と、小沢が語りと鼎談で出演している『沖縄／祭り・うた・放浪芸』（四枚組、CBSソニー、一九七五年）を取り上げる。これらの文脈において竹中の「日本」の境界線を観察したのち、それと小沢の「日本」の差異を比較検討したい。

二〇世紀のアカデミズムにおける沖縄音楽の録音小史

約四五〇〇年余り続いた琉球王国の宮廷では、中国と日本の双方と友好な国際関係を保つ必要から、外交手段のひとつとして音楽芸能が士族階級によって演じられてきた(8)。これが士族階級は刀ではなく三線を携えて城へ上がったといわれる所以である。明治維新にともなって琉球王国が琉球藩として大日本帝国の領土とされ、次いで琉球処分によって沖縄県となったのは一八七九年である。王国が解体すると、宮廷音楽の一部は「古典」として安冨祖流・野村流の二流派において保持されたほか、元士族であった人たちが民間や地方へ入り、芝居の地唄など新しいジャンルの誕生に影響を与えた。

一方、近代化を目指した大日本帝国では、公的機関に西洋音楽を導入し始めていた。文部省音楽取調掛は、義務教育での西洋七音音階と「標準語」の習得を目的として、「唱歌」の授業用の教科書『小学唱歌集』三巻（一八八二〜一八八四）を編纂した。「唱歌」の授業は本土では一八八七年から、沖縄では一九〇一年から開始された（三島 2014: 41-46）。こうした音楽の同化政策は、その後の沖縄の公的な音楽教育において、唱歌や西洋音楽を沖縄民謡よりも高尚なものとみなす視線を植え付けることになった。例えば、宮古島出身の作曲家、金井喜久子（一九〇六〜一九八六）によれば、那覇の高校の音楽室で沖縄民謡をピアノで弾いていると、「そんな下品な沖縄の歌を弾いてはいけない」と教師から注意されたという（金井 2006: 126-127）。

このような背景にあって、東京帝国大学の人類学教室の教授、坪井正五郎（一八六三〜一九一三）の元で研究を進めていた鳥居龍蔵（一八七〇〜一九五三）は、一九〇三年六月、日本初の沖縄での考古学的現地調査を行った（鳥居 1976a: 226-230）[9]。形質人類学に影響を受けた彼は、過去と現在の琉球民族を過去の「原日本人」の一部であると、進化論的視野から捉えていた（鳥居 1976b）。鳥居が録音用の蓄音機で録音した沖縄と八重山の音楽が、世界初の沖縄音楽の録音採集である。この録音は、東京帝国大学を中心とする学術雑誌『東洋學藝雑誌』で、蓄音機の初の学術利用として大きく評価された（『東洋學藝雑誌』1904.8: 381）。鳥居は坪井を介して音響物理学者の田中正平（一八六二〜一九四五）に旋律の分析を依頼するためにシリンダーを渡したが、これらの録音資料は関東大震災で失われたという（鳥居 1976a: 230）。

鳥居は沖縄音楽を録音したが、研究はしなかった。それを初めて行ったのは、大正・昭和期に日本音楽研究・東洋音楽研究の学問領域を開拓した、田辺尚雄である。(10) 田辺は東京帝国大学理科大学で音響物理学を専門としていたが、一九〇七年に大学院に入ると日本音楽を研究対象とした。一九一九年に出版した『日本音楽講話』（岩波書店）は、日本音楽史を進化論的視野から描いた、当時としては画期的な書物であり、彼を日本音楽研究者として一躍有名にした。そして一九二一年から一九二四年にかけて、この著作に描いた日本音楽史を遡る形で日本音楽の源泉を求めて、朝鮮、台湾、沖縄、樺太など日本の「外地」へと調査に赴いたのである。(11)

沖縄・八重山調査は、一九二二年七月二六日から八月三日という短い期間に行われた。田辺の門下で、琉球王国の宮廷音楽の元音楽家の孫である山内盛彬《やまうちせいひん》（一八九〇〜一九八六）が田辺のために準備した「琉球音楽調査会」には、古典音楽の大家たちが参集した。(12) 田辺は、そこで披露された古典音楽を大いに評価した。それから、持参の録音機能を備えた蓄音機を用い、（一）野村流古典《揚作田節》（城間恒有）、（二）野村流古典《干瀬節》（伊差川世瑞）、（三）民謡の早弾き《宮古ン子

――テマド節》（冨原盛勇）を録音した。このように、彼の沖縄での録音の特徴のひとつは、日本本土の知識人である田辺の望む録音の場と演目が、予め沖縄本島の知識人たちによって用意されていたことである。

もうひとつの田辺の特徴は、沖縄本島の西南に位置する八重山諸島の石垣島に渡って、八重山民謡とその「古謡」を聞き、それらを日本音楽史の源流と推測して高く評価したことである。しかし実際のところ、この八重山行きも事前に民俗学者の柳田国男（一八七五～一九六二）に直接勧められたものであり、田辺が現地で聴いた八重山の民謡を準備したのは、柳田門下の民俗学者である八重山出身の喜舎場《きしゃば》永珣《えいじゅん》（一八八五～一九七二）であった。田辺が石垣島で唯一録音した農民の歌《ソウソウジラバ》も、喜舎場が用意した演奏会で聴いた演目にあったものである[13]。田辺はそれを柳田が事前に喜舎場に送り届けていた蓄音機で、野外において録音したのであった。

このように、田辺は沖縄本島と八重山諸島の現地の知識人たち、そして柳田という本土の「民俗学の父」の価値を追認し、古典や八重山民謡など「過去」の音楽をのみ「沖縄音楽」として認識・録音した[14]ことによって、沖縄音楽の「現在」――例えば、沖縄の民衆や海外移民の人々に最も人気のあったマルフクレコードの新民謡――に触れることなく終わった[15]。それは、田辺があくまでも沖縄音楽を「日本」の音楽の起源であるという前提のもとに調査しており、沖縄の音楽の過去にしか関心を持つことがなかったことに由来している。

田辺が民族音楽の知識と研究方法を教えた一人である小泉文夫は、一九六〇年代から八〇年代にかけて、沖縄・奄美の現地調査で数多くの録音を残している⒃。小泉自身は、これらの調査に基づいた沖縄音楽研究の構築を試みながら、果たせぬまま五六歳という若さで亡くなった。同世代である竹中労は、小泉ら音楽研究者が参画していた文部省の「九学会連合」（後述）が沖縄の本土復帰を前提とする理論を構築して調査研究を進めていたのと対照的に、沖縄返還に反対していたことからアカデミズム批判を繰り広げて活動することになる。ただし、竹中の言説には小泉を直接批判したものは見出されないため、ここでは九学会連合での小泉の論点に焦点を当てて観察する。

小泉は大学時代には西洋音楽研究を専門としたが、大学院に入ってから田辺の弟子である吉川英史（一九〇九～二〇〇六）の日本音楽史の講義に影響を受け、日本音楽を研究対象とした。大学院時代には、町田佳聲を中心とする日本放送協会『日本民謡大観』の仕事に加わり、全国の民謡の録音・採譜に携わった。町田は大正時代に日本の古典音楽を録音する活動をしていたが、昭和初期より柳田国男の影響で民謡研究に着手していた。小泉は町田のもとで学び疑問を持つことで、自らの音楽調査の方法を作り上げたという。

一九五八年の最初の著作『日本伝統音楽の研究』（音楽之友社）で、小泉は音楽体験をする人間の「民族性」を明らかにするために、その民族の音感の中に伝統として存在する「音階」を分析する必要があると述べている（小泉 1958: 11-25）。彼の考える

日本の音階（小泉文夫『日本伝統音楽の研究』音楽之友社、1958 年、249 頁）

「日本音階」とは、①民謡音階、②都節音階、③律音階、④琉球音階、の四つからなり、図のように提示される。ここで小泉は、④の「琉球音階」を、①の本土の「民謡音階」と似ており、その中間音（各三音の真ん中の音）が変化したものであると、本土からの視線で解釈している（小泉 1958: 176-178）。抽出して概念化を行う作業が学問の基礎にはあるが、しかし音階の分析によって「民族性」を明らかにするという考え方は、あたかも不変の「民族固有性」なるものが存在するかのように読み替えられやすいことも否めない。[17] 現に小泉は、当時の子供たちが好んだテレビのコマーシャルソングや歌謡曲など、新しい要素は対象としなかった（岡田 1995: 170-180）。

一九六九年、佐藤・ニクソン共同声明によって、一九七二年の沖縄返還が発表された。一九七〇年、これを背景として、九学会連合は次年度からの共同課題を「沖縄」とした。九学会連合とは、一九四七年に事業家の澁澤敬三と文部省の後援によって設立された、民族学会、民俗学会、人類学会、社会学会、考古学会、言語学会、地理学会、宗教学会、心理学会からなる学際的研究団体である（坂野 2012; 小島 1990: 203-223）。東洋音楽学会（一九三六年に田辺尚雄を会長として設立）は一九六四年からこれに加入する。九学会の沖縄返還に関する立場は、「沖縄復帰を言語学的に、あるいは民俗学的に評価するならば、これは、日本文化の失われた半身の復帰であり、その意義はきわめて大きいといわねばならない。」（小川徹、一九七〇年）というものであった。小泉の自伝を著した岡田真紀によれば、小泉は所有の小川徹「九学会発表要旨」のこの引用部分に傍線を施している（岡田 1995: 320）。

小泉は九学会での東洋音楽学会の現地調査（一九七三〜一九七五）に先立って、一九七〇年、九学会の連合大会で「沖縄音楽の音階」（小泉 1971: 167-184）と題する発表を行った。この論考は、先の『日本伝統音楽の研究』が提示した四つの音階を再び取り上げながら、それに新しい解釈を与えている。最初に、これらの音階はその中間音の位置の違いによって四種に分けられるとし、①（民謡音階）「中間音が短三度」、②（都節音階）「中間音が短二度音程、ないしはもっと狭い音程」、③（律音階）「中間音が長二度音程」、④（琉球音階）「中間音が長三度音程ないしそれに近い音程」、として、日本音楽は①と②、沖縄音楽は③と④の音階をもつことから、沖縄音楽は「全くちがった旋律の感じがする」と述べる。ところが、①と④の関係と②と③の関係は、「それぞれ同質のものであり、ただともに中間音が半音高いだけのものであるから、その点を除くと、多く平行現象がみられる」とするのである。このように彼の音階理論は、沖縄と本土の音階の中間音の差異を指摘しながら、そこに「同質」「平行現象」を見出だし、沖縄と本土の音楽は「原理的構造」が同じであるといった、日本と沖縄の音楽的連続性を肯定するように結論を導くものである。

以上のように、小泉は一九五八年の段階で「日本音階」の一つとして琉球の音階を提示し、一九七〇年に九学会連合の政治を肯定する形で、それらの音階を沖縄音楽と日本音楽の「原理的構造」の同質性の証拠づけに用いた。小泉の音階論は、沖縄音楽を「日本」の音楽の一部とみなして、沖縄返還を支持する運動として機能したのである。

竹中労の幻のレコード『小沢昭一★一人芸　ハーモニカ★猥歌★小学唱歌★その他』

竹中労監修のLP『沖縄春歌集　海のチンボーラー』について論じる前に、この作品が収められているLPレコード集『日本禁歌集』について先に観察しておく必要がある。なぜならこのコレクションの第一集『ぴん助風流江戸づくし』に、小沢昭一の名前がさまざまな形で出てくるからだ。

竹中の監修による『日本禁歌集』は、一九七〇年代、日本初のインディペンデント・レーベルであるURC（アングラ・レコード・クラブ）から会員限定で出版された。LP『沖縄春歌集　海のチンボーラー』は、このレコード集の第三集にあたる。『日本禁歌集』は、当初は第七集まで計画されていたが、竹中が監修したのは第一集『ぴん助風流江戸づくし』（一九七〇年一月発売）、第二集『波まくら博多淡海』（一九七〇年二月発売）、第三集『沖縄春歌集　海のチンボーラー』（一九七〇年三月発売）までである（湯浅 2009: 46）。のちに第四集『松鶴上方へそくずし』は藤本義一が構成して刊行（一九七一年二月発売）、録音と編集を終えていた第五集『みちのくざれ唄』は未刊行となる（記忘記同人 2009: 4-5）。

『日本禁歌集』は、一九七一年六月に出版される小沢のLP『ドキュメント　日本の放浪芸』の「録音構成」の要素――現地録音の音楽芸能・現地録音のインタビュー・スタジオでの語り――をすでに持っており、非常に親近性があるが、現在のところ直接的な影響関係を指摘するだけの資料は管見の限りない。ビクターの市川が小沢の『私は河原乞食・考』を読んだのは「一九七〇年を迎

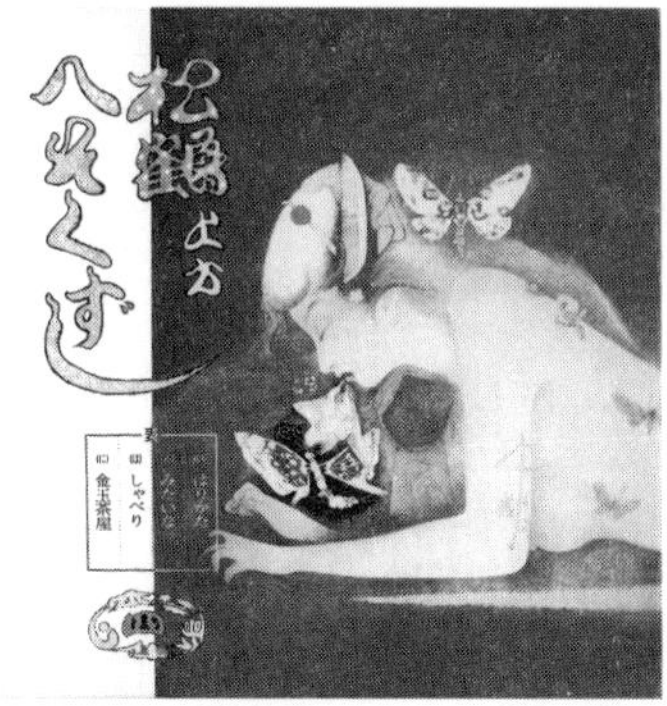

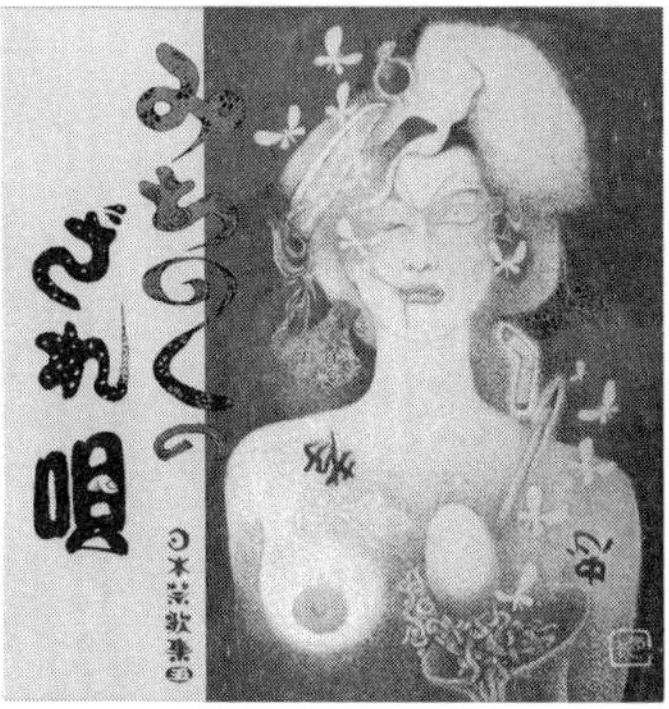

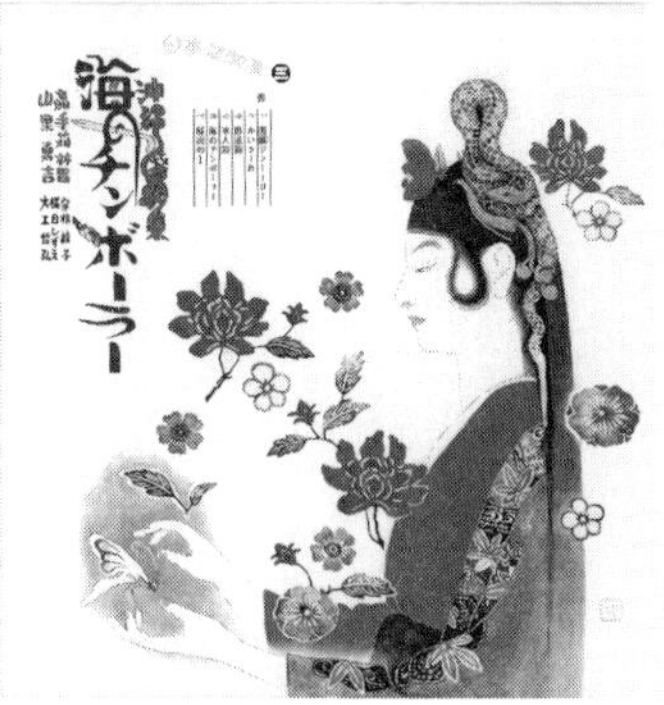

CD復刻版（オフノート／邑楽舎、2008年）は第5集まで刊行されている。ジャケットの画は、竹中の父の竹中英太郎によるもの。編集を終えていた第5集は当時LPとして出版されることはなかったが、「ぜひ盤にしてほしい」という本人の生前の意向に沿って、オフノート／邑楽舎（神谷一義氏主宰）によって14年の星霜を経てCD化された（高沢章雄「みちのくのざれ唄——浅野梅若と秋田民謡」、『日本禁歌集の宇宙』、2009年、160頁）。（写真協力：神谷一義氏）

えてまもなくのある日」（市川 2000: 14）であったから、一九七〇年一月に第一集が刊行された『日本禁歌集』の方がアイディアとしても先行していたのは確かである。

一方で、このLPレコード集は、小沢とは浅からぬ因縁があった。第一集『ぴん助風流江戸づくし』は、かつてお座敷で太鼓持ちをしていた桜川ぴん助（初代、一八九七〜一九八七）の芸能を凝縮した珠玉の作品であるが、そのインナージャケットの解説書には、ぴん助の「口上」、永六輔によるぴん助の紹介文「ピン助／その世界」、竹中の解説「禁歌党宣言」が載っている。永によるぴん助の紹介文は、雑誌『話の特集』で永の担当する「芸人」という写真入り連載ページのぴん助特集（一九六九年一月号）から、文章のみが転載されたものである。永と桜川ぴん助との関わりをたどると、小沢昭一に行きつく。かつて、小沢が『週刊アサヒ芸能』で連載していた対談に、桜川ぴん助とその妻で芸能上のコンビでもある美代鶴が呼ばれており、そこに永も同席したのである[18]。竹中も『話の特集』に連載を持っていたから、永によるぴん助の記事を読み、永に、あるいは永を経由して小沢に、ぴん助の芸を録音するための紹介を依頼したものと推測される。LPの解説書に小沢昭一と永六輔への謝辞があり、さらに「すたっふ」欄に協力者として二人の名が掲載されているのは、そうした仲介役のためであると推測される。加えて、ぴん助自身による「口上」の文中にも、小沢と永が竹中とともにURCレコードの社長にぴん助の「無形文化財」を録音して残したいと頼んだと記されていることから、この録音が実現に至った行程に小沢と永の助力があったのは確かである。

もう一つの小沢との関わりを観察しよう。各集の折込の解説書には、その当時には全七集として予定されていた企画のシリーズ予告表が掲載されている。これらを比較すると、竹中の計画において、いつ何が消えて何が増えたかが、時系列的に判別できる。そのなかで最も大きい変更は、第一集の予告表の三番目に入っている『小沢昭一★一人芸 ハーモニカ★猥歌★小学唱歌★その他』が、第二集の予告表からは姿を消していることである。「一人芸」も「ハーモニカ★猥歌★小学唱歌」も、すべて後の小沢の活動を予言しているかのようで興味深い。竹中がどのようなきっかけで小沢の「ハーモニカ」と「猥歌」と「小学唱歌」を聴いてレコードにしようとしたのか、現時点では詳しいことは分からないが、ここで『小沢昭一★一人芸』が実現しなかった理由を分かる範囲で検討しておくことは、二人の差異を理解することに繋がると思われる。

竹中は『週刊読売』で「スターを斬る！ 竹中労の芸能社会評論」という連載をしており、その連載の第一五回「〝ド助平人間〟はまじめでござる」（一九七〇年五月二九日号）で、小沢を主題として取り上げ、前半では『私は河原乞食・考』を礼賛して引用しながら論じている。そして後半で、少し前に二人が顔を合わせたときのエピソードを紹介しているのだが、『日本禁歌集』の第二集『波まくら博多淡海』の制作中であった竹中に、その出版前のレコードを視聴したと思われる小沢が賞賛して、

「竹中さん、アナタもずいぶんいろんな仕事してきたけれど、こいつが一番いいですね。これは、後に残るライフワークですよ」　（竹中 1970: 127）

第一集

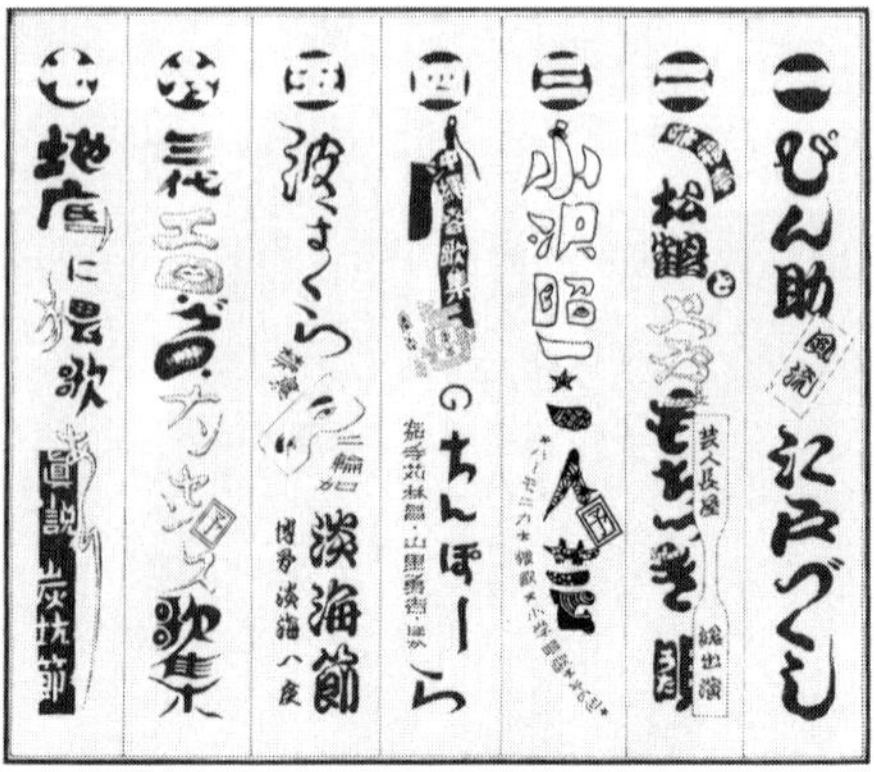

第二集

第三集

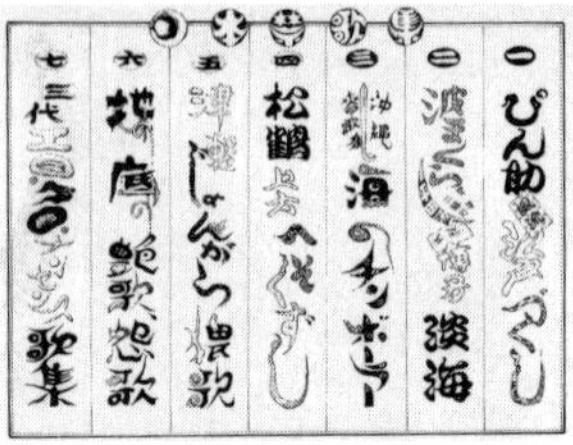

第四集

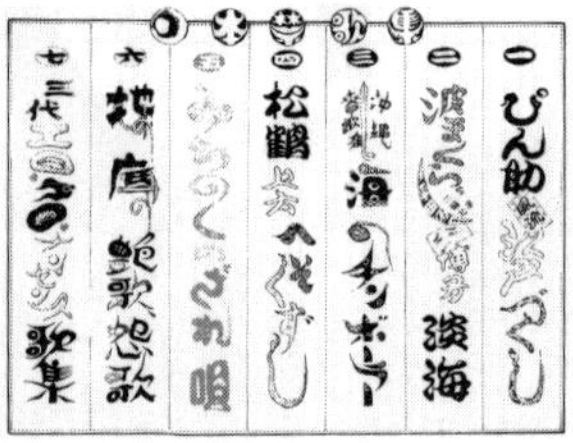

LPレコード集『日本禁歌集』の各集の解説書に掲示された予告表（上から下へ）第一集『ぴん助風流江戸づくし』（一九七〇年一月発売）、第二集『波まくら博多淡海』（一九七〇年二月発売）、第三集『沖縄春歌集海のチンボーラー』（一九七〇年三月発売）、第四集『松鶴上方へそくずし』（一九七一年二月発売）。第一集から第二集にかけて、『小沢昭一★一人芸　ハーモニカ★猥歌★小学唱歌★その他』が消え、その代わりに、第五集『津軽じょんがら猥歌』が挿入される。しかしこの第五集も、第三集での予告までは確認できるものの、竹中がこの当時まさに津軽じょんがら節が流行しはじめたことを嫌ったため、第四集の予告で第五集『みちのくのざれ唄』へと変更したという。写真は筆者所有のLP附録の「栞」より。

と言ったとして、それに対して竹中は「心外であった」と述べるのである。自分は「禁歌」のレコードを「死後に残す」ことを目的に制作しているのではない、というのが「心外」の理由である。竹中はこの挿話の前まで、「体制側にくみいれられたとき芸能は輝きを失い、滅びの方向へとまっしぐら〔…〕」といった小沢の『私は河原乞食・考』の文章を引用しては、「さよう…」などと肯定して話を展開していたのであるが、小沢が「後に残るライフワークですよ」と言ったという挿話を境に、小沢を「河原乞食」の思想とともに批判し始める。次の引用はその一部である。

禁歌、すなわち春歌、猥歌のたぐいを収集し、怪しげなLPなどつくる作業もまた、風狂の所産にほかならない。〔…〕

ライフワークだなんぞと、小沢昭一、長生きしたくなったんとちがうかいな?

それとも、早稲田大学出身のインテリ俳優としては、小学校すら満足に卒業していない博多淡海、生粋《きっすい》の血統書付きの河原乞食の〝芸〟に、われ及ばずというコンプレックスをいだいたゆえの発言か?〔…〕

モロモロの疎外され蔑視される〝最低人間〟にふんするとき、昭一の演技は光芒《こうぼう》を放つ。そいつは、彼の俳優としての身構えに、オノレを下司《げす》下郎と観じる傀儡《くぐつ》の精神、脈々と流れているからにほかならない。

だがネ、精神からはいって傀儡となったものと、生まれながらの傀儡の間には、おのずから径庭《へだたり》があるわサ。

（竹中 1970: 127）

竹中が主張したいのは、自分は「傀儡」（＝「河原乞食」）の「怪しげなＬＰ」を作るという常軌を逸した行為をしているのであって、小沢のように「傀儡」に俳優としてのアイデンティティを求めてそれを演じるのは「インテリ」のすることだ、ということである。さらに竹中はこの記事の最後を、「くせものインテリの含羞」といった小見出しまでつけて、次のように結んでいる。

山谷、釜ヶ崎、ニッポン資本主義の奈落《ならく》に生きている下層プロレタリアート、いっさいの社会的羈絆《きはん》から脱して、その日暮らしの自由を選んだ人びとの世界に、小生は彼の〝演技〟を置いてみる。違う！ 現代のエンクロージャー、非人社会の風景に、小沢昭一はもうひとつ遊離している。

（竹中 1970: 127）

この「非人社会の風景に、小沢昭一はもうひとつ遊離している」という一文こそ、竹中が『日本禁歌集』から第三集『小沢昭一★一人芸』を消し去った理由のひとつではあるまいか。竹中の言うことは正論を含んでいる。しかし、通常はこの連載では様々な芸能人をひたすら「斬る」だけの竹中が、小沢の「インテリ」批判の間奏として、「あたしゃ、この人が好きなんだ。ホモダチ、といってよいほど惚《ほ》れ込んでいるのだ」(傍点原文)などと珍しく気を遣って挿入したり、小沢の芸能座の上演には足を運んで感想を述べたりしているところからは、竹中は小沢を同志のように捉えていたと考えられる。

実際、美空ひばり礼賛で小沢と立場を共有する竹中は、他の論考で美空ひばりについて描く時にも、小沢の『私は河原乞食・考』から「河原乞食」に関するさまざまな引用をして立場を補強している(竹中 1970: 205; 1970.5)。その立場とは、輪島裕介にしたがえば、美空ひばりを左翼的文化運動の変革を担う芸能者とし、左翼インテリと大衆との「乖離」を埋めようとする、既成左翼の理論を保持するものである(輪島 2010 : 209-210)。こうした竹中の立場は、以下に見ていく沖縄音楽に関する活動にも反復されるものである。ただし竹中の活動が既成左翼と一線を画すのは、理論を身銭を切って実践に移すことでその限界を見極めんとするところにある。竹中はそれゆえにこそ、この連載記事のタイトル「〃ド助平人間〃はまじめでござる」に現れているように、当時の小沢の「トルコ道」「エロ事師」のイメージを、大衆との乖離を修正する新劇の既成左翼インテリの末裔による、身銭を切った実践であると見抜いて口にした、小沢を理解する数少ない人物であったと言える(19)。

竹中労監修『沖縄春歌集　海のチンボーラー』

竹中の初の沖縄滞在は一九六九年一〇月末から一一月である。滞在の模様を描いた「メモ沖縄1969」（『話の手帳』一九七〇年一月号から連載）で、彼は当初の訪問の目的を三つ挙げている。①アメリカの反戦フォーク歌手ピート・シーガーと共にインターナショナルフォークキャラバンを催し、沖縄デーの前夜にベトナム反戦のフォークゲリラを敢行する下見、②大島渚らとの沖縄を舞台にしたミュージカル映画制作の下見、③『日本禁歌集』に収録する音楽の発掘、である（竹中 2002: 65-66）。竹中は沖縄の知人から送られた普久原恒勇編『沖縄の民謡』（池見屋書店、一九六八年）をもとに、映画とLPの構想を立てたと述べている。ただし映画のほうはすぐに頓挫してしまう。

竹中が普久原の『沖縄の民謡』に着目した理由は、「〈公衆の面前で歌うのには憚りのある〉俚謡俗歌をも、『一部の反論はあったが敢えて採譜した』と解説にある」ことにあった（竹中 2002: 78-79）。このような音楽への着目の仕方こそ、『日本禁歌集』の方法論であった。

「禁歌」とは何か。竹中は『日本禁歌集』の第一集の解説書で、次のように述べている。

> 国家とか法律という、愚かな制度が人間をしばるようになってから、「うた」もまた、制度の番人によって、管理され、禁じられることになった。
>
> どのような「うた」が禁じられたか？というと、国家やその支配者を攻撃し、制度や秩序を

みだすオソレのある「うた」が、まず禁じられた。

第二に禁じられたのは、性をあからさまにうたった「うた」、例えば春歌、猥歌等であった。支配者にとって性の解放は(自分では何をしていようと)、タブーである。[20]

竹中の「禁歌」とは、制度によって禁じられた歌を指す。そして、「それを奪いかえして、正当な所有者である全人間の手にとり戻そう」とするのが、『日本禁歌集』の目的である。この意味で、これらの歌は「禁歌集」として意図的にまとめられることで、「プロテストソング」に変容するといえる。彼がこのレコードを、「七〇年決戦を前にして、武装蜂起の旗標をかかげ、心悸昂進しているゲバルト学生諸君」に聴いてほしいと述べ、日本初のインディペンデント・レーベルであるURCから出版するのも、「禁歌」をプロテストソングとして捉えるからである。こうした反権力としての「禁歌」という概念は、添田知道『日本春歌考』(一九六六年)から得た発想であった。[21]『日本禁歌集』の第三集は、琉球放送の上原直彦(一九三八〜)と作曲家の備瀬《びせ》善勝(通称ビセカツ、一九三九〜)と出会い、『沖縄の民謡』編者で作曲家の普久原恒勇(一九三二〜二〇二二)を訪ねたことで、話が具体的に進展する。マルフクレコードの後継者でもある普久原から紹介された、コザの嘉手苅林昌《かでかるりんしょう》、そして八重山の山里勇吉ら民謡歌手たちこそ、竹中の求めていた「禁歌」を歌う理想の「ルンペンプロレタリアート」であった。竹中は、マルクスが革命には役立たない旧社会の「腐敗物」とみなした最下層民である「ルンペンプロレタリアート」を、彼らこそが革命の中心であると考えていたのである。このようなことから竹中は沖縄返還に対しては、沖縄の最下層民が日本の最下層民よりもさらに下に置かれる事態を招くとして反対しつづけた。これは、かつて琉球王国が大日本帝国の一部になったときと同じであるという近代化批判を含んでいた。

一九六九年一二月二四日、コザ市（現・沖縄市）の普久原恒勇の自宅で、嘉手苅・山里を中心に行われた録音は、第三集『沖縄春歌集 海のチンボーラー』として、一九七〇年三月にURCレコードから三〇〇〇部限定、会員限定頒布として発売された。第三集では、普久原と上原へのインタビューがA面に、山里へのインタビューがB面に収録されている。そこで語られているのは、「那覇の権威主義的民謡主流（中央）／コザの禁歌（周縁）」さらに「沖縄本島（中央）／先島諸島（周縁）」という沖縄内の差別の図式に基づいた歌の解説である。収録曲は副題にある《海のチンボーラー》などの「春歌」のほか、《県道節》《軍人節》といった「労働歌」も含まれている。

収録する曲目とともに竹中にとって重要であるのは、それが誰によって歌われるかであった。当時の沖縄の民謡界では、特に嘉手苅だけが著名であったのではない（普久原・ビセカツ 2009: 69-70）[22]。しかし竹中は、嘉手苅が戦地に三線を携帯したこと、戦後は歌いながら馬車曳きをしていたことなどを素材に、「風狂詩人」「ルンペンプロレタリアート」として演出してプロデュースしたのである。加えて竹中は、歌い手が嘉手納米軍基地とその繁華街があるコザ市で歌っているということも重視した。第三集『沖縄春歌集』の誕生がコザであることを、彼は次のように強調する。

普久原恒勇氏、この盤を構成した作曲家で「コザ派民謡造反団《フォーク・ゲリラ》」（竹中が勝手につけた名称）の総帥、コザ市胡屋の一隅に居住し、町から一歩も外に出ず、那覇（中央）の権威主義的民謡主流に超然と背をむけ、独立独歩ウタ・サンシンの正道をいく。(23)

「コザ派民謡造反団」として、中央の「権威主義的民謡主流」へ対抗するものという図式を描いて、コザを那覇に対峙する反権力の表象としている。「フォーク・ゲリラ」とルビを振っており、彼の沖縄来訪当初の目的の一つであった日米フォークシンガーたちとのフォークゲリラの構想が、沖縄民謡歌手たちとの「コザ派民謡造反団」として蘇ったことが分かる。「那覇（中央）の権威主義的民謡主流」は、古典音楽の安富祖流・野村流を中心とする那覇の民謡界であると考えられる。

竹中は「コザ派民謡造反団《フォークゲリラ》」とは自身で勝手に名付けたものだと断っているが、このアルバムの仕事が中央への「造反」であるという意識は、参加した沖縄側の人々も共有していたように思われる。『沖縄春歌集』附録の栞のなかで、上原直彦は琉球王国の尚敬《しょうけい》王（一七〇〇〜一七五一）が古典を形成し民謡を野卑なものとしてきた歴史を批判したのち、次のように述べる。

現在でもその概念は、沖縄の民俗音楽界を支配して、いわゆる民謡歌手より「古典」をよくするものが社会的地位をしめ、名士ヅラしてまかり通っているのは、笑止千万といわなくてはならない。例えば、嘉手苅の名唱「海のチンボーラー」は、当地では放送禁止である。文字通

り、それは「禁歌」なのだ。野暮天国王尚敬の亜流は、今日なお棲息して民衆のうたを圧迫している。(24)

さらに上原は、本島が先島諸島にもつ差別から生じている沖縄県内の権力構造をも指摘する。上原は琉球放送のラジオ番組で、あえて八重山・宮古の民謡を流した。竹中がLPのB面をまるごと山里勇吉に費やしたのは、この上原の影響が大きいと考えられる。

一九七二年五月一五日の沖縄返還後も、竹中は沖縄の「独立」を叫び続けて、同年七月、竹中の沖縄関係の第一著作『琉球共和国――汝、花を武器とせよ!』(三一書房)を出版した。その中で竹中は、町田佳聲・浅野健二編『日本民謡集』(岩波書店、一九六〇年)が猥雑な歌詞の民謡を切り捨てたことを糾弾して、日本本土のアカデミズムの民謡研究者を槍玉にあげる(竹中 2002: 119-120)。また、町田らが民謡の特徴として挙げる「集団性」という用語を、次のように批判する。

よみ人知らずとは、だれが作ったのかわからないという意味であって、作者不在というのではない。〔…〕それを「集団の中に自然に発生し」等とノミかシラミかのようにいうのは、民衆蔑視のあらわれであり、また明治以降の西洋万能の悪しき風潮の中で、日本庶民の〈うた〉の調査研究を等閑にしてきた音楽評論家、学者等々の責任逃れである。(竹中 2002: 129)

ここで攻撃している「日本庶民の〈うた〉の調査研究を等閑にしてきた音楽評論家、学者等々」を、竹中は別のところで「体制民謡学者」（竹中 1975: 172）と呼んでいる。

翌一九七三年一一月に出版された著作『ニッポン春歌行 もしくは「春歌と革命」』（伝統と現代社）には、『日本禁歌集』の第一集から第三集までの解説書の内容すべてと、未完の第六集と第七集についての論考、そして『琉球共和国』以後の沖縄民謡関係の論考が集められている。この著作のタイトルについて竹中は、「「ニッポン春歌行」と片仮名文字をタイトルに使ったのは、むろん沖縄／ニッポンではない、琉球共和国人民に対するエクスキューズである」（竹中 1973: 225-226）と述べる。「日本」から「ニッポン」へ[25]。カタカナ表記によって「日本」とは別の国である「ニッポン」を設定することで、竹中は沖縄返還を阻止できなかったことへの謝罪を、「沖縄」にも「日本」にも存在しない「ニッポン」の「琉球共和国人民」に向って表現しているというわけである。

序章で見たように、ちょうどこの数年前、小沢が「日本」を「にっぽん」と表記して、戦後の「日本」にとって戦前はそれとは別の国「にっぽん」であると述べていた（小沢 1972 : 62）[26]。竹中と文脈は異なるが、現在の日本ではないところにあるべき「日本」の姿を幻視している点では、二人の思想は共通しているといえる。

竹中労監修『沖縄／祭り・うた・放浪芸』

竹中は一九七二年五月の沖縄返還後も運動を続け、本土において嘉手苅を中心とした数多くの公演やアルバム制作を行った。一九七三年八月の渋谷ジァンジァンの嘉手苅と大城美佐子のライブ[27]、一九七四年と七五年に「海洋博へ異議申し立て」（木村 1999：91）[28]として東京、大阪、京都などで決行した「琉球フェスティバル」でのライブ録音は、その間のスタジオ録音を含めて、コロムビア、ビクター、CBSソニー、テイチクから、総計LP三九枚とEP一枚となって発売された[29]。そして、これとほぼ重なる時期である一九七四年八月、竹中は自身の著作の出版記念パーティに来てくれた小沢に、『沖縄／祭り・うた・放浪芸』への「共同作業」を申し込むのである（竹中 2003: 17）[30]。

一九七五年、竹中はLP『沖縄／祭り・うた・放浪芸』（四枚組、CBSソニー）を出版した。このレコードに収められた音楽芸能の録音は、歌手でありマルテルレコードの経営者でもある照屋林助（一九二九〜二〇〇五）が現地で録音しつづけてきた祭り

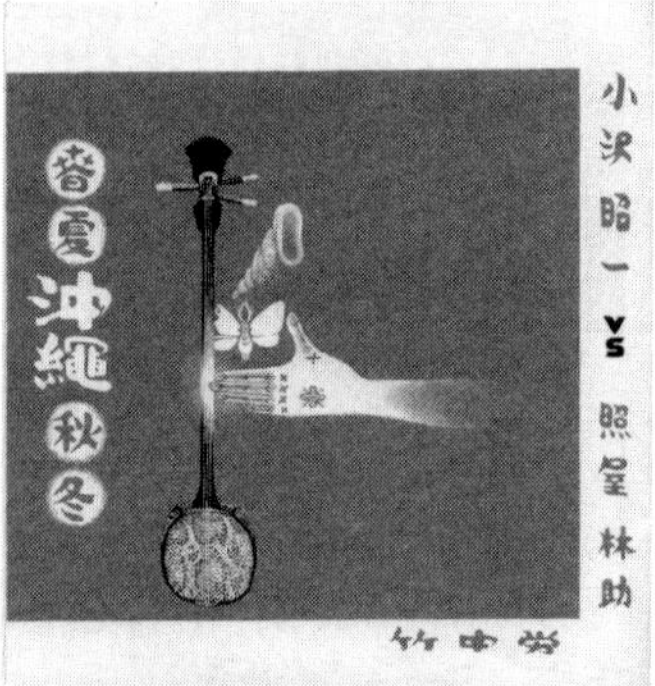

『沖縄／祭り・うた・放浪芸』のCD復刻版（2003年）の解説書の表紙。解説書には、このレコードで『日本の放浪芸』のように小沢が照屋にインタビューをしている語りの書き起こしのほか、小沢・照屋・竹中の鼎談が収録されている。「VS」と著者名の表記の仕方に、竹中がこの作品を『日本の放浪芸』の続きとして位置づけつつも対抗したい微妙な心情が表れている

や芸能の厖大な録音テープを竹中が編集したものと、竹中自身が一九七五年一月に沖縄へ赴いて歌を録音したテープを合わせたものである。副題に「放浪芸」とあることからも、LP『ドキュメント 日本の放浪芸』を意識したものであることは明らかである。「放浪芸」という用語が小沢による造語であることは、すでに見たとおりである。

ただしこのレコードの現地録音や構成に、小沢は全く関わっていない。構成・解説のクレジットには竹中と照屋の名前のみが記されている。竹中は録音テープを小沢に聞かせたうえで、小沢が照屋林助にインタビューをする形式の語りのスタジオ録音を行い、沖縄の音楽芸能の現地録音と合わせて「録音構成」をしたのである。さらに解説書では、一九七五年四月二三日に新橋のテイチク本社スタジオで収録された、小沢と照屋林助と自分との長い鼎談を書き起こして、「小沢昭一VS照屋林助　竹中労」と著者名を表記している。[31] その後ろに添えた「解説Ⅰ」で竹中は、自分は沖縄と大和との「仲立ち」をしたにすぎず、このアルバムを広めるのは小沢昭一であるなどと述べている(竹中 2003: 19)。

竹中は、おそらく小沢の『日本の放浪芸』の成功を見てのこともあろうが、小沢を自分の同志としてこの作品に引き込もうとしたものと思われる。それは次のような竹中流の一方的な「アプローチ」から理解できる。

沖縄のうた・祭り・放浪芸について、小沢昭一にLP製作の共同作業を申し入れたのは一九七四年八月〔…〕だったが、それ以前から、〔日本禁歌集〕製作の過程を通じて、小沢のいわゆる「南への関心」に、私はアプローチしてきた。諸芸の源流、とりわけて放浪漂泊の遊芸のみなもとを探れば、かならずや南にむかう。ただし、そのことを白紙の状態で、彼が沖縄諸芸に過剰な知識を持たぬままの虚心に、ナマでぶつけることによって、実証しようと私は考えたのである。

（竹中 2003: 17）

確かに小沢は、鼎談で「南」について語り、「芸能は南方からやってきた」（小沢ほか 2003: 4）と述べている。しかし続けて、「日本中心の考え方じゃなくて、もっとアジア全体、さらには地球全体という考え方をしなくちゃいけない」と述べているように、小沢は沖縄を日本の起源や半身としての「南」と捉えることを批判する立場にある。それは次のような小沢の発言からも理解できる。

小沢　沖縄芸能について、往々にしてある固定観念は、沖縄にこそ日本の原型がある、つまり、われわれの民族・種族の最もプリミティブなものが残存しているのだ、という考え方ですね。それは一面の真相かもしれないが、本土を中心にしたものの考え方があるんじゃないでしょうか？

（小沢ほか 2003: 3）

小沢　ぼくはヤマトと沖縄、二つの別の庶民文化圏があると思う。これはどっこいどっこいで、五分のものだと考えなきゃいけない。つきあいもまた五分であるべきだと。本土の影響などということを片々とつまみ上げて、平安時代がどうとか、江戸時代がどうとかいうのは、あまり意味がないんじゃないか。
（小沢ほか 2003: 4）

こうした見方は、沖縄を「日本の失われた半身」と捉えた九学会連合に異を唱えるものであり、その意味で小沢は竹中にとって同志であったろう。しかし、鼎談の終盤で、小沢が「僕の場合は演じていかねばなりませんからねえ。沖縄はすばらしいと思っているだけじゃダメなんで」と述べると、竹中はここにきて小沢が自分と立場を共有していないことに気づいたのだろう、次のように答えて同化を迫る。

竹中　私は前から考えていたんだが、やはり小沢昭一は「放浪芸」を琉球弧にたどるべきだと思う。それから一度、役者としてではなくダンナになって、沖縄のうた、芸能をじっくり聴いてみることですね。ダンナがいつの間にか踊らされているようなことになる。
（小沢ほか 2003: 12）

竹中の見方にしたがえば、芸能に「ダンナ」（旦那）として関わろうとする竹中と、「役者」として関わろうとする小沢のあいだに、大きな差異があるということである。ここで竹中が「ダンナ」

という用語を持ち出したことは、文化財保護に対する一つのプロテストであるように思われて筆者の興味を引く。戦前までの日本では、経済的に豊かな旦那衆がお気に入りの芸能を私財で残そうとしたものを、いまでは国の財産を使って残そうとするからである。

しかし、この竹中の「ダンナ」への勧誘は失敗に終わる。小沢は鼎談を自ら閉めながら、

小沢 最後に蛇足ですが、私もかならず沖縄へ参ります、芸能座の公演を持っていこうと、いま本気で考えはじめたところです。きょうは、どうもいろいろと新知識を得まして、どうもありがとうございました。

（小沢ほか 2003: 14）

と、あくまでも芸能座の役者として沖縄と関係を結ぶことを宣言するのである。ただし興味深いことに、「解説Ⅰ」の竹中のヴィジョンでは、この鼎談は成功したものと捉えられている（竹中 1976: 17）[32]。

竹中は『話の特集』の一九七〇年一月号より「メモ沖縄」「続・メモ沖縄」を連載しており、LP解説書の鼎談もそこに事前に掲載されている（竹中 1975.9）。連載の最後回（一九七五年一二月号）では、自らが制作した沖縄音楽のLP総目録を載せて、その冒頭に次のような一節を挿入している。

私がこの一年間にしとげたことは、沖縄にとって、柳田国男よりも、田辺尚雄よりも、小沢昭一の放浪芸の採集にもすぐれて、前人未到の大事業であったのだ。いつかきっと、私の製作した四〇枚の島うたLPは、琉球弧真人民の〝魂の記録〟として、評価されるであろう……。

（竹中 1975.12: 151）

竹中が、自分の沖縄音楽の録音の仕事を、柳田国男、田辺尚雄、そして小沢昭一の放浪芸の仕事の歴史的延長線上に捉えていることは興味深い。竹中は自らの記録を、「琉球弧真人民の〝魂の記録〟」といった幻視でしかないことを理解していた。それと比較すると、柳田と田辺は自らの研究を本土の視点からの幻視であるとは認識していなかったと考えられる。そして小沢は幻視とは承知しつつも、LP『日本の放浪芸』の解説書で、郡司正勝ら研究者の解説をパッチワーク的に使用することで、アカデミズムの記録によって科学性を保持しようとしていたといえる。

過去の「日本」から現在の「日本」へ

竹中が琉球王国の植民地化や沖縄の返還という領土的あるいは政治的な問題から「日本」と「沖縄」の境界線を論じたのと対照的に、小沢にとっての「日本」と「沖縄」の境界線は、新しく立ち上げたばかりの芸能座を意識することで初めて回答可能になるものであった。これは、小沢が芸能座で何を誰のために演じるのかを具体的に考え始めたことで、回答しなければならなくなっていたものと考えられる。

そして、このような問いかけ自体が、小沢がＬＰ『日本の放浪芸』の三部作を通して手にした果実であるといえる。すなわち、『私は河原乞食・考』の時代には、「私は芸能史の中にどう生きたらよいのか」という過去の「日本」に眼差しを向けた問いが重要事項であったのに対して、それが三部作を経たことによって、いまここで芸能者である自分に何ができるか、という現在の「日本」に向けた問いが可能になったと考えられるのである。このことは、小沢の属している新劇という場が抱えつづけてきた、近代化に対するひとつの決着の付け方として評価できるように思われる。

小沢は、第三作『また又日本の放浪芸』の解説書の最後で、「朝鮮、台湾には、日本の放浪芸の〝母〟なる諸芸能がある様にも聞いておりますので、それを訪ねたいという企ても意図してはおるのですが」（小沢 1974.7：4）と述べている。この時期、国際交流基金によるアジア諸国との文化交流イベントが始まっており、一九八〇年代には小沢も依頼されて構成・司会をつとめて、それが映像版の『新・日本の放浪芸――訪ねて韓国・インドまで』（一九八四年）の制作[33]へと繋がっていく。「放浪芸」をアジアに求める眼差しについては、また稿を改めて論じたい。次章では、『日本の放浪芸』シリーズの最後のＬＰである、第四作を紐解いていこう。

第四章
——ストリップを聴くこと

『ドキュメント　まいど…日本の放浪芸
——一条さゆり・桐かおるの世界
小沢昭一が訪ねたオールA級特出《トクダシ》特別大興行』
（1977年2月）

複数のアメノウズメ

第四作をストリップ特集で作れないだろうかという話が出たのは、第四作の主人公のひとり、ストリッパーの一条さゆり（一九三七〜一九九七）が、一九七五年八月に和歌山刑務所での服役を終えて仮出所をした後まもなくであったという（市川 2000: 124-125）。一条は、一九七二年五月の引退興行中、刑法一七五条違反の罪（わいせつ物公然陳列罪）に問われて逮捕された。一審の大阪地裁では、懲役一か月の実刑判決を言い渡された。控訴したが大阪高裁は棄却、最高裁に上告するも、一九七四年一二月に最高裁で六か月の実刑判決を受けたのである（『朝日新聞』1974.12.26）。出所後しばらく舞台に姿を現さなかった一条を、当時一条と人気を分けたレズビアン(1)のストリッパー、桐かおる（一九三五〜一九九八）が、自分の経営する劇場「木更津別世界」（一九七四年六月一日開館）へ呼び、一九七六年元日からの一〇日間、一条は最後となる舞台に立った。第四作のＬＰ『ドキュメント まいど…日本の放浪芸 一条さゆり・桐かおるの世界 小沢昭一が訪ねたオールＡ級特出特《トクダシ》別大興行』（四枚組、一九七七年二月）には、この一九七六年一月から一二月までの一条と桐という、小沢のいう「二大実力派ストリッパー」を取り巻くストリップ劇場の「音」が記録されている。サブタイトルにある「トクダシ」とは、当時のこの芸能の情報通でもある小沢によれば、両腿を開いて女性器を観客に見せる「特別出演」のストリッパーのことで、映画業界での「特別出演」の略「特出《とくしゅつ》」を転用して、「トクダシ」と読ませたものである（小沢 1973: 144)。なお、発売前のプロモーション特別ハイライト盤（TLP-620、非売品）では、「オールA級特出特別大興行」の部分が、「オールA級悶絶特別大興行」となっている。

小沢は『私は河原乞食・考』では「I　はだかの周辺」をストリップに捧げて考察していたが、それがLPの第一作『日本の放浪芸』に反映されることはなかった。ただし、第二作のレコード解説書の中では、今後の予定としてストリップの特集の可能性を示唆している。そこでは、ストリップ劇場という専門劇場の存在と、一〇日間での移動を伴う業務形態の放浪性を強調していることから、国立劇場（一九六六年開館）によって上演を保障される定住者の「無形

裸の元女王服役へ

一条さゆり　最高裁でも実刑

一条　さゆり

ストリップ劇場でいかがわしい踊りを踊った、として公然わいせつ罪に問われた大阪市城東区関目町二丁目、元ストリッパー一条さゆりこと池田和子(37)の上告審で、最高裁第二小法廷（吉田豊裁判長）は二十六日、一、二審の懲役一月の実刑判決を支持し、池田の上告を棄却する決定を下した。

これで池田は実刑判決が確定、近く刑務所入りすることになった。

一、二審判決によると、池田は四十七年五月、大阪市内のストリップ劇場で、「一条さゆり引退興行」と銘打ち、観客百八十人の前でいかがわしい踊りをした。

池田は過去に繰り返し同じ公然わいせつ容疑で摘発され、計九回の執行猶予付き懲役刑や、罰金刑を受けていることから、一審の大阪地裁は四十七年十二月、「たび重なる再犯は許されぬ」として懲役一月の実刑判決を言い渡した。これに対し、検察、弁護双方が控訴したが、大阪高裁は四十八年十二月、双方の控訴を棄却。このため、弁護側が「公然わいせつ罪は、犯罪の要件があいまいで適正手続きの保障を定めた憲法三一条に違反する」などとして、最高裁に上告していた。

池田は別件の一つについて四十七年二月に京都地裁で「懲役五月、執行猶予三年」の判決を受け、確定しているが、その執行猶予期間中に今回の実刑判決が確定したため、前の判決については執行猶予が取り消されることになり、両方を合わせれば計六カ月の服役生活を送ることになる。

最高裁の判決を告げる『朝日新聞』の記事（1974年12月26日）。第四作の一条さゆりに捧げられたレコード（弐枚目）の冒頭は、小沢によるこの記事の朗読で始まる

文化財」に対する一種のマニフェストの文脈で語られたものと思われる。また、「あればっかりは、聞くものでなく見るもの」と、ストリップの視覚性をLPという聴覚メディアに乗せることは困難であるように論じていることからも、現実的な構想には至っていなかったようである。これらの思索の断片が、第四集の発売間近には、「実演芸能では最も多くの劇場があるストリップは昭和芸能史にきちんと書き加えなければならない」、「楽屋から楽屋への旅暮らしのストリッパーは、まさしく現代に生きる放浪の芸能者」(『朝日新聞』1977.2.8: 7)である、という言説のうちに固まったことが見てとれる。

第四作は、これまでの三作以上に、その具体的な内容や全体の構成については言及されることが少ないもので、たまに紹介されるにしても、ストリップを対象としたことの奇抜さに触れる程度である。一方でこの作品は、一条さゆりと桐かおるについての一次資料として後世に貢献している。例えば、鶴見俊輔(一九二二〜二〇一五)はこのレコードを資料として何度も聞き(鶴見 2010: 19)、『アメノウズメ伝　神話からのびてくる道』(一九九一年)(鶴見 1997)という珠玉の作品を生んだ。鶴見の『アメノウズメ伝』は、次のようなアマテラス(=権力・体系)とアメノウズメ(=笑い・経験)の関係を変奏しながら、複数の実践的な思想を説く作品である。

権力は、自分の思想を(その時その時に)ひとつのとざされた体系としてまとめてしまいたがる。これに対して、それをやわらげて、経験の場に近づけたいと思うものは、笑いをさそっ

てその体系をくずし、支離滅裂な形にかえして、別の局面へとさそう。（鶴見 1997: 26）

したがって鶴見は、ストリップに対しても、女性の裸を性的なオブジェとすることに対する批判的な眼差しを保つと同時に、現実の芸能の経験の場から「別の局面」を理解することで、ジェンダー問題のみならずあらゆる差別の体系を崩そうとする。このような姿勢は、小沢昭一の第四集に共鳴し、河竹―郡司―小沢と構築してきたアメノウズメを始祖とする芸能史を継承発展させたものであるように思われる。

ストリップ、と聞いて思い浮かべるイメージは、人それぞれであろう。一般的には、アメリカン・バーレスクや、フランスのムーランルージュなど、映画や報道でも見られる高級なストリップショーであろうか。しかし小沢の扱ったストリップは、そうした「芸術性」を目指すストリップではなく、その正反対の「わいせつ（猥褻）」であること目指すストリップであった。両者の差を舞台の構造から言えば、前者は舞台が高く客席と完全に分かれた一般的な形態の劇場であるが、後者は舞台中央から離れ小島のように突き出した舞台（エプロン・ステージ）が客席の中に入り込んでおり、例えばダンサーが太腿を観客の鼻の先で開いて女性器を見せる「オープン」なる技——現在も刑法一七五条によって公然わいせつ物陳列罪が成立する行為——をしたとき、それを観客が「かぶりつき」で見られるよう設計された劇場である。舞台と客席の交わるほどの近さというテーマ、演じる者と見る者のあいだの融和というテーマにおいて、第四作は第三作の延長線上にあるといえる。

本章では、小沢が一条さゆりと桐かおるを取り上げたことの意味について考察しながら、第四作を検討したい。小沢は一条と桐に対比関係を見立て、「ナキヌレル一条さゆりの哀切に対して威風堂々」の桐かおる（小沢 1972.8: 87）とか、「ウェットの一条さゆりに、クールの桐かおる」（小沢 2004: 481）とか、「男にだまされて泣き泣き仕方なくしているような」一条に、「裸なんて平気だ、一丁、金儲けしてやるわいというような」桐（多田・小沢 1977.5: 171）といった表現をしているが、実はそれとは別に自らの新劇俳優としての内なる深いところで、二人にそれぞれ異なる役割を与えていたように思われる。したがって、なぜ一条と桐の同時代に有名であった浅草駒太夫（一九四一〜 ）を小沢は取り上げないのか、といった他のストリッパーたちを含む考察をする余地がない。このように扱う範囲を限定するのは、本章がストリップ自体について

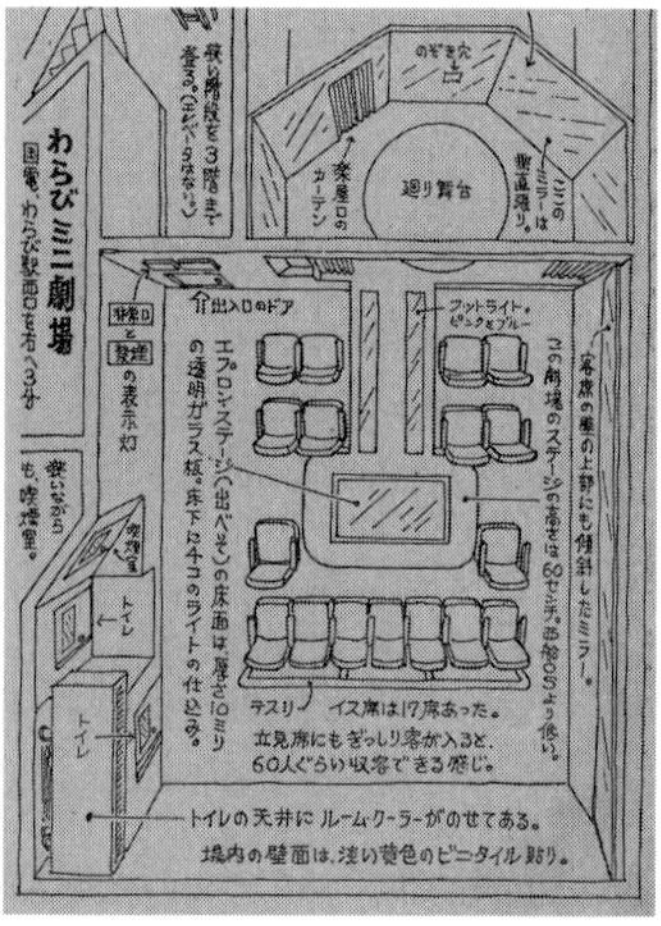

妹尾河童「大図解 河童が覗いたストリップ劇場」の図（部分）、『季刊藝能東西』、遠花火号、1977年7月、62頁。エプロン・ステージの高さが60センチと記載されている。妹尾は小沢からこの図解の依頼を受けたとき、絶対に踊り子を図の中に描くなと指示されたという。劇場の特殊性を伝える記録を優先した図面を求めたものと考えられる

の新しい見方を提示するものではないということをあらかじめ伝えておくためであると同時に、『日本の放浪芸』の第一作から第三作はそれぞれの音楽芸能の最後の芸能者たちの「断末魔の叫び」が収録されたのに対し、第四作はあまたのストリッパーから小沢が二人を選んだという大きな違いがあるということを強調するためである。

本章はまた、小沢がストリップを「記録」するために、なぜあえてレコードという聴覚メディアを用いたのかを考察するものである。第四作は、小沢の語りのスタジオ録音のほか、ショーの現地録音、楽屋の日常会話の隠し録り、楽屋での対談の録音によって構成されており、これまでの『日本の放浪芸』シリーズの中で、最も「記録」的な色が濃い内容である。確かに、一九七〇年代にはレコード会社はまだビデオ時代には入っていなかった（市川・市橋 2022.5）。しかし、第四作が発売された一九七七年当時、すでにこの二人のストリッパーの「実録」映画——神代《くましろ》辰巳監督『一条さゆり 濡れた欲情』（日活、一九七二年一〇月七日公開）と藤井克彦監督『実録 桐かおる にっぽん一のレスビアン』（日活、一九七四年八月二八日公開）——があり、高い評価を得ていた[2]。それらには、小沢も協力・出演している。それにもかかわらず、なぜ聴覚メディアであるLPレコードで記録する必要があったのだろうか。第四作は、ビクター側ではなく、小沢が制作の意思を見せたという（市川・市橋 2022.5）。

以下では、『私は河原乞食・考』以後の小沢のストリップについてのルポルタージュ「トクダシ（上）」「トクダシ（下）」（一九七二年）から、一条の逮捕と服役前後の小沢の連載ルポルタージュ

「一条さゆり以後の一条さゆり」（一九七五〜一九七七年）までの小沢の言説を比較検討したのち、最後に第四作の分析を行う。

「客に尽しきる」芸能者としての一条さゆり

一九六〇年代、一条さゆりは、胸に熱い蝋をたらして身もだえる「ロウソク・ショー」や、エプロン・ステージに座って太腿を開いて女性器を見せる「オープン」などで有名な、関西発のストリッパーだった。その一条を神話化し、彼女の名を世に知らしめたのは、東京大学文学部の中国文学の講師、駒田信二（一九一四〜一九九四）であった。駒田が小説『一条さゆりの性』（講談社、一九七一年）に描いた一条は、不運な星の下に生まれ、暴力団員の夫によってストリップ劇場に売られ、小さな息子とも別れさせられたが、それでも自身の真摯な生き方を証明するために、舞台で何も隠さず本気で踊って「オープン」をする、といったものであった。駒田に一条が語ったのであろうこれらの物語は、現在ではその多くに虚が見られることが知られているが(3)、それでも依然として神話は語り続けられている。次の引用は、なかでも有名な神話の構成要素となる、駒田の小説に描かれた一条の「オープン」の情景である。

彼女は〔…〕私と斎木の席の前にきて、静かにしゃがんだ。そして片手でゆるゆると腰巻をすり上げながら、片手では、小百合《さゆり》の花弁のような二枚の扉を左右にあけ、薄桃色に光る花筒の中を窺［ママ］かせた。

しばらくして彼女は指をはなした。すると花弁はゆるゆるとひとりでに閉じられていったが、その閉じられていく花弁のあいだから、花筒の奥深くから、一条《ひとすじ》の流れがするすると流れ出してきたのである。

私は息がつまった。激しい感動にうたれたというよりほかない。（駒田 1983: 18-19）

ここで女性がオーガズムを得た証拠として描かれる「一条《ひとすじ》の流れ」は、その後も真のエクスタシーを得たことのメタファーとして繰り返し用いられることになる。一条自身もインタビューなどで、真剣に演じていればエクスタシーを得るのは当然であるといった発言する。この「一条《ひとすじ》の流れ」とは、性医学的に言えば女性の前立腺から出る透明または乳白色の液体のことを指すと考えられる。(4)

小沢が一条と知り合ったのは、『私は河原乞食・考』（一九六九年）の出版された翌年の九月で、『週刊アサヒ芸能』の小沢のお色気対談の現場（『週刊アサヒ芸能』1970.9.24: 106-110）に一条が来たときであった。座談会の冒頭では、当初のゲストはストリップ雑誌『ヌード・インテリジェンス』の編集長・大満義一のみであり、大満が一条を連れて来たことが述べられている。この座談会が単行本『陰学探険』（一九七二年）に収録されたときには、小沢の「初めまして小沢でございます」と一条の「一条さゆりと申します」という挨拶から始まっているが（小沢・永 1972: 238）、『週刊アサヒ芸能』に掲載時にはそのような記述はなく、対談の開始後、少し経ってから一条は次のように登場する。

一条　よろしくお願いします。

小沢　作家の駒田信二さんからさんざん吹かれましてね、自分の恋人ののろけみたいにしてわたしにいうわけです。世の中にこんなまじめなカタカナで書くマジメね、こんなマジメな踊り子さんはいない、つぎからつぎに見るけれども、一条さんは最高である。

（『週刊アサヒ芸能』1970.9.24: 106）

この小沢の自己紹介からは、小沢が事前に駒田から直接的に一条のイメージを受け取っていたことが分かる。

一条自身もまた駒田の小説によって影響を受けたことが、作家の藤本義一（一九三三〜二〇一二）との対談で、次のように語られている。

藤本　駒田さんの本が出てから、舞台の感じは変わりましたか？

一条　ええ、ええ。自分ではそんな人間じゃないんだけど、うれ

（左から）永六輔、一条さゆり、大満義一、小沢昭一（『週刊アサヒ芸能』、1970年9月24日、106頁）

すぎてしまって、ステージでちょっと失敗しただけで、もうすぐさまあやまることが頭に走っちゃうんです。だから本はこわいなと思いますね。

藤本 あれで客の層も変わりました？

一条 ずいぶんとね。現にあれから、もう北海道の網走のほうから飛行機で、先月でしたか、大阪まで来てる人もありますしねえ。

藤本 ほう！

一条 それも団体で——。びっくりしちゃってねえ。「本と全く変わらないですねえ」ってね。

（藤本 1972.3.18: 74-75）

一条はこの勢いに乗って、藤本が司会を務める深夜の初のお色気番組である「11PM」（＝「大阪イレブン」、読売テレビ）に出演するようになり、果ては主婦向けの午後のワイドショー「三時のあなた」（フジテレビ系列）に登場するなど、全国的に知名度を高めていった（『サンデー毎日』1972.10.29: 141）。こうした文脈において、一九七二年五月、一条さゆりは引退興行中に「オープン」をしたことで逮捕され

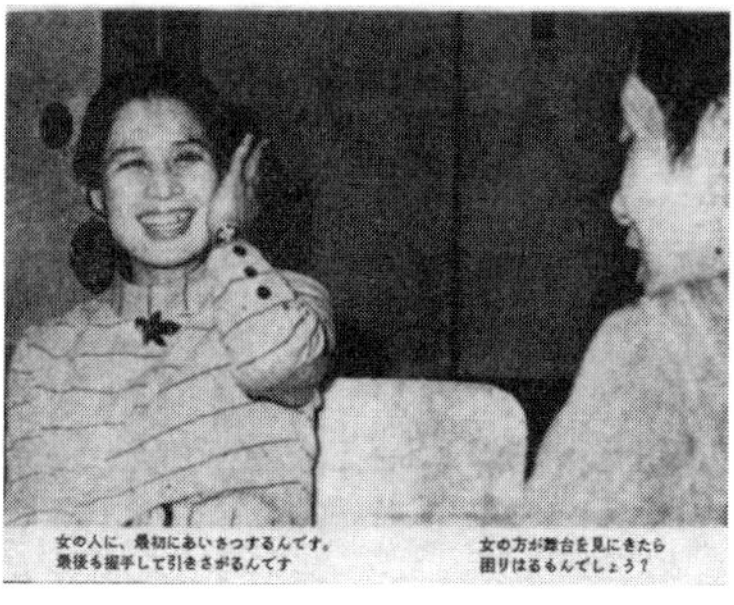

（右：藤本）「女の方が舞台を見にきたら困りはるもんでしょう？」
（左：一条）「女の人に、最初にあいさつするんです。最後も握手して引きさがるんです」
（「義一ちゃんのケッタイな対談（12）名ストリッパー一条さゆり」、『週刊読売』、1972年3月18日、76頁）

(それまでにも九度の検挙歴がある)、懲役一か月執行猶予五か月の判決を受けて訴訟・上告したが、一九七四年一二月、最高裁で懲役六か月の実刑判決を言い渡されたのである。[5] 一条は、新左翼やウーマンリブ運動によって――本人の思想とは異なるところで――反体制・反権力の象徴とされて、裁判のあいだも支持を受けた。[6] また、そうした時代の潮流にある左翼的運動とは関係なく、週刊誌には一条への同情と権力への反発――わざわざ引退興行に警察が潜り込んだこと、「オープン」をするストリッパーは一条だけではないこと――が散見される。[7]

一条の逮捕(一九七二年五月)前後の小沢は、LP『日本の放浪芸』の第二作を準備しながら、本書の第二章でも取り上げた、ルポルタージュ「私のための芸能野史《雑芸者》歴訪ノート」[8]を月刊誌『芸術生活』に連載していた。その第七回「トクダシ(上)」(一九七二年七月)で一条さゆりを、第八回「トクダシ(下)」(一九七二年八月)で桐かおるを主題として選んでいる。一条のルポルタージュの最後は、一九七二年五月の一条の逮捕の知らせを受けたところで終わる。

EP『いのち花』(クイーンレコード、QN-1004、1976年)のジャケット(筆者所有のEP)。《いのち花》《扇町のおんな》は、のちに第四集に収録される一条の最後の舞台でアカペラで歌われている。レコードの解説書によれば、「刑期を終えて出所した時彼女の人生観に共感した芸栄の山崎士郎社長の尽力によりレコード化が実現した」という。原盤制作は「株式会社芸栄」とある。扇町は一条が出所してからスナックを開業した場所(大阪市北区)

これらのルポルタージュが重要なのは、『日本の放浪芸』の第四作で、小沢がスタジオ録音によって語ることになる二人についての描写が、ここに書かれた内容をほぼ踏襲しているからである。まず「トクダシ（上）」を観察してみると、小沢はこのルポルタージュでは、駒田によって創出された一条さゆり神話を、次のように増幅して展開する。

彼女の「性の深遠」なる所以は、このオープンの時に、証明される。正しく一条の、……シャレでなく一筋の、タラリがキラリと光るのであった。〔…〕
巡回オープンが終って、万雷の拍手の中に一条さゆりは退場したのであった。
彼女はトリだから、これで一回の終わりである。劇場側は、客をなるべく入れ替えないことには、商売にならない。
若い衆が来て、客席の窓を明ける〔ママ〕。風を入れて客のアタマを冷やそうというわけである。窓から西陽が、カーッと入りこんだ。〔…〕
しかし、放心の客は、腰がぬけた様に一向に立ち上がる様子もなかった。
と、
その明るい舞台に、一条さゆりは、箒《ほうき》を持って出て来て、さっき散らしたローソクを、掃くのである。そして掃きながら、放心の帰らぬ客の一人一人と、ゆっくり話し込むのであった。
私は、ここで、遂にナイタ。

こんなに客に尽しきる芸人がほかにいるだろうか。

（小沢 1972.7: 102）（傍線は引用者）

引用個所の中ごろにある「と、」の特徴的な用い方は、彼が尊敬していた徳川夢声（一八九四～一九七一）の朗読――例えば有名な『宮本武蔵』の巌流島のラストシーン(9)――を彷彿とさせる。(10)また、この連載が半年後に単行本（『私のための芸能野史』）としてまとめられたときに、引用個所の原文はすべてそのまま使用されたなかで、ただひとつ、傍線を施した最後の行の「客に尽しきる」が、「客に尽しきる」というように、傍点が打たれて強調されていることが興味深く思われる。「きる」にのみ傍点が打たれていることは、最後まで尽くすという度合いの強度を示すと同時に、声に出して読む朗読の際の強度を示す。こうしたことからこのルポルタージュ（とその単行本）は、それまで小沢がラジオで口演してきたドラマ・朗読・司会での話芸の経験が集約されており、声に出して読まれることを想定したものである可能性がある。このことが、第四作でこのルポルタージュが語りに用いられる要因のひとつであると考えられるのである。

「同性愛芸能者」としての桐かおる

一方、桐かおるを主題とする「トクダシ（下）」（一九七二年八月）は、前半が桐の生い立ち、後半が桐のストリップ観、という構成である。先に後半を見ると、桐の舞台演出家としての〈だまし〉〈たくらみ〉〈かたり〉のテクニックについての内幕――舞台上では誰も本気でエクスタシーを得ることはなく、いかに本気でエクスタシーを得たように演じるかがもっとも難しく大切であること――とそれについての小沢の考察がある。小沢はそこから導かれて、一条のエクスタシーの証拠とされている「タラリ」も〈だまし〉であるかもしれない、という疑念をもつ。そして、一条の〈だまし〉について次のように述べる。

> しかし、見破れなかったがゆえに、それは、完璧の〈だまし〉だったと私は信じて疑わない。そしてその〈だまし〉は、彼女の真情あふるる客への尽くし、あのやさしい客への思いやりの表現のなかでこそ、輝くものである事はもちろんである。（小沢 1972.8: 93）（傍線は引用者）

この〈だまし〉というテーマは、第二作の主題である「お金に換える芸」と方向性が重なる。しかしここでは、〈だまし〉の行為よりも上位にあるものとして、「客への尽くし」が置かれている。「客への尽くし」とは道徳心ではなく、直後に「やさしい客への思いやりの表現」と言い換えられているように、あくまでも客の存在を前提とした、演劇表現における「尽くし」である。

小沢は桐に対しては、舞台での〈だまし〉のテクニックについて聞きただし、幕の内側をあばくような質問をしている（そして桐もそれに問題なく答えている）。それにもかかわらず、一条のこの〈だまし〉については、次のように述べるのである。

私は、この楽屋内でも見破られていない秘密を、一条さゆり嬢に深追して聞きただすことをさけた。同じ舞台に立つ人間同士の、それはエチケットだとも思えたし、それよりも、これは深く聞かぬが花。虚か実か、「虚実皮膜の間」に遊ぶほうが、この「深淵」なる芸人に対する道、と考えたのであった。（小沢 1972.8: 93）

なぜ小沢は〈だまし〉についてこのように一条には聞くのを控え、桐には聞くことができたのか。この相違点に、小沢が一条と桐に与える異なる役割の様相を見ることができるように思われる。考えうることとして、以下の三点を挙げておこう。

第一に、小沢は、駒田の作り上げた一条のイメージを崩してはいけないと考えていたということがある。最初の一条との出会いの対談のところで触れたように、小沢は一条と出会う前に駒田から一条についてのイメージを直接的に得ており、それが虚か実かを知ることは小沢の役割ではないということである。第二に、一条が自分で自分一人のための舞台演出をしていたのに対して、桐は一座を構えて舞台演出をしているということがある。自分を演出することと、一座の舞台を演出することは、前者のほうがより「エチケット」として内幕を暴きにくいというのは考えられることである。第三に、最も興味深いこととして、小沢は先の引用で一条については「同じ舞台に立つ人間同士」という表現を用いているが、桐については「同性愛芸能者」という表現を用いているということがある。それは次のような文脈においてである。

かつて私は、芸能者のくらしの同性愛《ホモ》について書いた（『私は河原乞食・考』）。それは、同性愛者の反社会的性格と、〈虚〉への執念が、芸能者の創造エネルギーと密接な関係を持っていること――ゲイは芸《げい》に通ずる所以を、探索したものであったが、女性の場合でもこれは同じであるといえよう。とにかく、同性愛芸能者は、常人を超える異風《ママ》さという点において、まず芸能者の基本条件を獲得するのである。

（小沢 1972.8: 87）

「同性愛芸能者」を「常人を超える」と形容しており、それを「芸能者の基本条件」と捉えていることが目を引く。この「トクダシ（下）」の前半に紹介される桐の「無頼の半生」の「無頼」さは、確かに凄みを伝える。[11] 駒田の小説に見られる一条の半生も波瀾万丈ではあるが、「トクダシ（上）」では触れられていない。ストリップによって逮捕された一条と比べて、ストリッパーになる以前にすでに逮捕歴のある「クロウト」の桐に対しては、小沢は〈だまし〉について聞くことをためらう必要を感じなかったものと考えられる。

小沢は「トクダシ（下）」では、このような「同性愛芸能者」の桐を「クロウト」として価値づける。「シロウト」対「クロウト」が、俳優としての小沢にとって自分をポジショニングするために重要な二項対立であることは、ここまでの章で観察した通りである。「私のための芸能野史《雑芸者》歴訪ノート」の最終回「再び万歳」では、「クロウト」が次のように再定義されている。

私が「クロウト」というのは、芸の巧拙や腕前や年期のことを言うのではなかった。それは被差別的な芸能者の血であり、「芸をやらざるを得ない」ことから居直って、「芸」を刃に「遊ぶ」芸人ぐらしのことである。（小沢 1972.12: 99）

小沢はもはや「河原乞食」という言葉は用いておらず、差別の対象となる芸能者のことを総じて「クロウト」と呼ぶとする。ここからの小沢は、一条を客に「尽しきる」芸能者として、そして桐を「同性愛芸能者」として、つまり「芸をやらざるを得ない」両者を「クロウト」として描きながらも、その先のどこかに自分と共通するものを見出していくことで、自分の「ニセモノ性」（小沢 1972.5: 85）を克服しようとする。小沢にとっての一条と桐は、小沢の芸能論に不可欠な芸能者の二つのイデアとして立ち現れているのだといえる。

一条と桐の実録映画と小沢

一条さゆりと桐かおるを「記録」＝「ドキュメント」することを考えるとき、一九七〇年代前半に公開された日活ロマンポルノの二つの「実録」映画、神代辰巳監督の『一条さゆり 濡れた欲情』

（一九七二年）と藤井克彦監督の『実録 桐かおる にっぽん一のレスビアン』（一九七四年）の存在は多くを教えてくれるだろう。そのいずれにも小沢が出演・協力をしていることから、これらの映画と小沢とのあいだの影響関係を観察しておきたい。

『一条さゆり 濡れた欲情』は神代監督の出世作であり、一九七二年度の「キネマ旬報ベストテン」第八位、同主演女優賞（伊佐山ひろ子）、同脚本賞「映画芸術ベストテン」二位を受賞した（神代 2019: 71）。これまで映画批評家のみならず監督によっても、多くを語られてきた日活ロマンポルノ作品である。

映画の冒頭に出てくる通り、「この映画はあくまでストリップの女王、一条さゆりに託したフィクション」であるが、物語としては一条よりも一条に嫉妬をする若手のストリッパーを演じる伊佐山ひろ子に焦点を当てている（神代 1975: 190）。それと並行して、一条が実際の舞台で得意とした「緋牡丹お竜」「ロウソク・ショー」などが記録されている点で資料的価値も有している。また、伊佐山ひろ子に「私も孤児院に入っていた」と言わせることで一条の虚言癖を現してみたり、同じく伊佐山に牛乳を湿らせた海面を使わせて、一条の「キラリ」について当時から囁かれていた仕掛けを暗示したりという点で、一条の風景の記録としての価値もある。そして、ストリップ嬢のヒモの暴力団員たち、警察、関西ストリップ劇場の現場の抗争を描くことで、映画による「実録もの」に先鞭をつけたという映画史的な価値もある。

脚本家の笠原和夫（一九二七〜二〇〇二）が『一条さゆり 濡れた欲情』を見て、広島抗争の実話をもとにした映画『仁義なき戦い』(深作欣二監督、東映、一九七三年一月一三日公開)の脚本を書いたことはよく知られている。笠原は、『一条さゆり 濡れた欲情』の「露骨さ、エゲツなさ」(笠原ほか 2002: 304)が、それまで笠原が書いてきた鶴田浩二主演等の典型的なやくざ映画の「義理人情ドラマからの脱出の方法を教えてくれた」(笠原ほか 2002: 282)[12]ことで、「実録」路線を切り開くことになったことを述べている。

公開時の映画評には、一条さゆり神話を共有したことのない映画評論家たちによる一条のイメージを見ることができる。次の引用は、関西の映画批評家である浅野潜(一九三二～二〇二〇)による評論の一部である。

> 中年の、まことにおしとやかな女性にしかすぎない一条さゆりは、一度ステージに立つと、激しく変質する。その独特のストリップは、文字通り汗と油との結晶である。そしてなんとも肉感的なのだ。
>
> 例えばローソクショウ。開巻、見ているほうが恥ずかしくなるほど幼稚な〝お芝居〟をしていた彼女が、ここでは堂々と〝肉の歓喜〟を表出してくれる。おそらくこれだけ圧倒的なストリップを映画のスクリーンで演じた女は、いなかっただろう。そこにあるのは実に体験そのものだった。
>
> しかもここでは体験は常識的に考えがちな〝悲惨な過去〟といったセンチメンタルな感情を

拒否している。（田山・浅野 1972: 109）

全体としては肯定的な評であるが、小沢や駒田らが決して用いないであろう表現が散見される。例えば、「中年」という言葉。三五歳の一条が周囲のストリッパーと比べて年上であったことは確かであるが、小沢や駒田の周囲でこの言葉を使用した例はない。他にもこの言葉に類似する表現を用いた例として、神代監督による「その辺の常識的なおかみさん」（神代 2019: 73）や、桐の弟である瀧口義弘による「ただのオバサン」発言[13]もあるから、浅野の見方が特殊であったというわけではないだろう。他にも、「幼稚な〝お芝居〟」「〝悲惨な過去〟」は、駒田の神話にとってむしろ重要な要素であった。神代のほうは、それらの要素をあえて「その辺の常識的なおかみさん」と融合させたがっているようだ。この映画に小沢は役者として冒頭でラーメン屋を演じて一条と共演するのであるが、しかしこれらのことからは、映画全体としては小沢の一条のイメージの影響をあまり認めることができないといえる。

『実録 桐かおる にっぽん一のレスビアン』は、伝説のストリッパーであるジプシー・ローズを描いた西村昭五郎監督の『実録 ジプシー・ローズ』（一九七四年二月六日公開）に続く「実録」路線の日活ロマンポルノとして高い評価を得て、翌年には続編『レスビアンの女王 続・桐かおる』（日活、一九七五年八月二三日公開）も制作された。

『実録 桐かおる』の構成をみると、「実録」と言いつつ、作品の大部分が架空の「物語」に捧げられている。そのおかげで、どのあたりが「現実」的な記録の部分であるかは分かりやすく、その部分から小沢の「企画協力」の内容を推測することが出来る。この映画の内容を「物語」と「現実」に分けるならば、「物語」の部分としては、①桐かおるに捨てられた中島葵が桐への復讐を依頼した僧侶二人に凌辱される物語、②中島葵に捨てられた元夫の浜口竜哉が家の家政婦から想いを寄せられる物語、③桐かおるの一座の芹明香が浜口竜哉を誘惑する物語、といった、一〇分に一度の濡れ場を入れるルールに沿った「ロマンポルノ」である。(14) これらの部分を取り除くと、「現実」の部分として、①桐の一座のショー、②楽屋の生活風景やインタビュー、③ショーで桐を紹介する小沢のジョッキー、④桐の妻である春日トミが神棚を清める日常の一コマ、などがある。このように見ると、これらの「現実」は、「トクダシ(下)」で描かれたルポルタージュの内容から採用されたものであることが推測できる。例えば④は、春日トミを「巫女」と描いているところから発展させている(小沢 1972.8: 88)。そしてこれらの「現実」の要素は、LPの第四作で用いられることになるのである。

公開時の映画評を見ると、『日活ポルノ裁判』(一九七五年)などの著作もある映画評論家の斎藤正治(一九三〇~一九八七)が、藤井克彦監督の「新しい貌」としてこの作品を評価している。現実部分の桐と物語部分の桐を混ぜ合わすことで、「異形の性」をもつ桐が浮かび上がってくること、また、虚実を混ぜるこのような方法自体はよくあることであるが、現実部分には白黒、物語部分にはカラーを使いながらも、時にそれらを逆転することで虚実を「無遠慮に浸蝕」させることに成功していることを賞賛している（斎藤 1974: 150）。

虚実を混ぜて「実録」を作るということは、小沢が『日本の放浪芸』で行なってきたことである。そのような意味でも、『実録桐かおる』は、小沢の第四作が制作される以前に一つの小沢の「企画」が大きく反映した姉妹作のようなものであり、小沢の影響が顕著であるということができるのではないか。

一方、映画の桐の描写には、桐を「同性愛芸能者」とする小沢によって形成されたイメージが反映され過ぎているように見受けられる。そう思われるのは、この翌年に『週刊サンケイ』に掲載されている田中小実昌と桐との対談「ストリッパーNo.1桐かおる〝ワイセツ受難〟を語る〝レスの女王〟が初めて明かす「特出し人生二〇年」」には、小沢のルポルタージュでは目にしない、自然体の桐の姿があるからだ。桐も一条の逮捕の翌年である一九七三年三月七日に、一条と同じく大阪の吉野ミュージックで大阪府警に検挙されており、対談のタイトルの「ワイセツ受難」とはそのことを指している。対談の内容からは、今回で一一回目の検挙であること（これは一条より多い）、保釈後も以前と同じく舞台

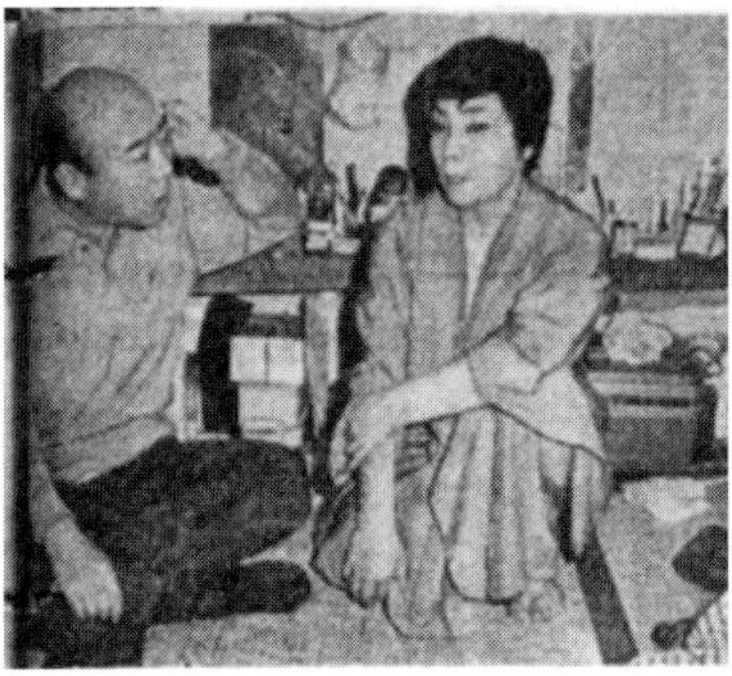

「楽屋で語り合うお二人」。左が田中小実昌、右が桐かおる（「桐かおる〝ワイセツ受難〟を語る」、『週刊サンケイ』、1973年4月6日、164頁）

をしていること、田中小実昌が一条以前にデビューしていた桐を知っていること、博多まで桐の舞台を見に行っていること、この前の年に舞台で共演していることが理解できる。桐は親しげに「コミさん」と呼んで、縛られる役で舞台に出ないかと冗談とも本気ともつかぬ調子で誘う。二人は友達言葉で話している。一部を引用しておく。

田中　だけど男役〔桐のこと〕が、いいオッパイで…。

桐　いいじゃないの。あくまでもショーだもン。お客は、そのオッパイ見に来てんだからええよ。舞台の上じゃ、あくまでもあたしは女だ。

田中　いいけどさ、前よかオッパイ大きくなったからね。去年〔舞台で共演したとき〕少しさわったけど、今日はさわらしてくれないね〔笑い〕。

桐　そのかわり、〔腹に〕ポテもはいったンよ。大阪時代はやせててスマートだったけど。

田中　女役の人が間違えて、おふくろさんみたいな気持ちになっちゃうんじゃやない?

桐　レズって、男になりきったらだめなんやね。女とわかるところがいいところよ。

（『週刊サンケイ』1973.4.6: 164）

小沢のように桐の「無頼の半生」や〈だまし〉には関心のない「コミさん」を前にして、桐は聞かれなくても過去や舞台裏を自然に会話に織り込んで語り、クリエイティブな演出家としての顔を見せる。桐が小沢に語る桐の半生に疑いを挟む必要はないが、それは小沢の主観が色濃く反映されたものと捉える必要がある。要するに、小沢が桐に求めたのは、桐の中にある「同性愛芸能者」というイメージだということである。

第四作の構成と聴覚的内容

一九七七年二月、第四作『まいど…日本の放浪芸』は発売された。

装丁をはじめとするデザインは、第一作からの渡辺千尋である。アルバムのボックスのジャケット写真では、一条と桐が二人で並んで映っている。この写真については二〇一六年CD復刻版に付属の「別冊 日本の放浪芸」の市川のコメントに、「衣装は、小沢さんの指示で、桐さんは黒の紋付袴、一条さんは〝芸者の礼装〟のイメージで、黒の留めそでとなった[15]」とある。実際のショーで二人がともに演じることはない。第四作の解説書は、第三作までの解説書とは異なり、収録内容一覧のほかは写真のみで構成されているが、これも前半が一条、後半が桐および桐一座というように二つのパートに分けられて、それぞれの舞台あるいは楽屋で撮影された写真が使用されている。レコードも全四枚のうち、壱枚目と四枚目が桐かおるとその一座、弐枚目と参枚目が一条さゆりに、別々に割り当てられている。制作の担当はこれまでと同じく、ディレクターが市川、取材・構成が小沢、録音が村岡、写真が椎橋晟（ケース表紙・とびらカラー写真）・中谷陽（一条）・小沢（桐）である。

以下は、レコード解説書に記された各面の見出しとその収録内容のトピックを抜き出したものである。各トピックの長いタイトルは、小沢が聴者のことを考えて内容が分かるように付けたものであるという（市川 2000: 132）。

壱枚目

A面 小沢昭一のストリップ・ジョッキー（付）マナイタ・ショー

〈はだかショー概論…ストリップはケシカラヌもの、ハイ、でも私愛してます〉（堺ミュージック・大阪）

B面 桐かおるの楽屋のぞき録音（堺ミュージック・大阪）

〈ジャストモメンタわたし外人・クロはシロよりつらいわ・バレーしとるのやないぞ〉

弐枚目

A面 一条さゆりの楽屋訪問（木更津別世界）

〈エッ、一条さゆりが舞台出てるの？・いっそパンツ見せたら・祈るような気持ちでした〉

B面（続）一条さゆりの楽屋訪問（付）小沢昭一賛助出演

〈どこまでも組んでやりましょうネ・ちょいとヒモの気分・カス汁いただきましょうよ一緒に〉

参枚目

A面　一条さゆりのステージ（木更津別世界）
〈裁かれた私は本当によかった、お上の方ありがとうございました・柏崎の雪は冷たかった（独唱二曲）・こんなに客につくす芸が他にあるか〉
B面（続）一条さゆりのステージ（付）小沢昭一対談（「雑草の歌」より）
〈トコロテンまで売り歩いて、お酒サービスするから許してネ、一条さゆりには悲しい流行歌がよく似合う（ベッド・ショー）〉

四枚目

A面　桐かおるの生活と意見（付）レスビアン・ショー（桐かおる・春日トミ）
〈ズベ公時代を後悔してないよ、ストリップは硬派の仕事、ストリップ屋を貫くよ〉
B面（続）桐かおるの生活と意見（付）レスビアン・ショー（桐かおる・春日トミ）
〈レスのコが幸せになってほしい、春日トミは巫女、ケイサツを憎んでませんよ〉

（傍線は引用者）

これらも第三作までと同様、トピックでのトラックはなく、片面一バンドが貫かれている。内容は大きく分けて、①ショーの様子の現地録音、②ステージ裏の楽屋でのストリッパーたちの日常会話と日常の生活音の現地録音、③楽屋でのインタビューの現地録音、④小沢の語りのスタジオ録音、という四つの要素を素材とした「録音構成」によって作られている。それも、①から④の要素が重層構造となっていることで、これまでの三作以上に密に一つのバンドが一つの世界として織り込まれている。このことは、後のCD化に際して、この第四作のみがトラック分割がされなかったことにも表れている。

各レコード各面の内容を、聴覚的な特徴にフォーカスして概観する。

壱枚目A面の冒頭は、大阪の堺ミュージックで興行中の桐一座のショーで始まる。ショーのオープニングでは、当時の日本で「ムード音楽」として一世風靡していたポール・モーリア・オーケストラによる《この胸のときめきを》が使われており、当時の桐一座で使用された音楽のレパートリーの情報を伝える。(16) ジョッキー役の小沢の語りによるショーの実況解説(スタジオ録音)は、スポーツ中継に似て非なるもので、「このレコードは今何をしているのか、舞台の実況中継を詳しく説明しないところが特徴」(小沢 2004: 436)という冗談めかした調子で始まる。実際、小沢の中継は舞台を描写し続けるものではなく、舞台の音声の動きのない間は、ストリップの歴史・ストリップの現状・一条と桐の紹介が、実況解説とともに語られる。**壱枚目B面**は、桐の楽屋でのストリッパーたちの会話や生活の音の録音である。A面が桐一座の舞台、B面が桐一座の楽屋、という物理的な盤面の構成によって、A面からB面に入った聴者を実際のストリップ小屋の楽屋に入ったようなバーチャル体験に誘う。(17)

弐枚目A面は、針を落とすや、不安を煽るピアノと弦楽器の不協和音が鳴り響き、それに導かれて小沢の緊迫した声が一条さゆりの逮捕劇を朗読するという、『日本の放浪芸』シリーズにしては

やや ドラマチックな幕開けである。このことは、第四作の制作の意味が、一条の逮捕と服役という事件に覆われていることを示している。それに続く一条との対話は、小沢が一条の最後の舞台である一九七六年の正月興行中の木更津別世界を訪ねて（一月五日）、一回目のショーの後に楽屋見舞いをしたものである。再逮捕を避けるために舞台でどう演じるか、役者の仲間意識を見せて助言をする小沢の声と、心配を訴えながらも次の舞台の出番に備える一条さゆりの動作が、プロの役者としての二人の関係を生々しく伝える。[18] **弐枚目B面**では、二回目のショーに向う一条とともに、突然舞台に飛び出した小沢が応援演説をする。小沢の声はある種の悲痛さを含んでおり、優れた芸能者は抑圧されてこそ花開くという持論を小沢自身が忘れて、一条の再逮捕を恐れていることが伝わる。

「ピンクTVに制裁」

出演ストリッパー逮捕

大阪府警

一条　さゆり

引退声明やテレビ出演などで話題をまいていたストリッパー、一条さゆり(34)=本名・池田和子、大阪市西成区鶴見橋三丁目=が七日午後、同市都島区都島町の「吉野ミュージック劇場」=島羽武弘支配人(50)=に出演中、大阪府警保安一課と都島署に公然わいせつの現行犯で逮捕された。同府警は「ストリッパーがテレビでいかがわしい踊りをみせるなど、もってのほか。テレビ局に反省を求める意味で、逮捕に踏み切った。今後もテレビ番組がピンク路線を突走る場合は、刑法一七五条（わいせつ文書の頒布）を適用して取締まる」といっている。これに対して、テレビ局側は「表現の自由に関わる不当な干渉」と一斉に反発している。

調べによると、一条は七日午後二時ごろ同劇場で全裸で踊っているところをつかまった。これまで大阪府警や京都府警、千葉県警などに公然わいせつ容疑などで九回逮捕されている。現在執行猶予中。しかし三月ごろから「引退興行」と名づけて京都や大阪の劇場に出演、最近では週刊誌にも紹介されていた。

一条の出演したテレビ番組は、先月中旬放映された「3時のあなた」（関西テレビ）と、今月一日の「11PM、見せた関西ストリップの妙技、レズショーをのぞく女子大生のポルノ感覚」（読売テレビ）の三つ。

なお、七日の手入れでは、一条のほかに十人の踊り子が同容疑で逮捕された。

番組規制なら問題

大西信義読売テレビ制作第一課長（11PM制作担当）の話　府警のねらいが、間接的にもせよテレビ番組を規制しようとするものであれば、問題だ。正面切って「表現の自由」をいうわけではないが、わいせつの基準を警察が規制していく動きは、日活のポルノ映画事件にもよく現れている。テレビ制作をチェックしてくるなら、対処法を考えたい。

「ストリッパーがテレビでいかがわしい踊りをみせるなど、もってのほか。テレビ局に反省を求める意味で、逮捕に踏み切った。」という大阪府警の見解を伝える記事。「ピンクTVに制裁　出演ストリッパー逮捕　大阪府警」、『朝日新聞』、1972年5月8日、夕刊、3面

また楽屋へ戻って一条との対話の現地録音が続くが、途中で例外的に、小沢のスタジオ録音の語りによる一条への賛辞――「この方の舞台は感動的だった。」――が静かに挟まれる（小沢 2004: 459）。

参枚目A面B面は、その三日後（一月八日）に市川と村岡が二人で録音に行った、千秋楽のステージを中心に構成されている（市川 2000: 129）。物語の主題は、一条の裁判についての小沢の見解である。舞台上の一条による、「裁かれた私は、ほんとによかった、〔…〕お上の方、裁判所の方、裁判官の方、本当にありがとうございました」（小沢 2004: 469）といった判決への肯定的な言説、アカペラで歌われる一条自身の人生を詠み込んだ《いのち花》《扇町のおんな》の現地録音の後、ルポルタージュ「トクダシ（上）」で描いた、客に「尽しきる」一条についての文章（小沢 1972.7: 102）が小沢のスタジオ録音によって朗読される。一条の服役直前の催し「雑草の歌」[19]で小沢と一条が対談をした際の録音が挿入されて、一条のストリップ劇場での逮捕は一条のテレビ出演に対する見せしめであり不当である、という小沢の批判が口早に叫ばれる。[20]再び木更津別世界の正月興行の現地録音へ戻る。ステージの一条が自ら買ってきたお酒とお菓子を客席に振る舞い、観客たちと語り合う模様は、後に鶴見俊輔が「この人は、〔…〕ストリップを見に来る客を愛しているということが伝わってくる」（鶴見 1997: 117）と評した名場面である。着衣のままの一条の生涯最後の「ベット・ショー」の録音が挿入された後、小沢のスタジオの語りによって一条の交通事故の近況が告げられ、一条の幸せを祈る言葉で厳かに締めくくられる。

四枚目A面B面は、堺ミュージックの楽屋で行われた桐へのインタビューの録音、桐かおるとその妻の春日トミのショーの現地録音[21]、小沢の語りのスタジオ録音が交互に現れたり浸透したりして絡まる「録音構成」である。四枚目については、以下で二つの「声」を聴くことに踏み込んで検討する。

マイノリティの声を聴く

まず一つ目の「声」は、性的マイノリティの声である。

桐についてのルポルタージュ「トクダシ（下）」（一九七二年）では、桐を形容して「常人を超える」「同性愛芸能者」という用語を使用したことを先に観察した。それは、「クロウト」であることの条件として描かれたのであった。ところが第四作では、そのような小沢の意識に刷新が図られたことが、次のような対話から理解できる。

桐　私、付き合っている人は、もう本当のレスの人ばっかしでしょ。
小沢　はい、はい。
桐　そんな人のほうがきれいでいいですよ。
小沢　なるほどね、うん。

桐　もしそういう人が不幸だなとか言ったら。
小沢　はい。
桐　もう私はほんと、悲しくなるよ。
小沢　なるほど、うん。
桐　なんとか幸せになってほしいなとかね。
小沢　はい、はい。
桐　どうしてあの人がこう不幸になるかなと思ってね。やっぱりこう、なんていうんか…普通の人から見たら、こうね、普通の生活でないでしょ。
小沢　はい。
桐　なんとかうまくいくようなあれして、やっぱりああいう生活の人でもうまくいくんだな、って。
小沢　うん、なるほど。はい。
桐　世間の人から思わしたいですね。
小沢　はい。でも、なにが普通だか、分かんないですからね。
桐　うん。
小沢　ただ人数が多いっていうのを、普通っていうふうにね。
桐　うん。

小沢　世の中でなんとなくしているだけで。
桐　うん。
小沢　それだけのことで。
桐　はい。
小沢　どっちが普通だか、まあ、分かんないわけなんですよね。だんだん増えてくると思うんですよね。
桐　そうですね。
小沢　まして、女の人が経済力もってくると。
桐　うん。
小沢　ますますそうなる傾向は多分にあると思いますね。
桐　ま、そのうちそういう人ばっかし集まって、何かでっかいショーでも組んでみたいですね。
小沢　そうですね。(22)

この会話の内容からは、小沢がホモセクシュアルであることを「常人を超える」とか「クロウト」であるとかいったかつての自分の芸能論の概念からようやく切り離し、マイノリティの問題——世間では「人数が多いっていうのを、普通」とすること——として捉えるという視座を獲得したことが理解できる。また、小沢の相槌は、「はい」「ふん」「うん」の中間くらいの音調で揺らぎつつ、情緒的に相手に寄り添っており、桐への共感、桐の演出家としての仕事への敬意が伝わってくる。それは、芸能座の座長となり演出を手掛けるようになった小沢が、座長・演出家である同業者としての桐を意識したことで、自らもまたなんらかのマイノリティであることを理解したものと推測されるのである。

この桐かおるとの対談のタイトルに、「桐かおるの生活と意見」という題名が付けられていることは重要である（先のレコードの目次の傍線部分を参照）。「……の生活と意見」というタイトルは、この第四作では桐との対談にのみ用いられている。このタイトルの表現は小沢の創作ではなく、直接的な起源としては、一九五一年から一九五二年にかけて雑誌に連載された『伊藤整氏の生活と意見』（一九五四年に河出書房より単行本化、一九五七年に角川書店より文庫化）があるだろう。伊藤整（一九〇五～一九六九）のこの連載は、D・H・ロレンスの小説『チャタレイ夫人の恋人 *Lady Chatterley's Lover*』（一九二八年）の伊藤による無修正版の日本語訳（小山書店、一九五〇年）が、同年に「わいせつ文書」として刑法第一七五条「わいせつ物頒布」の罪で起訴されて翌年に始まった、いわゆる「チャタレイ裁判」を取り上げたものである（一九五七年に最高裁で上告棄却、検察側勝訴）[23]。『伊藤整氏の生活と意見』の連載とその単行本の出版後、多くの雑誌がこの「……の生活と意見」というタイトルを使い始めた。国立国会図書館に所蔵されている雑誌記事で、最も早い時期のものからいくつから例を挙げておこう。

「長谷川一夫の〝生活と意見〟」(『週刊東京』、一九五六年六月)
「パキスタン人の生活と意見」(『経済時代』、一九五六年六月)
「娘は外で何をしている——サラリー・ガールの生活と意見」(『週刊読売』、一九五六年七月)
「十万円の貯蓄を達成した私の生活と意見」(『オール生活』、一九五六年八月)
「花形選手の生活と意見」(『ベースボール・マガジン』、一九五六年八月)
「アルバイト学生の生活と意見」(『学燈:受験の国語:大学入試マガジン』、一九五六年一〇月)
「交響楽団員の生活と意見(座談会)」(『芸術新潮』、一九五六年一一月)
「浜村美智子の生活と意見をきく」(『ミュージック・ライフ』、一九五七年六月)
「大阪サラリー奥様の生活と意見」(『婦人生活』、一九五七年七月)
「肯定一路(1)私の生活と意見」(『教育新潮』、一九五九年七月)[24]

ただし、「芸術か、わいせつか」が主題となった「チャタレイ裁判」に対して、小沢は距離を置いているようである。「チャタレイ裁判」の弁護人であった正木ひろしと作家の小中陽太郎との鼎談において、次のような小沢の見解が表明されている。

小沢　ぼくは猥せつといわれるものが美しいとか、芸術だとかなんてけっして思っていない。すごくくだらないというふうに思ってるわけです。

だからこそ、しっかりと愛してたいせつにしていきたいという気落ちがある。ぼくはそういうくだらないものを愛するくだらなくすばらしいひとを、自分の仕事を通して増やしていく作業をつづけていかなければならないと思う。

（正木・小沢・小中 1974.6: 206）

芸術とわいせつを二項対立として扱うことを拒むこの小沢の発言に対して、正木は即座に異を唱える。二人の意見が折り合いをみせることはないだろう。

序章で見たように、小沢は一九六〇年代の初頭から「トルコ道」を究めるイメージを自己プロデュースしながら、成人向け週刊誌で星の数ほどの対談・鼎談・座談会をして、人々の「生活と意見」を聴いてきた。ゆえに、「生活と意見」こそがその人を理解し、そして人々に共有してもらうための最も優れた方法であると、いわば「対談師」の真剣な仕事として認識していたと考えられる。それは、自らも出演した深夜番組「11PM」でのストリップ特集で、「桐かおるや一条さゆりの、生活と意見といったフィルム」が流れたことを、「硬派」であると小沢が評価している（小沢 1972.7: 99-100）ことにも表れている。

小沢はストリッパーに本当に触れるためには、視覚や触覚によるのではなく、聴覚によって彼女らの生活や意見を聞くしかないと考えていたと思われる。楽屋という、舞台での〈だまし〉の行為を作る現場であり、普段は観客には見せない場所において録音された対談は、芸能者の環世界を掬い取ろうとしている小沢の意図を伝えるべく機能しているといえる。(25)

騙《かた》られた「神がかり」の声を聴く

もう一つの「声」は、梓弓の音に伴われた「梓みこ」の間山タカ（巫女）の声と、そして「憑依」された春日トミの声である。間山タカは、第一作の第4枚目「語る芸＝盲人の芸」に収録された芸能者である（第一章）。

第四作の四枚目には、桐と桐の妻である春日トミが出演しているショーの録音が、桐と小沢の対談の録音と交互に配置されているが、そのB面の七分一二秒あたりで、小沢のスタジオ録音の語りが「この春日トミさんは、自分の肩に何かがとりついていて、なんだかとっても怖いと、楽屋の棚にお稲荷さんを祀って、拝んでいます」と挿入された後、春日（と想定される人物）が柏手を打つ音が聞こえる。この春日に憑依される巫女のイメージを重ねるコンセプトは、「トクダシ（下）」（そして『実録　桐かおる』）ですでに描かれたものである。続いて、楽屋での春日と他の踊り子との会話が次のように切り取られて挿入される。

春日　私ね、大変やったとよ。あそこでなにいわれるさ。もうひっくりかえりそうになってからにさ。

踊り子　ほんとお。

春日　そしたら、赤塚先生に見てもろたらね、男の死んだ人とさ、女の死んだ人とお稲荷さんのところ来てね、もうなんか憑いてるうって私もう苦しくてたまらんかったんよ。

踊り子　だれが憑いたと？

春日　男の人と女の人。死んだ人があったあそこで、男の人と女の人。

踊り子　ああ、●●●で。

春日　うん。それでお稲荷さんがものすごく祀りが悪いって。〔…〕苦しかったあ。もう死ぬと思った。困るよお、私の体は。いっつもビールをね酔っぱらうほど飲んで寝るとじゃけん。こわいけん。もうわかるのね、目の前にブワーッとくるけん。こわーい。[26]

（●●●は聞き取り不能）

この会話の録音個所は、小沢が非常に気に入って必ず使用したいと編集時の構想に固まっていたことが、「小沢昭一のスタジオ編集〝のぞかれた録音〟」（CD『特別秘蔵音源集』）という、第四作の編集時の一コマを小沢に内緒で村岡が録音したメタ的な録音資料にある小沢の発言から理解できる。[27]

重要なのは、春日がこのように話し終えるあたりから（八分三八秒）、第一作に収録されていた梓みこの間山タカの唱えごと・梓弓が打たれて鳴る音・イラタカ数珠の擦れる音（第一章）が重ねて挿入されることである。[28] そこへ、桐と春日のショーの音楽と、春日が舞台で壮絶に喘ぐ声と舞台を叩く音が重ねられる。さらに、この桐と春日のショーの様子を描く、次のような小沢の語りが重ねられる。

私は、こんな観覧物を他に見たことがありません。

これは芸というより、一種の憑き物のとりついた姿です。春日さんに陰獣がとりついたのでありましょうか。昔、巫女は神降ろしの呪文や音楽の果てしない繰り返しの中で、神がかりし、神と一体になり、あるいは神と契りました。そしてその神がかりには、サニワと言われる付添人が、その神がかりを誘導し、狂乱を煽り、神のお告げの通訳ともなりました。春日さんが神がかりする巫女であるならば、桐さんはサニワでありましょう。私は春日さんの恍惚忘我、錯乱狂気する姿に、人間が神と交流していたころの、古代的な神がかりを見る思いがいたしました。エロを超えて恐怖すら感じたんです。

そしてしかも、その地獄極楽絵巻が一日四回、同じように繰り返されるとは。さらにしかも、ケロリと楽屋に戻って、平静なる日常生活に帰り、呵々大笑するとは。[29]

（傍線は引用者）

右の小沢の語りの内容は、この四年ほど前に執筆されたルポルタージュ「トクダシ（下）」に、以下の対応する部分がある。

こんなに刺激する芸が他にあるだろうか。

いや、芸ではないかもしれない。

これはもう狂乱なのであろう。

狐憑《つ》きというのがあるが、これは、執拗な摩擦の反復によって、陰獣が憑いてしまったのであろう。

これは、芸というより、一種の〈神がかり〉なのだ。

☆

私は、古代の巫女《みこ》の神がかりを想起した。むかし巫女は、神を招き降ろして、神と一体となり、或いは神と契った。巫女は、神を呼ぶ呪文や楽器の、果てしない繰り返しの中で、次第に恍惚忘我の状態となり、体がふるえ、口からうわごとを発して、やがて狂乱の中に神がかったのであるが、その神がかりには、審神者というものがいて、神がかりを誘導し、狂乱を調整して、神のお告げの通訳ともなったのであるという。

桐かおるは、まちがいなく審神者であり、春日トミは巫女であった。巫女の〈神がかり〉が芸能の始源であるとすれば、「レス」は古代的な芸能であると言いたくなる。

とにかく、私は脳髄までシビレタ。


（小沢 1972.8: 88）（傍線は引用者）

一重の傍線を施した部分を比較すると、「トクダシ（下）」では、「巫女の〈神がかり〉が芸能の始源であるとすれば、「レス」は古代的な芸能」といったように、巫女の神がかりと「レス」による芸能の繋がりに距離を置いた書き方をしているが、第四作では、「人間が神と交流していたころの、古代的な神がかり」といった直接的な表現が使用されている。また、「トクダシ（下）」では、あたかも小沢まで憑依状態であるかのような躍動感ある表現が使われているが（例えば中央の「☆」や「シビレタ」）、第四作では、朗々とした語りに適した表現に書き改められている。実際、第四作のこの部分を読む小沢の声は、「恍惚忘我」の状態をいかに冷静に人に伝えるかを技術的に試みているように思われる。

第四作の二重の傍線を施した部分は、「トクダシ（下）」にはなかった新しい一節である。春日トミが「神がかり」のあとで「ケロリと楽屋に戻」ること、つまり春日の「憑依」が実際には騙られた表現であることを受け入れる、新しく加えられた演出家としての小沢の視点である。「憑依」の真偽ということは、第一作の巫女たちに対しては、踏み込まれることのなかった領域であった。その意味では、第一作における小沢の巫女の「憑依」の扱いは、従来の民俗学を出るものではなかった。ところがこの時期、折口信夫（一八八七～一九五三）の影響を受けた早稲田大学教授の本田安次（一九〇六～二〇〇一）との間に、次のような対話が見られる。

本田　たとえば神がかりするために巫女が舞を舞うでしょう。それは芸能じゃない。それは本物の儀式でしょう。それをまねるところに芸能が生じた。これは折口先生の説だけれども、まさにそのとおりだと思う。まねるということ、騙るということは、如実にまねる、あるいはなにか自分の心にもっていた意を表現しようとして作ることなんだ。それが芸能のいちばん根本でしょう。そのことをいいたかったわけでしょう。

小沢　はい。しかもそれが職業芸になってきたときに、お金という問題と今度はからみまして、もっと俗に、収入が多くなるようにつとめる。そのためには受けるといいますか、つまりお客が刹那的にでも、喜ぶように喜ぶように、という工夫が重なっていく。そのへんが私は芸能の立場からとてもおもしろいと思う〔…〕。（五来・本田・小沢 1974.1: 14）

本田の言説を肯定しつつも、「本物」を「まねる」ことを「騙る」とする本田の抽象的で実証不可能な理論に対して、芸能者としての小沢の言説は、「お金に換える芸」としての「騙る」に着目する具体的な実践の理論に基づいていることが理解できる。

春日トミの騙りの「憑依」について語る小沢の声は、他の個所よりも感動を含ませた巧みな表情を見せている。演劇における憑依の「真偽」を越えて、芸能者の生きる環世界を共有することによって、小沢の「シロウト・クロウト」の「マドイ」は徐々に必要のないものとして消滅していく方向へ向かったように思われる。

「なにものかに尽くし切る」芸能論

一条の裁判が進行する中、一条の芸が「わいせつ」ではなく「芸術」であると証言するために出廷した駒田信二、田中小実昌、孝学靖士[30]と異なり、小沢は一度も法廷に赴くことはなかった。「ストリップは芸術である」という言説の解体を図って一条の「わいせつ」な側面を褒め称えてきた小沢が、「芸術か、猥せつか」をめぐる裁判ではそうした自分の発言が不利になると考えたのは当然であろう。小沢は一条の服役中、折りさえあれば和歌山刑務所の一条を見舞った。そして、一条を支えるとともに、自分が編集長を務める雑誌『季刊　藝能東西』(一九七五年三月創刊)に「小沢昭一の芸能散史」という小沢専用の場所を設置して、その中にルポルタージュ「一条さゆり以後の一条さゆり」の連載を始める。内容は、一条との対談、法廷記録、弁護人の杉浦正健《せいけん》のコメント、そして小沢自身の「傍白」である。一条の出所後、小沢は連載の最終回(一九七七年七月)の「傍白」で、自分が証人として出廷しなかった理由を次のような方法で説明する。

一条さんのトクダシは、しかし、ワイセツではなかった。
いや、ワイセツはふつうにワイセツだったのだが、彼女の真剣さや優しさがワイセツを包み込んで、むしろ、いつくしみの心が伝わるような舞台であった。感動する客も多かった。私はいつもナケテ来た。彼女の、客に、人間に、あるいはなにものかに尽くし切る心に私はナケテ

来たのである。〔…〕

数多くのトクダシストリップの中には、ワイセツを超えたナニモノカを観客に伝える踊り子が、確実に何人かはいる。

しかしである。

どうも法律の場では、「ワイセツを超えたナニモノカ」だの「ナケタ心」だの「イックシミ」なんて言っても、所詮は、通らないことのようだ。

だって、「陰部を露出」したかしないかだけを問題にするところなんだから。

だから、法律とはそういうものなら、法律は法律で好きにやってくれ、むしろ、こっちはその法律の網の目をくぐってやろうじゃないか、というふうに私の考えは進む。

そして、日本の芸能史は、法網をくぐるエネルギーで進歩発達して来たのだという話に及ぶのであるが、それはもう、以前いろいろと述べたこともあるのでここでは止める。

（小沢 1977.7: 232-233）（傍線は引用者）


先に見た「トクダシ（上）」では「客に尽くしきる」とされていた一条の特色が、ここにきて「なにものかに尽くし切る心」と書き換えられていることに気がつく。また、最後の部分に、「以前いろいろと述べたこともある」とあるが、「以前いろいろ」とは、例えば『私は河原乞食・考』（一九六九年）の中の、

もしかしたら、払底しきれぬ、怒りや涙が、
押しひしがれた屈辱が、はらわたの底の底にかたくたまって、
それが、
芸能の原動力になっていたのではなかろうか。
俳優の力の源になっていたのではなかろうか。

（小沢 1969: 100）

というような、小沢の芸能史において繰り返されてきた、芸能者における社会的な差別や抑圧とその乗り越えについての問題系である。それがこの「傍白」では、論理的な芸能論の形を見せている。つまり、まず「なにものかに尽くし切る心」が法廷では説明不可能であり、ならば「法律の網の目をくぐって」いくしかなく、ゆえにこのようにして「日本の芸能史は、法網をくぐるエネルギーで進歩発達して」いくしかない、という論法をとる芸能論となったのである。

小沢は、一条の逮捕・裁判という出来事を通して、駒田の神話から独自に発展させた「なにものかに尽くし切る」一条のイメージとして描くことで、自身の芸能論を完成させたといえる。この芸能論は、芸能者となるためには「なにものかに尽くし切る」ことだけが重要であるから、小沢が迷い続けてきた芸能者となるための条件としての「シロウト・クロウト」の芸能論による「マドイ」から、ついに小沢を解放させることになったと思われるのである。

小沢がこの自らの新しい芸能論を咀嚼していく過程が、同じ頃に書かれた小沢のエッセイ「適業」[31]のなかに観察できる。小沢はこのエッセイを、俳優業が自分に適しているのかという問いで始めて、最後にその問いが消えていくさまを示す、次の一節で終えている。

自ら選んだ道ではなく、止むなく選ばされた……というより、そうせざるを得ない道をたどって、仕事の成果をあげ、生きがいをやがて見つけた人々を、私はたくさん知っている。芸人だけに限ってみても、好きで始めたわけでなく、仕方なしに足をつっこんで、やがて自らの適業にして行った名人上手のなんと多いことか。

適業は見付けるものではなく、作りあげるものであると心得た。（小沢 1976: 13）

ここに表現されているのは、「そうせざるを得ない道」で「生きがい」を見つけて「適業」を作りあげるという芸能論である。この「生きがい」こそ、「なにものか」に対応する別名の一つであり、より一般的な概念であると思われる。小沢は、海軍兵学校へ入る前夜に行った神楽坂演芸場で、「なにものか」が涙を流させたと『私は河原乞食・考』で述べていた（小沢 1969：266）。それが『日本の放浪芸』の旅先での「そうせざるを得ない道」で生きる芸人たちとの出会いを通して、小沢にとっての「そうせざるを得ない道」とは、そのような「なにものか」に尽くし切ることであると学んだのである。

この芸能論を小沢が実際に舞台の上で試みるのは芸能座[32]である。芸能座についても『日本の放浪芸』以上に、著作や研究がほとんどない。今後、芸能座と同時代を生きた方々や演劇の専門家たちによる「声」が待たれるところである。

ストリップを聴くことの意味

最後に、小沢がストリップという視覚的な芸能を、あえてLPレコードという音響メディアに記録したことの意義を考察する。

家庭用ビデオが一般的になるのは一九八〇年代を待たねばならないとはいえ、ストリップという芸能を扱った一九七〇年代の日活ロマンポルノの作品のみならず、例えば一九六〇年代の武智鉄二（一九一二〜一九八八）が前衛的な成人映画『白日夢』（一九六四年）で雅楽や能楽などの伝統芸能を用いたように、映像メディアによって芸能の保守性を問うといった運動は可能であったはずである。したがって、ストリップをあえて音響メディアによって、聴覚において再構築する必要が、小沢にはあったのだ。それは以下の二点にまとめられる。

まず、テレビによって茶の間に視覚情報があふれ始めた時代に、テレビでは見せることができないパフォーマンスが存在していることを世に知らしめるためである。これは裏を返せば、一条が茶の間ではなくストリップ劇場というクローズな場所で女性器を見せたことで逮捕されたこと、そして一条がテレビ出演によって有名になっていたことが逮捕の原因のひとつであったという事実への批判である。次に、法制度や行政が「無形文化財」としてこの先も決して指定するとは考えられない視覚的に「わいせつ」とされるストリップを、聴覚的にとらえることで「わいせつ」ではないものとして提示する可能性を示すためである。

小沢にとって、レコードでストリップを聴くことは、「ストリッパーの人生と意見」の存在に耳を傾け、芸能者としての彼女らの環世界をまるごと共有しようとする行為である。これまで保存や記録に無関心であった小沢が、この第四作だけは保存されたいと初めて思ったと、レコードの中で告白している(小沢 2004: 479)[33]。ストリップを見たいという欲求と、ストリップを保存したいという欲求が結びついたこの第四作は、人間に内在する文化の「保存」の欲求をついに自分の内にも認めつつ、しかし芸能者の「人生と意見」には関心を示さない「保存」の方法に対しては、批判を投げかけ続けているのである。

まとめ　芸能者の「環世界」のドキュメンタリー

以上で、ＬＰ『日本の放浪芸』の四部作についての検討を終える。本書の結論をひとことで言うならば、四作ともがそれぞれの方法で、それぞれに芸能者の「環世界」を、そして小沢自身の「環世界」を描くドキュメンタリー作品であったということである。また、小沢の主観が際立つ『ドキュメント 日本の放浪芸』シリーズの「語り」が同時代の人々の心を力強く揺さぶったことは、同時代の人々に向けた「文化財」の「語り」における主体の重要性を私たちに教えてくれている。どのような人物が、どのような理由で、それを伝えようとしているのか。私たちはそれを知る必要があるのだ。

本書を閉じるにあたって最後に紹介したいのは、小沢を初めて取り上げた新聞記事であると思われる、一九六〇年五月一九日の『朝日新聞』に掲載された記事「僕は〝ドガジャカ派〟――役柄はなんでもいい」である。その中で、三一歳の小沢は次のように語っている。

「ただ風景を見ても、きれいだな、とは思うがちっともうたれないんですよ。生活のにおいがないからでしょうね。散歩しているとき、子供づれでフロに行く奥さんに、よく出会うことがあるでしょう。ふっと、その人にまつわる生活が感じとれて、あれこれと思いめぐらすの、好きですね」。

（『朝日新聞』1960.5.19: 4）

ここにはすでに、小沢が他者の環世界を知りたいという欲望に満ちた人間であることが現れている。現在では、銭湯へ行く人と「よく出会う」風景はほぼ失われているが、それに象徴されるように私たちは個と個が相手を人として受け入れていた日常の公共空間を失いつつある。二〇二〇年春頃に始まったコロナウィルス感染症の拡大によるリスク回避は、人間同士の物理的な接触を失わせる傾向をあおりもしただろう。しかし同時に、異なる形での個と個の接触を探る時代に入っている、と考えずにはこの困難な状況を乗り越えるのは難しい。現在の無形文化財の保護政策が真に公共のものであろうとするならば、このような時期をきっかけに、一人一人の個の「人にまつわる生活」への視点を備えた新しい「文化財」の伝え方を目指してはどうか、という提案を本書の結びの言葉としたい。

註

はじめに

（1）新劇とは旧劇（歌舞伎などの伝統劇）に対して興った近代日本の演劇運動で、ロシアを含む西洋の演劇をモデルとし、小山内薫（一八八一～一九二八）と土方与志（一八九八～一九五九）が一九二四年に設立した築地小劇場を拠点として始まる。のち、プロレタリア運動との関わりが大きくなり、国家から弾圧を受ける。

（2）厳密には「録音コレクション」と「録音アーカイヴ」は区別すべきものであるが、例えば初期の公的な録音アーカイヴズ機関がフランス（パリ・一九一一年）に設置されたとき、その基盤には万国博覧会（とりわけ植民地が展示された万博）で録音収集された世界の音楽コレクションが多数を占めており、両者は密接な関係を持つ（Cordereix 2006）。本書では両者を、収集した録音資料を保管する《場》として、同様の意味で扱う。

（3）近代日本における「民謡」概念の変遷や、各地から送られた民謡の歌詞を編纂した前田林外『日本民謡全集』（一九〇七年）などの「民謡」の収集運動とその政治的側面については、以下の研究を参照した。品田悦一『万葉集の発明』（品田 2001）、坪井秀人『感覚の近代』（坪井 2006）、渡辺裕『サウンドとメディアの文化資源学』（渡辺 2013）。

（4）ビクターエンタテインメントは、一九二八年に日本ビクター株式会社の音楽事業部門としてレコード生産を開始し、一九七二年にレコード会社として分離独立して以来、ビクターグループ（現・ＪＶＣケンウッドグループ）のエンタテインメント事業を総合的に担うソフト会社である（https://www.jvcmusic.co.jp/company/）。

（5）CD復刻版の『日本の放浪芸』についての解説 https://www.victorfamilyclub.jp/goods/?page=E6799（二〇二二年一〇月一八日最終閲覧）。

（6）日本ビクター株式会社から一九七二年四月に分離独立した音楽事業部門は、日本ビクターの子会社として「ビクター音楽産業株式会社」という別会社となる。一般に「日本ビクター」というとハード会社のイメージが強いため、本書では「ビクター」と略記する。

（7）学術的な研究書において引用の原文個所を明らかにするのは、読者がその原文に直接あたって自らの読みを確認することができるようにする必要があるのと、筆者が筆者の思い込みで人の記憶を捏造しないように常に原文を確認しながら執筆する必要があるからである。かつて、師の一人である井上さつき教授（近代フランス音楽史）に、註は自分のための忘備録であると教えて頂いたことがある。

（8）市川捷護氏へのインタビューは二〇二一年一一月九日、一〇日、二六日の三回にわたって氏の自宅にて行われた。また同年一二月一五日、市川氏より紹介を頂いた小川洋三氏へのインタビューと津島滋人氏への事実確認の協力に市川氏も同席し、一緒に話を伺った。以下では市川氏のインタビューに基づく情報について、前者を（市川 2021.11）、後者を（市川・小川 2021.12）と記載する。なお、市川氏には、二回目のCD復刻の際のプロデューサー市橋雄二氏の紹介の労も頂き、二〇二二年五月六日に両氏同席でのインタビューを行なった。このインタビューに基づく情報は（市川・市橋 2022.5）と記す。

序章

（1）『私は河原乞食・考』は三一書房版のほか、文春文庫（一九七六年、図版はカット）、『放浪芸雑録』（白水社、一九九六年、三一書房版を底本）、岩波現代文庫（二〇〇五年、文春文庫版を底本、改定部分あり）と多くの版を重ねている。本書では三一書房版を用いる。

（2）第二章の章末の市川氏の統計を参照。

（3）俳優座は一九四四年に千田是也を代表として設立された新劇の劇団。戦後、文学座・民芸と並んで三大劇団と呼ばれた。

（4）以下、聞き取り調査については「はじめに」の註（8）参照。

（5）大阪大学演劇学研究室の永田靖教授の教示による。田中千禾夫のほか木下順二など、当時の新劇の劇作家には日本の伝統に題材を取った作品が多く見られる。

（6）川添清のクレジットがあるが、詳細は不明。

（7）連載は一九七一年まで続く。その一部が『昭和〜平成 小沢昭一対談』（全五巻）のうち、第一巻『人類学入門　お遊びと芸と』・第二巻『昭和の世間噺　いろイロ』（小沢 2007）に収録されている。

（8）戦前の国家権力と戦ってきた新劇の傾向は、戦前を生きた新劇人によって戦後に引き継がれた。千田における既成左翼の知識人的な側面については、菅孝行『戦う演劇人 戦後演劇の思想』（菅 2007）にも描かれているが、俳優座の劇団員であった前島幹雄（一九三八〜　）への興味深い貴重なインタビュー（YouTube「前島幹雄チャンネル」／聞き手 杉本凌士・大塩ゴウ）の以下の回で聴くことができる。第5回（二〇二一・六・一八）「俳優座入団と千田是也と安保闘争と」（https://youtu.be/CVld1F1s7Ec）、第6回（二〇二一・六・二五）「俳優座退団、そして世界へ」（https://youtu.be/5mNpBgcanuk）、第7回（二〇二一・七・三）「世界へ…その前に、千田是也氏と」（https://youtu.be/2EPIHE4uLY）。（二〇

二二年一〇月二五日最終閲覧）

（9）ただし「〝エロ事師〟が惚れた大阪の夜」（『週刊文春』、一九六七年一〇月九日）でも、小沢の「トルコ」談議に対して、「もっともかなり耳学問の気配が濃厚」（『週刊文春』1967.10.9:93）などと記者にコメントを書かれてしまっており、小沢のセルフ・プロデュースがまだまだ過渡的であることを示している。一方、「軽薄派・小沢昭一のヨイショリズム サルトルとトルコを同居させる秘密」（『週刊アサヒ芸能』、一九六七年二月一二日）のように、新劇俳優としての小沢と「トルコ」をダイレクトに結びつける記事もある。そしてこのような小沢が作るセルフ・イメージは、「東京で『マン博』を演出する小沢昭一」（『週刊サンケイ』、一九七〇年二月一六日）、「トルコ文化はきびしい取り締まりによって発展する」（『週刊読売』、一九七六年一一月二七日）、「われと来て歌えやトルコ『行進曲』」（『現代』、一九七四年一一月）、「小沢昭一の〝男の郷愁〟を行く あれから20年、旧赤線・遊郭再訪」（『週刊現代』、一九七八年三月九日）という発展をみせて、一九七〇年代には「トルコ」「エロ」といえば小沢へ取材依頼が来るほどに定着する。

（10）秦についての先行研究として、秦の国際的で破天荒な人物像を描いた森彰英『行動する異端 秦豊吉と丸木砂土』（森 1998）、「額縁ショウ」成立の経緯を西洋活人画と比較しながら考察した京谷啓徳「秦豊吉と額縁ショウ」（京谷 2015）がある。

（11）田中は幕の裏でモデルのブラジャーを外すのを手伝っていた（田中 1979: 36-38）。

（12）近世文学の専門家である広末保（一九一九〜一九九三）の「悪所」の概念との関連性は、大阪大学総合学術博物館の横田洋助教の教示による。

（13）大阪大学大学院演劇学研究室博士後期課程の新井静氏による教示。また、マスコミが唐に対して「河原者」を使用した初期の例として、次のようなグラビア頁（「現代〝河原者〟」）の記事がある。「神社の境内、テント張りから響くうら悲しいクラリネットのメロディー……郷愁を誘う「小芝居」の形を、至上の使命と心得る新劇団の若ものたちである。〔…〕——念仏おどり、お国カブキへの回帰。「遊行座《ゆぎょうざ》」と自認する。しかし、古典的情緒に包まれる中身は現代。新しい感覚、はげしい風刺、警句。公演10回目、九〇人から四千人にふえたという若い支持層は、それらに敏感に反応する。一一月にはトラックも購入、地方も巡るというが……都会と同じ反響を期待できるかどうか。」(『朝日ジャーナル』1967.8.27: 83)

(14) 小沢が二〇〇一年に書いた同名タイトル(「落語と私」)のエッセイには、学生時代に加藤武と歌舞伎戯曲『眠駱駝《ねむるがらくだ》物語』(岡鬼太郎《おにたろう》作)を演じたことで芝居に目覚めて、新劇へと向かったとある(『小沢昭一百景・随筆随談選集』④、九一頁)。『眠駱駝物語』については、岩佐壮四郎「岡鬼太郎の喜劇」(岩佐 2015.7)に詳しい。

(15) 「俳優小劇場　第二回　後援会の夕べ」パンフレット(早稲田大学演劇博物館所蔵)に、「Program 3〈1〉試み」として演者に小沢の名前があり、パンフレット後半の鼎談で早野から「試み」とは何かと尋ねられた小沢が、「新劇の先駆者というか、我々の大先輩というか、そういう人たちの伝記を講談でやる——新劇講談といゝますかね(笑い声)余興的要素を半分入れて、あとの半分は自らの新劇の先駆者への思慕を寄せ」と答えている(頁記載なし)。小沢が『とら』を講談と一緒に「俳優小劇場の公演会員のための催し」で初めて板に掛けたという話が、矢野誠一の「「新劇寄席」——「演技」と「芸」を結んだ早野寿郎の演出」に出てくる(矢野 1985.8: 89-90)。

(16) CD(ビクター、二〇一六年、CDS-4231、非売品)の解説書の情報による。早稲田大学演劇博物館所蔵の「新劇寄席」パンフレットからは、俳優小劇場の第一六回公演(第三回日曜劇場公演)として、同じ年の一〇月から一二月にかけて、『こい』(作・森山正行、主演・小林昭二)、『とら』(作・田中千禾夫、主演・小沢昭一)、『ろば』(作・大藪郁子、主演・西村晃)という三本立てで行われたことが分かる。

（17）小沢の新劇寄席については、拙稿「小沢昭一の「ベートーヴェン人生劇場〈残侠篇〉」（一九七〇年）――『題名のない音楽会』における日本の伝統音楽・伝統芸能の役割」、（編著者：沼口隆、安川智子、齋藤桂、白井史人）『ベートーヴェンと大衆文化――受容のプリズム』、春秋社、二〇二三年刊行予定）でより詳しく論じる。

第一章

（1）第二作の発売年が一九七三年であることは、市川捷護『回想 日本の放浪芸――小沢昭一さんと探索した日々』や二〇一五年のCD復刻版に付属の「別冊 日本の放浪芸」に記載されていたものの、正確な発売日が不明であったため、市橋雄二氏（CD復刻版のプロデューサー、公益財団法人日本伝統文化振興財団）に伺ったところ、ビクターでの資料調査を頂いた。その結果、当初は一九七三年一一月二五日発売（一二月新譜）の予定であったものが、何らかの理由で遅延し、一九七三年一二月二五日発売（一九七四年一月新譜）に変更されたようであるとのことであった。こうしたケースでは『総目録』などの日付は変更されていないことがあるとの教示も頂いた。（二〇二二年九月一四日、メールにて）

（2）「はじめに」の註（8）を参照のこと。

（3）このパラグラフは、すべて市川氏へのインタビューに基づいている（市川 2021.11）。

（4）『日本ビクター50年史』の年表の一九五七年三月に「外国マイナー・レーベル日本発売開始」とあり、これがワールド・グループ起源であると考えられる（日本ビクター株式会社50年史編集委員会編 1977: 292）。

（5）このパラグラフは、すべて市川氏へのインタビューに基づいている（市川 2021.11）。レコードの販売数についても市川氏の概算に基づく。

（6）これらの日本盤の詳細については、市橋雄二氏より情報提供を受けた（二〇二二年八月二六日、メールにて）。

（7）邦訳（『ベトコンの戦士たち』、野沢協訳、理論社、一九六五年）ではレコーダーの情報が抜け落ちている個所がある。リフォについて触れた日本語の文献に、大島博光『レジスタンスと詩人たち』（大島1981）がある。「リフォ」の表記はこれらに従った。

（8）Rostan, Philippe, *Les trois guerres de Madeleine Riffaud*, 2010（DVD, Jour2Fête, 2011）.

（9）市川氏へのインタビューでは、当時のベストセラーであった日本大学文理学部闘争委員会書記局編『反逆のバリケード』（日本大学文理学部闘争委員会、一九六八年）を読んでレコードにしたいと思ったこと、大衆団交の録音があると聞いて苦労して全共闘から買い取ったこと、机の上にいつも白ヘルを置いておいて出動可能の状態であり、会社では「一匹狼」と見られていたこと等を付け加えている。（市川 2021.11）

（10）これら「音のルポ」についての事例研究は、渡辺の前掲書（渡辺 2013）の第七章「『ソノシート』のひらいた文化」・第八章「『鉄ちゃん』のサウンドスケープ」を参照。

（11）このオープンリールは一九六八年にＬＰ『昭和の記録』というタイトルで刊行されている。『音の年鑑』の続編はその後もＬＰとカセットテープで出版され続け、そのサブタイトルには「音でつづるドキュメント」と付されている。

（12）これらはいずれも渡辺裕東京大学名誉教授より教示を頂いた。

（13）書評の掲載個所は『テアトロ』、三一八号、一九六九年一一月、九二頁。市川の『回想 日本の放浪芸』のほうでは、「演劇関係の雑誌編集者の友人が会社の事務所を訪ねてきた。入ってくるなり、「この本面白いよ。暇な時に読んでみたら」と言いながら、一冊の本を差し出した。『私は河原乞食・考』というなにやら意味ありげな題名の本だった。著者は小沢昭一。」（市川 2000: 14）とある。

（14）森進一をデビューさせたディレクター鶴田哲也は、もとレコードのセールスマンであったが、ディレクターになるために何度もディレクター試験を受けてビクターに入社し、『日本の放浪芸』を販売していた時から市川を意識していたということで入社後に会いに来たという（市川 2021.11）。鶴田は山口洋子『演歌の虫』（文藝春秋、一九八八年、直木賞受賞作）のモデルとなった人物である。

（15）藤圭子をデビューさせたディレクター榎本襄は、一橋大学での市川の二年先輩で顔見知りであったという。経理課で能力を発揮していたが、ディレクターをさせてほしいと「差し違える」（市川の表現）迫力で辞表を出し、ビクターの傘下のＲＣＡレコードへ配属されてＲＣＡ事業部邦楽ディレクターとなったという（市川 2021.11）。

（16）のちにビクター音楽出版社長・ビクター芸能代表取締役となる。

（17）市川氏はインタビューにおいて、小沢が若くして映画俳優としての様々な賞を受賞したことでむしろこれからどのようにしていくべきか悩んだのではないか、そして自分の劇団を作りたいと思っており、どのように糸口をつかんだらよいか悩んでいたのではないか、との見解を述べていた（市川 2021.11）。

（18）インタビューでは、「放浪芸」と縮めたのは小川氏の可能性もあるという話も出ていた（市川・小川 2021.12）。

（19）太字題目はＬＰ解説書原文、丸括弧内は録音された内容を筆者が解説書より補足したもの。

（20）小さいところでは、「予告」の③「商い芸」にある「独楽廻し」「居合い抜き」「碁・将棋」「物売りＡ大原女Ｂしじみ売りＣ花売り」などが実際の『日本の放浪芸』ではなくなっている。

（21）『日本の放浪芸』、解説書、ビクター、一九七一年、九頁。

（22）ＬＰ『浪花節発達史』（AL-5041-3）の閲覧視聴に関しては、京都市立芸術大学日本伝統音楽研究センターの竹内有一教授、齋藤桂講師に便宜を図って頂いた。

(23) のちに無形文化財保持者となり勲五等瑞宝章を受章する山鹿良之（一九〇一〜一九九六）による演奏。チャリの歌詞の一部を以下に引用する。「さてもここに武者一騎おわします　チンポむけたか彦六左衛門　さてもう一方のかたには有名なる女一人　かの姫にとりてはヒゲハエタカ姫という　その名もまたぐらに陣をとり　緋縮緬の幕はなち　いまや来たれと待ちうくる〔…〕」（小沢 2004: 267-268）。

(24) このような作為のほかにも、山鹿の演奏による《餅酒合戦》の現地録音を倍速にし、「テープを倍の速さで回すと浪花節にそっくり。琵琶も三味線のように聞こえて面白いですね」と語りを入れるなどという、決して文化庁は行なわないであろうことをしている。

(25) この話については小沢もいくつかの文章に書いているが、市川氏によると、出会いのタイミングという偶然性もあったが、村崎が芸能を好んでいて小沢を知っていたことで声をかけてきたという（市川 2021.11）。

(26) これはその後、全国を巡回する。第二章を参照。

(27) このときに猿まわしの実演をしたのは、『日本の放浪芸』に収録されている大阪守口の大村清である。

(28) 市川氏によれば、朝九時から夜一一時まで編集作業をしていたという。（市川 2021.11）

(29) 小川氏の記憶によれば、原宿の「オリンピア」にビクターが借りていた一室に籠り、極めて大変な作業であったという。

(30) ワールド・グループからの初発の値段。同年一一月の新聞広告（本書八二頁）には同じく一二、六〇〇円とあるが、一九七四年六月に開催された「小沢昭一が招いた日本の放浪芸」のプログラム裏に印刷された広告（本書一五一頁）には、一四、〇〇〇円とある。ワールド・グループを含む音楽部門がビクター音楽産業に分社化したことで、一九七三年一二月に「新譜」として発売されたときに値段が上がった可能性がある。

(31) プレイヤーを共同で持っていたケースもあり、すべての場合において聴く機会がなかったという判断ができるかは分からない、という吉田耕一氏（ＣＢＳソニーレコードの元ディレクター、音楽評論家）からのご教示を頂いた。

(32) 小沢とは印税契約であった（市川 2021.11）。

(33) このパラグラフは、すべて市川氏へのインタビューに基づいている。

(34) 上司の鳥尾はポリドールへ、市川は学芸教養部へ異動する。小泉は既に大学に休職の手続きを進めていたため、鳥尾と市川とで状況説明と謝罪に行ったという。学芸教養部は、歌謡曲以外の日本のすべてのジャンルを対象とする部署である。

(35) ただし第三作を節談説教の特集にすることは、少し経ってから決定したという（市川 2021.11）。

(36) カセットテープの発明は一九六二年、オランダのフィリップス社によるもので、日本では一九六六年五月にフィリップスのモノラルの高級機 EL-3301 が輸入販売された。その技術の無償公開となる前、一九六六年六月にアイワが国産第一号コンパクト・カセットレコーダ TP-707P を発売する（阿部 2012: 20-21; 君塚 2012: 219）。後述するように、小沢は第一作の制作以前から、個人でアイワの TP-707P を使用していたようである。

(37) 市川氏によれば、「隠し録り」の後に演者にレコードへの収録の許可を願うと、たいてい喜んで受け入れてくれたという（市川 2021.11）。

(38) 「生録ブーム」を『日本の放浪芸』の背景のひとつとして捉える視野を当時のステレオ雑誌に観察しうる可能性について、岩宮眞一郎九州大学名誉教授より教示を頂いた。金子智太郎は、マイクが捉える音に非日常を見出して音作りを行う喜びが流行を支えたという指摘をしている（金子 2017: 96-100）。それまでのプロフェッショナルな領域での音作り（例えば『日本の放浪芸』のような）にも何かしらの変化を与えたのではないかという推測が成り立つ。

(39) 「アッシには関わりのねェことでゴザンシテ」は、一九七二年に笹沢左保の股旅物時代小説『木枯し紋次郎』がテレビドラマ化されて、流行語となった紋次郎（中村敦夫）の台詞である。

（40）シェーファーのもとで学んだヒルデガルト・ヴェステルカンプ Hildegard Westerkamp の見解。日本サウンドスケープ協会主催 R.M. シェーファー追悼シンポジウム「サウンドスケープの過去と未来 R.M. シェーファーが残したもの」の「キーノート・ダイアローグ」（今田匡彦×鳥越けい子）（二〇二二年八月二七日、オンライン）に基づく筆者の解釈。

（41）ユクスキュルは、このような生の必要の差異や対立を、異なる分野の研究者間にも適応させて解説している。「同じような対立は、音波研究者の環世界と音楽研究者の環世界とにも見られる。一方の環世界では単に波が存在するだけであり、他方では単に音があるだけである。だが実際にはどちらも同じものなのだ」。（ユクスキュル／クリサート 2003: 158）

（42）サウンドスケープ論にこうしたユクスキュル的な音環境を指摘した先行研究には次のものがある。田中直子「環境音楽のコト的・道具的存在性——日本の音文化から」（田中 1986）、瀬尾文彰「環境的な〈もの〉」（瀬尾 1986）。

第二章

（1）その成果は『大阪朝日新聞』に掲載されたのち、一九六五年に『わらいえて　芸能一〇〇年史』（朝日新聞社）として単行本化された。

（2）名古屋公演の模様を中心として本にした『埋もれた芸能史からの招待』には、ツアーの日程と場所が次のように記されている（小沢・関山・永・祖父江 1974: 6）。●一九七〇年九月二二日・二三日夜 東京・岩波ホール（俳優小劇場演劇研究所芸能研究室主催）●一九七一年三月二〇日・二一日夜　名古屋・東別院青少年会館（俳優小劇場芸能研究室・節談説教研究会主催、含笑長屋後援）●昭和四十六年五月一日昼　東京本願寺本堂（東京本願寺主催）●一九七一年一〇月二七日夜、大阪・南御堂　御堂会館大ホール（大阪大谷クラブ主催、俳優小劇場芸能研究室・難波別院後援）●一九七二年六月七日夜　福岡・電気ホール（西日本文化協会主催、福岡県・福岡市教育委員会後援）●一九七二年六月八日夜　京都・シルクホール（ジャパン・インペリアル・アート創立三周年記念公演）

（3）以下にいくつかの当時の評論を引用する。「海外で業務用としてプロが使用し、その信頼に答えることができるオープンリール型のポータブルデッキとしては、スイス製のナグラとステラボックスの2社の製品しか存在しないはずである。ステラボックスの製品は、現在SP7型が基準モデルとなっている。〔…〕」（井上卓也、『季刊ステレオサウンド』、1977.1 :322)。「スイスのステラボックスは、ナグラと並んで超精密度のメカニズムをもつ高級プロ用ポータブルデッキメーカーで、その製品は、放送、映画関係のプロに絶対の信頼性をもたれている。〔…〕」、「コンパクトポータブルデッキの超高級機としてスイスのステラボックスはナグラと並ぶ存在だ。大型プロ用デッキにまったくひけをとらない高度な性能は驚異的。〔…〕」、（菅野沖彦、山中敬三、『ステレオサウンド』、1977.7: 281)。以上の情報の断片は audio sharing および宮﨑勝己氏のブログ（http://audiosharing.com/review/?tag=sp7stellavox）によって知った。

（4）小沢の語り、LP『また又日本の放浪芸』、弐枚目B面、ビクター、一九七四年。

（5）翌年、『私のための芸能野史』として芸術生活社より刊行される。

（6）引用個所について、連載から単行本には一か所のみ相違が見られる。連載では「そういう私の、クロウトに対する思慕の情をつづったものだったが」であったところが、単行本では「私ども芸能者の原点を確認し、芸能者＝クロウトの素性を洗い出しながら、シロウトである私の、クロウトに対する思慕の情をつづったものだったが」と加筆されており（小沢 1973:12-13）、「シロウト・クロウト」論の重要性が単行本化によってさらに見出されたことが分かる。

（7）この女性について解説書にクレジットはないが、放送ライブラリーには「中村そで」というクレジットが入っている。

（8）横浜情報文化センター内放送ライブラリーで公開されている。なお、一九六六年には宮本常一監修・姫野忠義脚本によるテレビ・ドキュメンタリーのシリーズ『日本の詩情』で「石崎の女たち 七尾（石川）」（テレビ朝日、一九六六年六月一二日放送）があり、同じく魚の行商をする女性をテーマにしているが、金森はそれ以前からこのテーマで取材を行っている。

（9）『石崎の女 片倉千代』の制作当時、当初は金森が鶴森緑氏にナレーションを入れるように指示していたが、鶴森氏が金森に語りを入れるアイディアを出したという経緯があることが、鶴森氏へのインタビューで明らかになった（鶴森 2022.10）。

（10）鶴森氏への聞き取り調査は、二〇二二年一〇月二八日に北陸放送本社において行われた。聞き取り調査に基づいて筆者がまとめた部分と、筆者の見解であるところを明白にするため、以下では鶴森氏の聞き取り調査の内容の個所はパラグラフとして分けて、そのパラグラフの文末に読点の前に（鶴森 2022.10）と記す。一文のみ鶴森氏の聞き取り調査の内容の場合は、その一文の末尾に読点の前に（鶴森 2022.10）と記す。

（11）一九七五年一〇月一七日・一八日に国立劇場小劇場で開催された「昭和五十年度文化庁芸術祭主催公演 第二回 日本音楽の流れ」は「語りもの」と題して、節談説教を初めて国立劇場の舞台に上らせている。節談説教の解説には関山、演じたのは祖父江である（情報は公演プログラムを参照した）。

第三章

（1）演目（並びに演者）は三曲万歳（浅井博治・花井稔治・柿田代二）、伊六万歳（加藤竹三郎）、演歌（桜井敏雄）、飴屋（増山たか・飯田はる）、浪花節（広沢瓢右衛門・東家みさ子）。一九七五年に、ライブ録音のLP『小沢昭一が招いた日本の放浪芸大会』（三枚組、ビクター、SJX-2076～8）が発売されて、二〇〇一年にCD化されている（VICG-60501/3）。このうちの浪花節の部分のみが、LP『雪月花三人娘』（新しい芸能研究会・小沢昭一敬愛シリーズ、二枚組、ビクター、JV-1382～3-S）として翌一九七六年に別に発売されている。

（2）一九七〇年三月から開催される大阪万博に反対する「話の特集博覧会五〇号記念祭」（一九七〇年二月二一日）を継ぐものとして企画された（矢崎 2005: 271-276）。「五〇号記念祭」の内容については、矢崎自身による詳細な「話の特集レポート 話の特集博覧会五〇号記念ステージ」が、『話の特集』の一九七〇年五月号に掲載されている（矢崎 1970.5）。「話の特集博覧会一〇〇号記念ステージ」のほうは、御三家の部分のみ実況録音盤『話の特集100号記念大博覧会ステージより 大歌謡祭』としてレコード（一九七五年）、CD（二〇一六年）が出版されている。

（3）贈られた楽譜は、『話の特集』、一九六八年一一月号、閉じ込み頁。レコードの初出は、EP『ハーモニカブルース』、コロムビア、一九七三年、SAS1654（A面《ハーモニカブルース》、B面《エロ事師の歌》）。

（4）坂本正勝「『小沢昭一の小沢昭一的こころ』番組40年の魅力」、CD『大沢悠里プロデュース 小沢昭一の小沢昭一的こころ 昭和の傑作選 CDボックス』、解説書、日本コロムビア、二〇一五年、COCJ-39330～9、八～一〇頁。

（5）柳家小さん（一九一五～二〇〇二）の弟子である柳家小三治（一九三九～二〇二一）は、師匠とタクシーに乗ったとき、カーラジオから流れていたこの番組を聞いていた小さんが、「これが現代の落語ってもんだよな」と言ったと述べている（柳家 2006）。柳家小三治における小沢の影響については、拙稿「声と音の芸能史――「小沢昭一的小三治」」（鈴木 2022.1）を参照。

（6）小沢の対談に付き添っていた永六輔は、「彼のインタビューをそばでみていると、もう知りつくしていることでも、「ヘエー！」「ほうッ！」とビックリギョーテンをいとわない。」「ボクに興味があるだろうと思われることを惜しみなく伝えてくる」と述べた後で、「利用価値のある人にだけの放浪芸人的サービスなのかな、と疑いたくなるほどだ」と付け加えている（永 1971.8: 144）。

（7）竹中の活動の記録については、以下の著作とインターネットサイトに依拠した。『竹中労・別れの音楽会』パンフレットの年表、それを元に寺田義隆氏が増補した年譜（「竹中労さんのページ」http://y-terada.com/Takenaka/nenpu/NENPU.HTM）、大野光明氏の竹中の著作・ＬＰ・ＣＤ一覧を含む年表（「竹中労」http://www.arsvi.com/w/tt17.htm）。（二〇二二年九月一八日最終閲覧）

（8）以下このパラグラフの沖縄音楽に関する記述は、金城厚『沖縄音楽入門』（金城 2011）を参照した。

（9）鳥居は日本で初めて現地調査に写真機と録音機を持ち込んだ人物でもある。

（10）田辺の沖縄音楽調査についての研究は、久万田晋『沖縄の民俗芸能論――神祭り、臼太鼓からエイサーまで』（久万田 2011）、鈴木聖子『「科学」としての日本音楽研究――田辺尚雄の雅楽研究と日本音楽史の構築』（鈴木 2014）がある。

（11）田辺の日本音楽研究と植民地音楽研究との繋がりについては、拙著『〈雅楽〉の誕生――田辺尚雄が見た大東亜の響き』（鈴木 2019）を参照のこと。

（12）田辺の沖縄・八重山調査の行程については、田辺尚雄『南洋・台湾・沖縄音楽紀行』（田辺 1964）を参照。

（13）「大正十一年八月一日 八重山の拙き音楽 舞躍の栞を 田邊尚雄氏に呈出 八重山郡教育部会」、沖縄県

立芸術大学附属図書館田辺文庫、手稿二六五。

(14) これらの録音のいくつかは、田辺尚雄著・田辺秀雄監修LP『南洋・台湾・樺太諸民族の音楽』(東芝EMI、一九七八年)で聴くことができる。

(15) 沖縄県立芸術大学附属図書館に寄贈された、田辺尚雄旧所蔵のSPの筆者による調査に基づく。田辺が沖縄音楽を用いた「新日本音楽」の創作については、以下で論じたことがある。Seiko Suzuki, ""Les recherches scientifiques sur la théorie de la musique orientale" de Tanabe Hisao : étude sur la musicologie japonaise des années 1920"(Suzuki 2015.1)。

(16) 小泉の音楽資料は二〇〇九年度より二〇一二年度にかけて『沖縄奄美民俗音楽資料のデジタル化と民俗音楽の変容に関する歴史研究』(科研基盤研究(B))として、金城厚(代表)、久万田晋、植村幸生によってデジタル化が行われた。現在、沖縄県立芸術大学芸術文化研究所「沖縄民謡調査録音データベース」でデジタル化されたものを聴くことができる。

(17) ただし小泉自身は、これまでの民族音楽学(比較音楽学)が、現時点の民族音楽を調査しながら、それを「未開」の名のもとに過去の起源的な音楽と結びつけてきたことの誤りを指摘している(小泉 1995: 100)。

(18) のちに『陰学探険』(小沢・永 1972: 296-305)に所収。

(19) 井家上隆幸は、竹中労と小沢昭一を比較した文章において、「それはおそらく二人の芸能に対する戦略戦術の違いだと思うんですよね」(井家上 2009: 81)と端的に述べている。

(20) 竹中労「禁歌党宣言」、LP『ぴん助風流江戸づくし』ジャケット解説、URC、一九七一年。

(21) 添田は性的な歌詞の俗謡を「春歌」と名付けた理由を次のように説明している。「私はほんらいの性は美であると思っているから、〈まぐわい〉をいちがいに醜として、猥とする世間の目はどうかしていると思う。〔…〕私はこれを「春歌」と呼んでみたい」。(添田 1966: 4)。大島渚監督の『日本春歌考』

（一九六七年）もまた、添田の著作に発想を得たものであった（大島 2009: 58-70）。

(22) 竹中に嘉手苅を紹介した普久原は、嘉手苅をプロデュースした方法について、続くところで次のように述べている。「嘉手苅は竹中らによって「最後の吟遊詩人」などという謳い文句で知られることになったけど、即興も得意なために吟遊詩人といわれて間違いではないけれども、あまり頂点に立っちゃうと困るというところもあります。あくまでも俗の、俗の中の庶民であってほしかったですね。そういう点では竹中が嘉手苅像をつくった。日本のなかでの知らしめ方というのは功罪、二通りあると思うね。〔…〕その点はちょっと反省してますね」（普久原・ビセカツ 2009: 70）。また、《ハイサイおじさん》《花》で世界的に知られる喜納昌吉は、当時は嘉手苅よりも著名であった歌手である父の喜納昌栄を完全に無視した竹中のやり方に対して、次のように不満を述べている。「彼がメディアで紹介すると、有名になって権威がついてくるから、みんなそっちに流れていく。私はもともと親を尊敬しているから、親は世界一、沖縄の音楽は最高とおもってるから、メディアで本物でない作り物をみてしまうわけです」（喜納 2010: 54）

(23) 竹中労『『海のチンボーラー』をめぐる人びと』、LP『沖縄春歌集 海のチンボーラー』栞、URC、一九七一年。

(24) 上原直彦「あまりにも解放的な」、同右。

(25) ただし本文中では「にっぽん」というひらがな表記が見られる。

(26) 初出は俳優小劇場芸能研究室「説教」パンフレット、一九七〇年九月。

(27) 竹中は女性歌手では大城美佐子を気に入り、「沖縄のビリー・ホリデイ」と称えた。大城によれば、竹中は大城が歌っている隣で涙を流していたという。二〇一四年一〇月四日北沢タウンホール（東京・下北沢）での大城の談。

(28) 沖縄国際海洋博覧会は、沖縄復帰を記念して一九七五年から七六年にかけて沖縄県国頭郡本部で行われた。沖縄はこれを契機に経済成長を目指したが果たせず、落胆と乱開発に終わった。

(29) 竹中のディスコグラフィーは夢幻工房編「竹中労の仕事」(竹中 1999: 295-299)を参照。

(30) 解説書の内容は同時期の『話の特集』の「続・メモ沖縄」や『琉歌幻視行』(竹中 1975)に転載・所収されている。

(31) これらの制作と収録に関する情報はすべて解説書に記載されているものである。

(32) 続くところで、芸能座の第一回公演『清水次郎長伝・伝』(永六輔作、小沢昭一演出)の舞台を観て来た竹中は、劇中挿入歌の歌詞「やくざ　女郎　芸人/やくざ　女郎　芸人/私たちが生きるためには/生命を売るほかない/赤い血の流れる　この肉体《からだ》を/一寸きざみに売って　売って/生きるのだ……」を引用して、自分の仕事と関連付けたのち、「(やくざ、女郎をさしおいて)、ひとにぎりの芸人には古典・文化財の虚名を与え、上に向って堕落させた」として近代社会を批判しながら幕を閉じている。(竹中 1976: 20-21)

(33) 一九八四年に国際交流基金が開催した「アジア伝統芸能の交流'84　旅芸人の世界」(昭和五九年文化庁芸術祭協賛公演)に小沢が構成・司会を依頼されたことに対して、竹中は小沢に「公開質問状」を出して体制側についたといった批判をする(たけなか 1986)。一方、小沢はこの機会を利用して市川らと韓国とインドへ足を延ばすことになり、その成果が映像版の『新日本の放浪芸――訪ねて韓国・インドまで』(二枚組、ビデオカセット・VHD、ビクター、一九八四年)となる。これは二〇〇一年にDVD化されている(二枚組、ビクターエンタテインメント、VIBG-2～3)。

第四章

（1）性的指向が女性に向かう女性のことを、現在の一般的な表記では「レズビアン」とするが、当時のストリップ界での表記は「レスビアン」と濁らず表記がされていることがある。その場合、原文からの引用では「レス」を用いる。

（2）映画の封切日・出演者名は、日活の公式ホームページの情報を参照した。いずれも日活よりＤＶＤが販売されている。前者は二〇〇六年一二月二二日発売（GNBD-7308）、後者は二〇二一年一月八日発売（HPBN-225）。

（3）一条の言説の裏を取って綿密な検討を行なった加藤詩子『一条さゆりの真実――虚実のはざまを生きた女』（加藤 2001）がある。

（4）現在の性医学では、それがすべての女性においてオーガズムを得た証拠であるとは断定できないとされる（ブラックリッジ 2005: 291-301）。

（5）実生活では交通事故、火事、借金など苦しい状況を抱えて、晩年は当時「ドヤ街」と言われた大阪市西成区釜ヶ崎でひっそりと暮らして生を終えた。彼女の「真実」と「末路」をたどったルポルタージュに、加藤の前掲書のほか、小倉孝保『初代一条さゆり伝説――釜ヶ崎に散ったバラ』（小倉 1999）と同『踊る菩薩　ストリッパー・一条さゆりとその時代』（小倉 2022）がある。

（6）当時の週刊誌に掲載された記事には、ウーマンリブの一派「分断・差別と闘う女性解放闘争委員会」の女性らが裁判所前で〈一条さゆり不当逮捕糾弾〉のちらしを配布したこと（『サンデー毎日』1972.10.29: 142）や、「ウーマンリブの女闘士たち」が裁判所で「一条さんは無罪だ！」「ナンセンス裁判！」とヤジ・怒号を飛ばしたこと（『週刊明星』1972.12.24: 205）が記されている。また出所後に出版された週刊誌には、「出所した一条さゆりの第一声（は労組幹部への講演）」という記事があり、刑期を終えて出所した一条が大阪の労組関係者の会合の例会に講師として招聘された話が載っており、百五十名近い参加者から、「学者の理論的な話とちがって、生の説得力がある。感銘しました」「お客を喜ばせようという彼女の努力は経営哲学にも通じる」という声が上がったという（『週刊文春』1975.11.27: 25）。

（7）例えば前掲の記事「火花散る一条さゆりポルノ裁判」には、「ストリッパーの裁判といえば、だいたい一回か二回で終わるのが相場だ」（『サンデー毎日』1972.10.29: 141）とある。

（8）翌年、『私のための芸能野史』として芸術生活社より刊行される。

（9）吉川英治原作・徳川夢声朗読「巌流島の決闘」、『新潮CD 宮本武蔵名場面集』、第六集、新潮社、二〇〇六年。

（10）後年のものになるが、小沢が徳川夢声の話芸について書いた文章（講演録）に、「話術話芸の不徹底的研究」（『月刊住職』に一九九二年四月から一二月号まで連載）があり、小沢『話にさく花』（文藝春秋社、一九九五年、文庫版は二〇〇〇年）に収録される。その中で夢声の『宮本武蔵』を「大いにあがめる存在」と述べている（小沢 2000: 235）。

（11）桐の「無頼の半生」の一部を引用しておく。小さいときの自分について聞かれて、「きかんかったらしいネ。よその女の子をネ、言うこと聞かんからって、ドブの中に真っさかさまに突っこんだらしい」高校卒業後の生活については、次のように語っている。「そいでヒロポンだけでやなしに博打も打つやろ。博多の川筋の博打は、一回何百万の勝負ばっかりやんか。金なんぼあっても足らん。スッテンテンになると、ナンキン虫のパラパラ落ちるような所にも泊まるわけよ。それでも、九州女学院に行っとる子かっさらって来て、二畳位の部屋に住まわしておったこともある。とにかく、オトコは全々いらんわけや。そやけど、女の子連れて来たのが、警察問題になって、誘拐で、三犯あるんよ。恐喝でもつかまって少年刑務所送られよった。もう絶対出られんって言われて、こりゃ大変やと思って、逃げた、送られる途中。そいで逃げて、警察の膝元が一番大丈夫やろと思って、近くの家に飛び込んだ。同級生の家や。とにかくかくまってくれ。しょうがない、私のお父ちゃんの所へ行こう。お前のお父ちゃんって何や、役者や、役者か何か知らんがそこでいいわ、っていって、Jさんの剣劇の一座に飛びこんだんですよ。」（小沢 1972.8: 90）

(12) 初出は笠原和夫「『仁義なき戦いの三〇〇日』、『シナリオ』、昭和四九年二月号。

(13) 桐の弟の瀧口義弘の発言は、正確には「ただのオバさんだなと思いましたね」という表現。ただしそのあとに、「お客さんは連日大入りでしたよ。ステージ上の雰囲気は一級品でしたね。」と付け加えている（八木澤 2017:89）。瀧口は元銀行員であったが、姉に呼ばれて木更津別世界で営業を担当しており、出所後の一条さゆりを正月興行に呼ぶことも瀧口が決めて、姉に電話をしてもらったという（八木澤 2017:84-85）。

(14) キャストは以下の通り（カッコ内が役名）。桐かおる（桐かおる）、春日トミ（春日トミ）、中島葵（おさよ）、芹明香（ミチ）、浜口竜哉（一郎）、吉野あい（家政婦）。

(15) 二〇一六年のCD復刻版に付属の「別冊 日本の放浪芸」の「解説書のために大阪で撮り下ろした写真のアウトテイク」コメント（頁数記載なし）。

(16) 一条と桐の舞台で使用されている音楽については、当時の流行の演歌や歌謡曲のほか、箏を用いた「ムード音楽」としてのクラシック音楽・ラテン音楽・唱歌（《荒城の月》など）が主である。「ムード音楽」とは、一九五〇年代後半に誕生し、六〇年代から七〇年代にかけて流行した音楽の一ジャンルで、フランスのポールモーリア楽団やイギリスのマントヴァーニ楽団などストリングスを主とする楽団によって編曲・演奏された楽曲のことである。「ムード音楽」に関する知見は、大阪大学大学院音楽学研究室の輪島裕介教授より、加藤秀俊「現代生活とムード・ミュージック」（加藤 1965）、野崎詩織『音楽聴取空間としての家庭における複製音楽の消費――1950年代から1960年代の日本の「ムード音楽」言説』（野崎 2008）の紹介を頂き、野崎氏には論文閲覧の労を賜った。桐の舞台で使用されている箏を用いた「ムード音楽」の事例として、LPシリーズ『琴・世界を回る』（編曲・河村利夫、演奏・沢井忠夫琴アンサンブル、企画・ルナ楽器、制作・ビクター）があり、稿を改めて論じる予定である。

（17）実際、A面の最後に、「レコードを裏にしていただきますと楽屋です」（小沢 2004: 143）という小沢の語りが入る。

（18）「えー、その筋の方はいらっしゃらないと…。それだけを、彼女は気にしておりまして、非常に今苦しい。」（小沢 2004: 455）。

（19）この「雑草の歌」は「水曜会」の主催であると小沢の語りが紹介しているが、現時点でこの会についての詳細は不明である。この対談の一部の書き起こしと、この催しが一九七四年八月一八日に東京の紀伊國屋ホールにて開催されたことについては、小沢「一条さゆり以後の一条さゆり」（小沢 1975:55-62）にある。

（20）「それで裁判ということになりました。つまり、あのころ、テレビであなたが出演するということになる、週刊誌があなたを取り上げるというようなことが重なってくる。〔…〕そういうことで結局一条さゆりさんというものが、一つの象徴的な血祭りに上げられてしまったというふうに、僕は思ってるんです。あなたが挙げられたときに、僕は、他からチラッと聞いたんですが、挙げて行った刑事さんが「なんだ、テレビに出やがって」というふうな捨てぜりふを残して帰ったという。「なんだテレビに出やがって」というのは、とってもテレビというものはすばらしいもんだというふうに刑事さんは思ってらっしゃるらしくて、自分も出られないようなあのテレビに、一条さゆりが出たということで、とってもやっかまれたのかもしれないですけど」（小沢 2004: 474-475）。テレビだけではなく映画に出演したことも逮捕の外的要因と考えられていたことが、前掲記事「火花散る一条さゆりポルノ裁判」に見られる

（『サンデー毎日』1972.10.29: 142）。

（21）桐はショーの最終オープン曲（最後に「オープン」をする時に流す曲）に、ザ・ドリフターズの《ドリフのピンポンパン》（一九七二年）や、松鶴家千とせの《わかんねエだろうナ》（夕やけこやけ）（一九七五年）などの明るいパロディ的な曲を使う。かつてはラストにはテナー・サキソフォン奏者サム・テイラーによる《タラのテーマ》や江利チエミの《五木の子守唄》（一九五八年発売、東京キューバン・ボーイズによるジャズ・アレンジ）など、もっとスローな曲を使用していて「色気があった」と述べている（桐・小沢 1977: 13-14）。

（22）小沢昭一『日本の放浪芸』（小沢 2004: 489-490）を参照すると同時に、レコードに収録されている言葉（とくに相槌）を優先した。

（23）裁判の全体について、以下の論考を参照した。北崎契縁「『チャタレイ夫人の恋人』起訴前後の状況について」（北崎 1995: 15-31）。

（24）これら雑誌記事のほかにも、著作のタイトルや著作の中の一章に「…の生活と意見」が用いられているケースも散見される。例えば、『幸福はどこに 女性の眼』の一章「あるお嬢さんの生活と意見」（一九五七年）、『主婦の生活と意見』（一九五八年）、『夜の異端者』の一章「ゲイ・ボーイの生活と意見」（一九五八年）、『女性の幸福 私の生活と意見』（一九五八年）、『社長の問題 その生活と意見』（一九五八年）、『動物のいとなみ その生態と習性の本質』の「キツネ氏、その生活と意見」（一九六一年）などである。

（25）第四作の翌年、小沢の初の自伝『わた史発掘――戦争を知っている子供たち』（文藝春秋、一九七八年）を執筆する時でさえも、小沢は自分についての記述を母や友人との対談形式で行なうほどである。

（26）小沢昭一『日本の放浪芸』（小沢 2004: 491-492）を参照すると同時に、レコードに収録されている言葉を優先した。当時の九州の言葉に関して鈴木康子氏にお世話になった。

(27) 第四作の二回目のCD化（二〇一六年）の際に附録として頒布されたもの（VICL-64475）。この〝のぞかれた録音〟は、村岡良一によって隠し録りされたもので、一四分五二秒と短いながらも、これによって小沢の現地録音の編集方法を垣間見ることができる、極めて貴重なメタ的録音資料である。CD化の際に二〇一五年一〇月に発見されたという（附録冊子『別冊 まいど…日本の放浪芸』の市川捷護による解説）。小沢の発言の該当箇所は、一一分四八秒あたりから。

(28) 小沢は別のところで、「いま天狗っていうのがストリップではやってますが、あれは最初、天狗の鼻を指でしごくとこからスタートする。それに電子音楽の伴奏が入るんです。その音楽がやはり、ビューン、ビューン、ビューン。〔…〕決してストリップのお嬢さんが梓巫女見たわけじゃないんでしょうけど、よく似ててておもしろいですねえ」（小沢・長部・斎藤 1974.5: 300）と述べており、そこから梓巫女の音を重ねるというインスピレーションを受けたという可能性もある。

(29) 小沢昭一『日本の放浪芸』（小沢 2004: 492）を参照すると同時に、レコードに収録されている言葉を優先した。

(30) 当時『関西新聞』文化部長で、一九七二年七月から同年一二月まで一条の小説を連載していた。連載は単行本『一条さゆり・裸の人生』（六月社書房、一九七三年）となり、小沢と神代が序文を寄せている。

(31) 一九七五年一月に『東京新聞』に掲載されたもの。小沢『言わぬが花』（小沢 1976: 12-13）に収録。重松清が小沢の『老いらくの花』の解説「〔小沢昭一的ことば〕について」の中でこのエッセイを取り上げて、『言わぬが花』と『老いらくの花』とのあいだの小沢の変化について指摘をしている（重松 2009:239）。

(32) 一九七五年五月に第一回公演、一九七九年一二月に最終公演（「芸能座講演記録」より、パンフレット『東西！芸能座』〔解散芸能座ニコニコ大会 さよなら協奏曲〕、第六号）。旗揚げ当時から五年で解散すると小沢は宣言していた。

（33）　第三枚目B面の最後。「私はこれまで『日本の放浪芸』というレコードを、あまり芸能の保存という意識なしに作ってきましたが、このレコードばかりは保存されたいなと思います。」

あとがき

小沢さんがＬＰ第三作『また又日本の放浪芸』のための節談説教の探訪を終えたとき、最後に亀田千巖師と範浄文雄師の墓所を訪れたことが、ＬＰ解説書の「日本の放浪芸始末書」に記されている。すでに物故されていた二師の節談説教に小沢さんが触れたのはカセットテープとレコードの録音であったから、その墓参りは生前の姿を偲んでというよりも、碑巡りか名所旧跡巡りのようなものであったろうと、漠然と私は捉えていた。しかし本書を脱稿後、どうやらそうではないことが、範浄師のお弟子さんである廣陵兼純師にお話を伺ったことで分かってきた。

一九七三年八月、小沢さんが浄土真宗大谷派の金沢別院（東別院）で「節談説教をきく会」を催して第三作のための録音をしたとき、登壇された廣陵師は三〇代半ばの「若手」であった。『日本の放浪芸』シリーズすべてに録音されている方々のうちでも最年少であった。現在は八五歳、ご自坊である石川県輪島市門前町の満覚寺はすでにご子息に任せられているが、今もなじみのお寺にはお説教に出られている。二〇二二年一一月一日、本書をほぼ書き終えた日の午後、それまで敷居が高くてためらっていた廣陵師へお電話をした（これにはその数日前にお会いしたばかりの、北陸放送の元ラジオ制作者の鶴森緑さんが仲介の労を取って下さった)。初めての電話越しの会話だというのに、数分後に電話を切るまでのあいだに、二度も笑わされてしまったことを覚えている。師は何か小話をされたというわけではないので、こちらが緊張しているのを和らげようと言葉を紡がれただけであろう。この慈しみの風合いは、師の節談説教にも満ちている特徴である。一一月はちょうど報恩講(親鸞聖人の祥月命日の法要)が各地で行われていたので、新潟県三条市の三条別院、滋賀県大津市の浄宗寺、そして石川県羽咋郡志賀町富来《とぎ》の恵光寺と、それぞれに異なる場で師の節談説教に接することができ、またそのたびに親しくお話をする機会を頂いた。これらの寺院には大変に感謝している。

その合間を縫って満覚寺を訪れ、廣陵師に昔の思い出を夜更けまで伺った。そして、小沢さんとの交流について伺っているうちに、小沢さんが本書で扱った活動以外にも、廣陵師を各地へ伴って節談説教を紹介する催しを行い、地方のお寺で廣陵師がお説教をされる際にしばしば聞きに来ていたということを知ったのである。小沢さんがこれほど廣陵師の節談説教に熱意を傾け続けていたとは、まったくの私の調査不足であった。確かに、『日本の放浪芸』の後で小沢さんの関わった映像作品やCDに節談説教が出てくるときは、必ず廣陵師の最新のお説教であるのだから、認識不足であったとしか言いようがない。小沢さんは、これと同じ熱意で亀田師と範浄師を偲んで墓所へと向かったに違いないのである。

廣陵師の節談説教を実際に拝聴し、またお話を伺うほどに、そこにある「なにものか」(私は浄土真宗の門徒ではないのでこのように書くしかない)が、私にも見えるような気がした。これは私が勝手に想像するのであるが、師の節談説教の力は、師自身がその「なにものか」を見て突き動かされている力であり、私たちもその力に玉突きのように動かされて、頭で理解するよりも先に、目の前にその「なにものか」が立ち上がるのを見るのではあるまいか。

廣陵師によれば、範浄師は一九六〇年代前半に富山県呉羽山温泉の呉羽山ヘルスセンターで数年に渡って布教大会を開き、三〇〇畳の大広間を聴衆で満杯にしていたそうである。廣陵師が随行して前座を務められたとき、一番後ろの聴衆は米粒の大きさより小さく見えたという。範浄師が逝去されたのち、廣陵師は周囲の勧めもあって、富山県魚津市の金太郎温泉で数名の説教者を呼んで布教大会を続けられて、盛況であったという。小沢さんが節談説教の説教者たちを選んだ基準は、芸能か宗教かという境界論争を越えて、このように市井の人々を熱い気持ちにさせる「なにものか」のために心を尽くし、そうした人々の心を掬うことに心を尽くせる人間かどうかという、より厳しいところにあったと思う。本書の最終章で述べたように、小沢さんは『日本の放浪芸』の旅で出会った芸能者の人々によって、この「なにものか」のために心を尽くして生きることを学び、ようやく「四〇の惑い」を捨てて、市井の一役者（インテリ俳優ではなく）として演劇の道を再び歩き始めたのである。

ところで、第三作『また又日本の放浪芸』の副題にある「旅僧《たびそう》」という小沢さんによる造語は、ビクターの元プロデューサーの市川さんのお気に入りで、インタビューの間にも何度か「いいねえ」と感に堪えたように言われていた。実際、『真宗の説教者たち』という企画展（砺波郷土資料館、二〇一〇年）の図録にある「範浄文雄の昭和四〇年度布教日程」（二三頁）を見ると、範浄師はほぼ一年中、休む間もなく北陸地方を巡教している。興味深いことに、この「真宗王国」のその後の斜陽を眺めることになった世代である廣陵師も、異なるタイプの旅を多くした。北陸で余りにも人気があったために北陸の外で説教をする余裕がなかった範浄師と比べて、廣陵師はもちろん北陸でも人気があったが、小沢さんと共に旅をし、またおそらくこのレコードと小沢さんとの活動を通して名実ともに節談説教の第一人者として知れ渡ったことで、北海道から九州まで、全国各地の寺院でのお説教のみならず国立劇場などでの学術的な催しにも呼ばれて旅することになったのである。

そのような旅の間にも、一九七〇年から二〇一一年までご自坊で毎年六月一一日に開催されていた布教大会には、最後の第四十回目まで本堂から溢れるほどの参詣者が見られたことが、DVD『門前満覚寺最後の布教大会』（北國新聞社出版局）にも確認できる。私が訪れた日の夜の本堂は無人で静まりかえっていたが、翌週の報恩講のために内陣の荘厳と座席の準備は整っていた。それらを示しながら廣陵師が、かつて毎年の布教大会を奥様の和子夫人と準備をしているときにも、「今年も来てくれるかな」と二人でいつも心配しあっていた、という話をされたのが印象に残った。廣陵師の記憶には、盛況であった自身の布教大会だけではなく、範浄師が大広間を常に満杯にした過去の数々の布教大会の様子が焼き付いているのだろう。北陸の節談説教の鳴り響くなかに聴衆の受け念仏が波のようにさざめく場は、どのような空間だったのか、私も触れてみたいと思った。この「おわりに」を次の「はじめに」へと繋ぐための機会を与えて下さった廣陵師と和子夫人に、心より御礼を申し上げたい。

本書は、二〇一四年、私がフランス（パリ）の大学で院生・教員をしていた頃に始めた研究を、二〇二〇年四月に大阪大学大学院文学研究科音楽学研究室へ赴任後、令和二年度〜令和三年度文部科学省科学研究費・研究活動スタート支援「小沢昭一における音楽芸能の正統性の概念の研究：LP作品集『日本の放浪芸』を中心に」（20K21931）によって発展させた成果の一部である。その過程で、学会や学会誌等で発表してきたが、それらを一冊にまとめるに当たり、相当の加筆訂正を行った。

初出一覧

序章　「小沢昭一における「河原乞食」の意味――著作『私は河原乞食・考』（一九六九）からＬＰ『日本の放浪芸』（一九七一）へ」（日本演劇学会・近現代演劇研究会発表、二〇二二年七月）

第一章　「一九七〇年代聴覚文化における大道音楽や物売りの声の録音収集の意義――ＬＰレコード集『ドキュメント　日本の放浪芸』の文化資源学」（『サウンドスケープ』、第二一巻、二〇二一年七月）。

第二章〔前半〕「言葉と歌と息のあいだにいのちを描く――小沢昭一『日本の放浪芸』における声の文化」（『比較日本学教育研究部門研究年報』、第一五号、二〇一九年五月）／〔後半〕「小沢昭一と節談説教――一九七〇年代における声の文化の復権活動」（日本音楽学会第六八回全国大会発表、二〇一七年一〇月）、« Between Narrative and Melody : Meaning of Musical : Preaching（fushidan sekkyō）on Shōichi Ozawa's LP collection Document / Itinerant Arts of Japan »（*Mémoire sonore du Japon : le disque, la musique et la langue*, Sous la direction de Seiko Suzuki, Pascal Cordereix et Gabriel Bergouniox, BnF, Université d'Orléans, 二〇二一年三月）

第三章　« L'identité culturelle dans les discours sur la musique d'Okinawa : le cas des intellectuels de la métropole japonaise »（沖縄音楽についての言説における文化的アイデンティティ――日本本土の知識人たちの事例）（フランス日本学会第十一回シンポジウム発表、二〇一四年十二月。「沖縄音楽の録音採集における周縁性の諸相」（『GENESIS』、京都造形芸術大学出版局、二〇一六年一一月）

第四章〔前半〕« Le striptease et les intellectuels des années 1960-1970 : Ozawa Shôichi et Document / Arts itinérants du Japon »（１９６０～１９７０年代におけるストリップと知識人――小沢昭一と『ドキュ

メント・日本の放浪芸』）(*Japon Pluriel*, 二〇一八年一二月)。〔後半〕« Marginality and Performing Arts: Listening to Striptease on the Record »（英国ハダスフィールド大学・大阪大学大学院音楽学研究室共催国際シンポジウム招聘講演、二〇二一年三月）

これらの発表後に頂いた助言を元に改変・統合したものを、招聘された研究会などでお話して助言を頂きつつ積み重ねた部分もある。例えば、「小沢昭一のLP『ドキュメント 日本の放浪芸』（一九七一年）をめぐって──文化財保護制度の価値基準への異議申し立てとしての作品制作」（杜こなて氏主宰「音楽と映像の会」、二〇二二年六月）等がそうである。

本書はご縁のあった多くの方々によって支えられて生まれたが、執筆を終えるに当たり、とくに以下の方々へ改めて感謝の言葉をささげたい。

聞き取り調査・資料調査のために時間を割いて自宅へお迎え頂いた、ビクターの元プロデューサーの市川捷護氏には、時に微に入り細に入り長時間に及んだ調査に嫌な顔を見せることもなくお付き合いを頂いた。かつてのお仕事への誇りや魅力あるお人柄に接することで、調査以外にも人生について多くのことを学んだ。市川氏のご家族にもお忙しいところを大変お世話になった。俳優小劇場・芸能座の元プロデューサーの小川洋三氏、公益財団法人日本伝統文化振興財団理事長の市橋雄二氏、北陸放送元ラジオ制作者の鶴森緑氏との対話は、私にとって未知であった世界に灯りをともした。

資料に関しては、小沢昭一の元マネージャーである津島滋人氏、節談説教研究会事務局長の府越義博氏、相愛大学人文学部客員教授の直林不退氏に多大なご協力を頂き、研究の視点への助言をも頂戴した。特に府越氏と直林氏にお世話になった時期には私はフランス在住であったため、一時帰国の慌ただしい出発に合わせて様々なご対応を頂き、また、フランスの郵便事情の悪さで日本へ戻った郵送物を再送して頂くなど、多大な負担を掛けてしまった。

小沢昭一の没後にご遺族が早稲田大学演劇博物館へ寄贈された「小沢昭一旧蔵資料」の閲覧に関しては、演劇博物館とその学芸員・研究員の方々（金潤貞氏、岩淵知恵氏、赤井紀美氏、渡邉真澄氏、藤谷桂子氏）に、未公開の閲覧資料の準備の他にも、資料の面から豊富な切り口を提供して頂いた。モノだけではなく、知の収蔵庫であることを体現している博物館に出会うことは得難い喜びであった。

新型コロナウイルス感染症の第一波のパニックのさなか帰国し、日本社会へ十数年ぶりに復帰して緊張していた私を柔らかく受け入れて下さった大阪大学大学院の音楽学研究室（伊東信宏教授・輪島裕介教授）は、退任した現在も知と心の拠りどころである。音楽学に隣接する演劇学研究室の永田靖教授には、研究会で発表の場を与えて頂いた上に、演劇博物館への紹介の労を賜った。隣同士の研究室でも、演劇学と音楽学の間の学問領域の壁は厚く感じられていたところ、演劇学のもうおひとりの中尾薫准教授とともに、いつも扉を開けている雰囲気に助けられた。一年前に着任した学際的なアートの知の現場であるアート・メディア論研究室の先生方には、刺激的かつ快適な研究空間を与えて頂いている。私の担当授業を履修してくれた学生たちの真摯な意見は、本書にどれだけ影響を与えているか知れない。本書では十分に展開することができなかったが、特に猿回しとストリップについては、学生とのディスカッションをパリでも大阪でも重ねたことで、国境と世代を越えて問題意識を掘り下げることができた。その間、現業の猿回し師の方々（河口湖猿まわし劇場、阿蘇猿まわし劇場）と、ストリップダンサーの方々（広島市・広島第一劇場、岐阜市・まさご座、松山市道後温泉・ニュー道後ミュージック）を訪ねて上演の後で話を伺う機会を得ており、これらも『日本の放浪芸』全体を捉える視野を培う上で重要な要素となったことは間違いない。ここで、猿回しとストリップを歩き見て聞く旅の同行者となってくれた夫と、旅の拠点として温かく迎えてくれた実家の両親と、その間の留守を耐えた猫にもお礼を述べておこう。そして、いつも主流の音楽学とは対象や切り口がずれている私の関心を、即座に知のうちに読み直して支えて下さる二人の師、渡辺裕先生（東京大学名誉教授）と細川周平先生（京都市立芸術大学日本伝統音楽研究センター所長）には、謝辞に代えて、学恩へ報いるための努力を続けることと、そのために今後もご鞭撻を頂かねばならないことをお伝えしようと思う。

前著の雅楽から一転して、「放浪芸」なる主題の諸論考をまとめて一冊の著作とするに当たり、無意識のうちに前著よりも硬く狭く学術的な装いでまとめようとしていた私の企画に対して、春秋社の編集者の中川航さんは柔軟な知で解きほぐしつつ針路を指し示して、「より手堅い企画」への布石を打って下さった。本書は俳優としての小沢さんのファンの方々には縁の遠い話が多いように思われるので、表紙とタイトルを見てせっかく手に取ったのに期待外れで苦情が後を絶たないのでは、と不安を訴える私を前に、予想されるさまざまな読者の反応を冷静に並べて、行く先に光を当てて下さる中川さんは、編集者の鑑である。このような境界の乗り越えを試みうる場所を作り出されている春秋社のスタッフの方々へと合わせて、心より感謝を申し上げたい。

二〇二二年一二月一〇日　小沢さんの一〇回目の命日に

鈴木聖子

主要人名索引

（小沢昭一を除く）

あ行

か行

さ行

た行

な行

表１『日本の放浪芸』解説書に記載された芸能の種目とその典拠一覧

出典の文献はレコード解説書に記載されている表記のまま引用したが、原典の書誌情報を確認できたものは［ ］内に加筆した。

レコード解説書ではタイトルはすべて一重鍵括弧「 」を用いているため、単行本であることが分かったものは二重鍵括弧『 』に訂正した。

第１枚目「祝う芸＝万歳さまざま」

A面	万歳	『風俗辞典』［森末義彰・日野西資孝編、東京堂、1957年］
	尾張(知多)万歳――〈愛知〉	「愛知県無形文化財指定理由書」
	三河(西尾)万歳――〈愛知〉	『西尾市の文化財』［西尾市教育委員会、1968年］
	三河(西尾)万歳――〈愛知〉	「三河万歳保存会パンフレット」
	会津万歳――〈福島〉	佐藤久治『秋田万歳』［秋田真宗研究会、1970年］
	秋田(横手)万歳――〈秋田〉	井上隆明「秋田の芸能」
B面	越前(野大坪)万歳――〈福井〉	『演劇百科大事典』［早稲田大学演劇博物館編、平凡社、1960-1962年］
	越前(野大坪)万歳――〈福井〉	斎藤槻堂『越前萬歳』［武生市越前萬歳保存会、1969年］
	加賀万歳――〈石川〉	『石川県史』［石川県、1927-1964年、1985年まで継続］
	加賀万歳――〈石川〉	「加賀万歳」
	伊予(風早)万歳――〈愛媛〉	『北条市の人文・自然』［北条市役所、1965年］
	伊六万歳――〈愛知〉	岡田弘『尾張万歳たずねてたずねて』［私家版、1969年／名古屋市教育委員会、1970-1972年］
	豊後万歳――〈大分〉	酒井富蔵『豊後高田市誌』［国東半島文化研究所、1957年］

第 2 枚目「祝う芸＝その他の祝福芸」

A面	はこまわし採訪――〈徳島〉	永田衡吉「人形芝居」『日本民俗学大系』第 9 巻［平凡社、1958 年］
	はこまわし採訪――〈徳島〉	凌霄舎主人「阿波の人形廻し」『上方』、昭和 11 年 第 64 号
	はこまわし――〈徳島〉荒神ばらい	『郷土史辞典』（項目：宮田登）［大塚史学会編、朝倉書店、1955 年］
	はこまわし――〈徳島〉三番叟まわし	福本博「阿波の三番叟と夷まわし」『国立劇場民俗芸能公演（3）』パンフレット［日本の民俗劇と人形芝居の系譜、国立劇場事業部、1968 年］
	はこまわし――〈徳島〉えびすまわし	永田衡吉「人形芝居」『日本民俗学大系』第 9 巻［平凡社、1958 年］
B面	大黒舞――〈徳島・宮城・山形・鳥取〉	三隅治雄『日本舞踊史の研究――歌舞伎舞踊と民俗舞踊』［東京堂出版、1968 年］
	大黒舞――〈徳島・宮城・山形・鳥取〉	松本穰葉子『ふるさとの民謡』［鳥取郷土文化研究会、1968 年］
	門付芸採訪――〈香川〉お福さん	林鼓浪「徳島の三番叟廻しとお福さん」『上方』、61 号
	門付芸採訪――〈香川〉はりこま	
	門付芸採訪――〈徳島〉せきぞろ	『演劇百科大事典』（項目：郡司正勝）［早稲田大学演劇博物館編、平凡社、1960-1962 年］
	門付芸採訪――〈徳島〉すったら坊主	『演劇百科大事典』（項目：郡司正勝）［早稲田大学演劇博物館編、平凡社、1960-1962 年］
	福俵――〈山口〉	『日本民俗資料事典』［文化庁文化財保護部監修、第一法規、1969 年］
	春田打――〈山形〉	三隅治雄『郷土芸能』［無形文化財全書、大同書院、1958 年］
	春駒――〈新潟〉	三隅治雄『日本舞踊史の研究――歌舞伎舞踊と民俗舞踊』［東京堂出版、1968 年］

第 3 枚目「説く芸と話す芸＝絵解の系譜・舌耕芸」

A面	絵解――〈和歌山〉	『演劇百科大事典』（項目：郡司正勝）［早稲田大学演劇博物館編、平凡社、1960-1962 年］
	のぞきからくり――〈大阪〉	前田勇『上方演芸辞典』［東京堂出版、1966 年］
	のぞきからくり――〈大阪〉「地獄極楽」	黒田浩禎「今世の誠」
	錦影絵採訪――〈大阪〉	前田勇『上方演芸辞典』［東京堂出版、1966 年］
	紙芝居――〈静岡〉	『演劇百科大事典』（項目：佐木秋夫）［早稲田大学演劇博物館編、平凡社、1960-1962 年］
	紙芝居	加太こうじ『街の芸術論』［日本人の涙と笑い、社会思想社、1969 年］
	立絵――〈東京〉	
B面	説教――〈愛知〉	関山和夫「説教と話芸」、俳優小劇場芸能研究室パンフレット
	辻咄――〈大阪〉	前田勇『上方演芸辞典』［東京堂出版、1966 年］
	流しにわか――〈大阪〉	三隅治雄「芸人群遊」『日本人物語・漂泊の人生』「第 3、山本健吉編、毎日新聞社、1961 年］
	入れこみ噺――〈大阪〉	三田純一『上方落語』［筑摩書房、1969 年］
	入れこみ噺――〈大阪〉「東の旅」	「上方ばなし」
	修羅場講釈――〈東京〉	正岡容『明治東京風俗語事典』［有光書房、1957 年］

第 4 枚目「語る芸＝盲人の芸」

A面	ごぜ採訪――〈新潟〉	『民俗学辞典』［民俗学研究所編、東京堂、1951 年］
	おく浄瑠璃――〈岩手〉	『演劇百科大事典』（項目：本田安次）［早稲田大学演劇博物館編、平凡社、1960-1962 年］
	おく浄瑠璃――〈岩手〉「餅合戦」	高橋秀雄「奥浄瑠璃」『民俗芸能』（35）［民俗芸能の会、1969 年 1 月］
	早物語――〈山形〉	
	いたこ採訪――〈青森〉	『日本民俗資料事典』［文化庁文化財保護部監修、第一法規、1969 年］

A面	いたこ採訪――〈青森〉おしら祭文「せんだん栗毛」	『演劇百科大事典』（項目：後藤淑）［早稲田大学演劇博物館編、平凡社、1960-1962 年］
	いたこ採訪――〈青森〉梓みこ	『演劇百科大事典』（項目：後藤淑）［早稲田大学演劇博物館編、平凡社、1960-1962 年］
B面	肥後琵琶――〈熊本〉	「NHK・肥後琵琶調査報告書」（田辺尚雄）

第 5 枚目「語る芸＝浪花節の源流」

A面	浪花節――〈大阪〉「木津勘助」	正岡容『日本浪曲史』［南北社、1968 年］
	浮かれ節――〈京都〉「岩見重太郎」	
	五色軍談――〈新潟〉「越後伝吉」	
	デロレン祭文――〈山形〉	山形県芸術祭民俗芸能公演パンフレット
B面	江州音頭――〈滋賀〉	前田勇『上方演芸辞典』［東京堂出版、1966 年］
	阿呆陀羅経――〈大阪・愛知〉	前田勇『上方演芸辞典』［東京堂出版、1966 年］
	なみだ経――〈愛知〉	
	ほめら採訪――〈徳島〉	「阿波風俗門状答」［諸国風俗問状 阿波国答書］
	ほめら採訪――〈徳島〉	「阿波民謡集」（徳島市）

第 6 枚目「商う芸＝香具師の芸」

A面	東寺境内風景――〈京都〉	和田信義『香具師奥義書』、昭和四年［文芸市場社、1929 年］
	見世物小屋呼込み――〈岐阜・静岡〉	『演劇百科大事典』（項目：郡司正勝）［早稲田大学演劇博物館編、平凡社、1960-1962 年］
	洋服たたき売り――〈大阪〉	
	天王寺境内風景――〈大阪〉	添田知道『香具師の生活』［雄山閣出版、1964 年］
B面	縁日風景――〈東京〉	
	競馬・競輪予想屋――〈東京・兵庫・千葉〉	
	演歌採訪――〈東京〉	『演劇百科大事典』（項目：正岡容）［早稲田大学演劇博物館編、平凡社、1960-1962 年］

『日本の放浪芸』解説書に記載された芸能の種目とその典拠一覧

第 7 枚目「流す芸＝漂泊の芸能」

A面	流し	権田保之助『社会研究娯楽業者の群』、大正12 年［実業之日本社、1923 年］
	門付	『演劇百科大事典』（項目：郡司正勝）［早稲田大学演劇博物館編、平凡社、1960-1962 年］
	音曲流し――〈徳島〉	
	声色屋――〈東京〉	宮尾しげを・木村仙秀『江戸庶民街芸風俗誌』［展望社、1970 年］
	立琴流し――〈福岡〉	
	円山公園花見風景――〈京都〉 手踊り太鼓流し三味線流し	
	円山公園花見風景――〈京都〉 四ツ竹・尺八	前田勇『上方演芸辞典』［東京堂出版、1966年］
	円山公園花見風景――〈京都〉 法界屋	『演劇百科大事典』（項目：郡司正勝）［早稲田大学演劇博物館編、平凡社、1960-1962 年］
	角兵衛獅子――〈新潟〉	『演劇百科大事典』（項目：後藤淑）［早稲田大学演劇博物館編、平凡社、1960-1962 年］
	願人節――〈宮城〉	『演劇百科大事典』（項目：郡司正勝）［早稲田大学演劇博物館編、平凡社、1960-1962 年］
	まかしょ――〈神奈川〉	三田村鳶魚『江戸生活事典』［青蛙房、1959 年］
	厄はらい――〈茨城〉	
	太神楽――〈大阪〉	伊勢太神楽パンフレット 本田安次「伊勢の太神楽」
B面	飴屋採訪――〈茨城〉	国立劇場第七回民俗芸能公演パンフレット［1969 年］
	金多豆蔵人形芝居――〈青森〉	『朝日新聞』、昭和 45 年 1 月 31 日［1970 年］
	猿まわし――〈大阪〉	宮尾しげを・木村仙秀『江戸庶民街芸風俗誌』［展望社、1970 年］
	三曲万歳――〈愛知〉	知多町文化財資料『近世出かせぎの郷』［知多町教育委員会、1966 年］
	三曲万歳――〈愛知〉「あいならえ」	小島貞二『漫才世相史』［毎日新聞社、1965 年］
	三曲万歳――〈愛知〉虚無僧 ――〈京都〉	講座日本風俗史別巻「旅風俗・三」（西山松之助）［別巻 6、旅風俗 3（宿場篇）、講座日本風俗史編集部編、雄山閣、1959 年］

文献・資料

A. 小沢昭一『日本の放浪芸』関連音響映像資料（刊行順）

〔LP〕

ドキュメント 日本の放浪芸――小沢昭一が訪ねた道の芸・街の芸、日本ビクター・音楽事業本部ワールド・グループ・レコード部、1971.6/ W-7011 ～ 7（7 枚組）
同、ビクター音楽産業、1973.12/ SJX-2051 ～ 7-M（7 枚組）（1972 年 4 月 21 日に音楽部門がビクター音楽産業へ分社化したことによる新譜）
ドキュメント 又 日本の放浪芸――小沢昭一が訪ねた渡世《てきや》芸術、ビクター音楽産業、1973.12/ SJX-2058 ～ 62（5 枚組）
ドキュメント また又 日本の放浪芸――節談《ふしだん》説教 小沢昭一が訪ねた旅僧たちの説法、ビクター音楽産業、1974.7/ SJX-2063 ～ 8（6 枚組）
小沢昭一が招いた「日本の放浪芸大会」、ビクター音楽産業、1974.7/ SJX-2076 ～ 8（3 枚組）
ドキュメント まいど… 日本の放浪芸――一条さゆり・桐かおるの世界 小沢昭一が訪ねたオール A 級特出《トクダシ》特別大興行、ビクター音楽産業、1977.2/ SJX-2128 ～ 31（4 枚組）

〔カセットテープ〕

ドキュメント 日本の放浪芸――小沢昭一が訪ねた道の芸・街の芸、ビクター音楽産業、1984.11.21/ VCK-924 ～ 30（7 本組）
ドキュメント 又 日本の放浪芸――小沢昭一が訪ねた渡世《てきや》芸術、ビクター音楽産業、1984.12.16/ VCK-931 ～ 5（5 本組）
ドキュメント また又 日本の放浪芸――節談《ふしだん》説教 小沢昭一が訪ねた旅僧たちの説法、ビクター音楽産業、1985.1.21/ VCK-936 ～ 41（6 本組）
小沢昭一日本の放浪芸、①～⑲（小沢昭一が訪ねた道の芸・街の芸／小沢昭一が訪ねた渡世《てきや》芸術／節談《ふしだん》説教 小沢昭一が訪ねた旅僧たちの説法／一条さゆり・桐かおるの世界　小沢昭一が訪ねたオール A 級特出《トクダシ》特別大興

行／一条さゆりの世界　小沢昭一が訪ねたオールＡ級特出《トクダシ》特別大興行)、日本ビクター、1988-1989/ VAC-1001-1019（全 19 巻）

〔CD〕

ドキュメント 日本の放浪芸――小沢昭一が訪ねた道の芸・街の芸　ビクターエンタテインメント、1999.12.16/ VICG-60231 ～ 7（7 枚組）
ドキュメント 又 日本の放浪芸――小沢昭一が訪ねた渡世《てきや》芸術、ビクターエンタテインメント、1999.12.16/ VICG-60238 ～ 42（5 枚組）
ドキュメント また又 日本の放浪芸――節談説教 小沢昭一が訪ねた旅僧たちの説法、ビクターエンタテインメント、1999.12.16/ VICG-60243 ～ 8（6 枚組）
ドキュメントまいど… 日本の放浪芸――一条さゆり・桐かおるの世界　小沢昭一が訪ねたオールＡ級特出《トクダシ》特別大興行、ビクターエンタテインメント、1999.12.16/ VICG-60249 ～ 52（4 枚組）
小沢昭一のドキュメント 日本の放浪芸 特別ハイライト盤、JVC ケンウッド・ビクターエンタテインメント、1999/CDS-768（非売品）
小沢昭一が招いた 日本の放浪芸 幻のスタジオライブ 秋田万歳、ビクターエンタテインメント、1999/CDS-769（非売品）
小沢昭一が訪ねた 能登の節談説教、ビクターエンタテインメント、2001.12.19/ VICG-60500
小沢昭一が招いた 日本の放浪芸大会、ビクターエンタテインメント、2001.12.19/ VICG-60501 ～ 3（3 枚組）
ドキュメント 日本の放浪芸――小沢昭一が訪ねた道の芸・街の芸、JVC ケンウッド・ビクターエンタテインメント、2015.12.9/ VICL-64450 ～ 7（7 枚組）
ドキュメント 又 日本の放浪芸――小沢昭一が訪ねた渡世《てきや》芸術、JVC ケンウッド・ビクターエンタテインメント、2015.12.9/ VICL-64458 ～ 63（5 枚組）
ドキュメント また又 日本の放浪芸――節談《ふしだん》説教 小沢昭一が訪ねた旅僧たちの説法、JVC ケンウッド・ビクターエンタテインメント、2016.1.13/ VICL-64464 ～ 70（6 枚組）
ドキュメントまいど… 日本の放浪芸――一条さゆり・桐かおるの世界 小沢昭一が訪ねたオールＡ級特出《トクダシ》特別大興行、JVC ケンウッド・ビクターエ

ンタテインメント、2016.1.13/ VICL-64471 ～ 5（4 枚組）
日本の放浪芸——小沢昭一が訪ねた道の芸・街の芸、ボーナス CD「特別秘蔵音源集」、JVC ケンウッド・ビクターエンタテインメント、2015/ VICL-64457（非売品）
又 日本の放浪芸——小沢昭一が訪ねた渡世《てきや》芸術、ボーナス CD「特別秘蔵音源集」、JVC ケンウッド・ビクターエンタテインメント、2015/ VICL-64463（非売品）
また又 日本の放浪芸——節談《ふしだん》説教 小沢昭一が訪ねた旅僧たちの説法、JVC ケンウッド・ビクターエンタテインメント、2016/ VICL-64470（非売品）
日本の放浪芸——一条さゆり・桐かおるの世界 小沢昭一が訪ねたオール A 級特出《トクダシ》特別大興行、JVC ケンウッド・ビクターエンタテインメント、2016/ VICL-64475（非売品）

〔音響映像資料〕

小沢昭一の 新日本の放浪芸——訪ねて韓国・インドまで、日本ビクター、1984.11.5、VHG-74001 ～ 74002（VHD ビデオディスク）（2 枚組）、CSGV-0002 ～ 3（VHS）・CZGV-0002 ～ 3（β II）（2 本組）
小沢昭一の 新日本の放浪芸——訪ねて韓国・インドまで、ビクターエンタテインメント、2001.12.19/ VIBG-2 ～ 3（DVD）（2 枚組）

B. 小沢による著作・論考（本書に関するもののみ）

〔単著（単行本）〕

1969、『私は河原乞食・考』、三一書房
1972、『小沢昭一雑談大会』、芸術生活社
1973、『私のための芸能野史』、芸術生活社
1974a、『珍奇絶倫——小沢大写真館』、話の特集
1974b、『清談・性談・聖談そして雑談』、白川書院
1974c、『日本の放浪芸』、番町書房
1975、『猥学探険』、創樹社

1976a、『言わぬが花——小沢昭一的世界』、文藝春秋
1976b、『私は河原乞食・考』、文春文庫
1978a、『わた史発掘——戦争を知っている子供たち』、文藝春秋
1978b、『雑談にっぽん色里誌』、講談社
1982、『日本の放浪芸』、角川文庫
1983、『私のための芸能野史』、新潮文庫
1985、『雑談にっぽん色里誌』、徳間文庫
1986、『言わぬが花——小沢昭一的世界』、文春文庫
1987、『わた史発掘——戦争を知っている子供たち』、文春文庫
1992、『背中まるめて——「小沢昭一的こころ」のこころ』、新潮文庫
1996、『放浪芸雑録』、白水社
1998a、『もうひと花』、文春文庫（単行本、1991、文藝春秋）
1998b、『ものがたり 芸能と社会』、白水社
2000、『話にさく花』、文春文庫（単行本、1995、文藝春秋）
2001、『ぼくの浅草案内』、ちくま文庫（単行本、1978、講談社）
2003 ～ 2004、『小沢昭一百景・随筆随談選集』、全6巻、晶文社
2004、『日本の放浪芸』、白水社
2005a、『散りぎわの花』、文春文庫（単行本、2002、文藝春秋）
2005b、『私は河原乞食・考』、岩波現代文庫
2006a、『小沢昭一的新宿末廣亭十夜』、講談社
2006b、『日本の放浪芸 オリジナル版』、岩波現代文庫
2006c、『珍奇絶倫——小沢大写真館』、ちくま文庫
2007、『昭和～平成　小沢昭一座談』、全5巻、晶文社
2008、『小沢昭一がめぐる寄席の世界』、ちくま文庫（単行本、2004、朝日新聞社）
2009a、『老いらくの花』、文春文庫（単行本　2006、文藝春秋）
2009b、『わた史発掘——戦争を知っている子供たち』、岩波現代文庫
2010、『日々談笑——小沢昭一対談集』、ちくま文庫（単行本、2000、晶文社）

〔論考・エッセイ〕

1970.9.24、「小沢昭一対談　名神好色道路——七色にキラリと光るVサインの奥　人気ナンバーワン関西に隠れもなきヌードの華」、『週刊アサヒ芸能』、106 ～ 110 頁

1971.6、「放浪芸をひとまず訪ね終えて」、『日本の放浪芸』、解説書、日本ビクター、1頁
1971.8、「お茶の間放談――テレビばかりが芸じゃない」、『文藝春秋』、302～310頁
1972.1、「足芸師」、「私のための芸能野史《雑芸者》歴訪ノート①」、『芸術生活』、74～79頁
1972.2、「女相撲（上）」、「私のための芸能野史《雑芸者》歴訪ノート②」、『芸術生活』、80～85頁
1972.3、「女相撲（下）」、「私のための芸能野史《雑芸者》歴訪ノート③」、『芸術生活』、90～95頁
1972.4、「浪花節――そのケレン読み」、「私のための芸能野史《雑芸者》歴訪ノート④」、『芸術生活』、86～92頁
1972.5、「万歳」、「私のための芸能野史《雑芸者》歴訪ノート⑤」、『芸術生活』、84～90頁
1972.6、「説教・絵解」、「私のための芸能野史《雑芸者》歴訪ノート⑥」、『芸術生活』、96～102頁
1972.7、「トクダシ（上）」、「私のための芸能野史《雑芸者》歴訪ノート⑦」、『芸術生活』、97～103頁
1972.8、「トクダシ（下）」、「私のための芸能野史《雑芸者》歴訪ノート⑧」、『芸術生活』、87～93頁
1972.9、「東京の大道芸人窟（上）」、「私のための芸能野史《雑芸者》歴訪ノート⑨」、『芸術生活』、69～75頁
1972.10、「東京の大道芸人窟（下）」、「私のための芸能野史《雑芸者》歴訪ノート⑩」、『芸術生活』、99～105頁
1972.11、「漫才」、「私のための芸能野史《雑芸者》歴訪ノート⑪」、『芸術生活』、99～105頁
1972.12a、「再び万歳」、「私のための芸能野史《雑芸者》歴訪ノート最終回」、『芸術生活』、93～99頁
1973.12b、「お金と換える芸能」、『又日本の放浪芸』、解説書、日本ビクター、2～3頁
1974.4、「舌耕芸――香具師の場合」、『新劇』、21巻4号、70～84頁
1974.7、「『日本の放浪芸』始末書」、『また又日本の放浪芸』、解説書、日本ビクター、3～4頁
1975.1、「祝福芸の神々」、『國文學』、20巻1号、118～121頁

1975.3、「一条さゆり以後の一条さゆり」、『季刊藝能東西』、1、櫻春号（創刊号）、55 ～ 62 頁
1975.7、「一条さゆり以後の一条さゆり——和歌山刑務所面会記」、『季刊藝能東西』、2、螢夏号、53 ～ 57 頁
1975.10、「一条さゆり以後の一条さゆり——裁判記録をもとに考える 1」、『季刊藝能東西』、3、雁秋号、54 ～ 68 頁
1976.1、「一条さゆり以後の一条さゆり——裁判記録をもとに考える 2」、『季刊藝能東西』、4、炭冬号、56 ～ 70 頁
1976.4、「一条さゆり以後の一条さゆり——裁判記録をもとに考える 3」、『季刊藝能東西』、5、花吹雪号、72 ～ 85 頁
1976.7、「一条さゆり以後の一条さゆり——裁判記録をもとに考える 4」、『季刊藝能東西』、6、蝉時雨号、206 ～ 220 頁
1976.10、「一条さゆり以後の一条さゆり——裁判記録をもとに考える 5」、『季刊藝能東西』、7、野分雲号、54 ～ 68 頁
1977.1、「一条さゆり以後の一条さゆり——裁判記録をもとに考える 6」、『季刊藝能東西』、8、寒牡丹号、222 ～ 245 頁
1977.4、「一条さゆり以後の一条さゆり——裁判記録をもとに考える 7」、『季刊藝能東西』、9、揚雲雀号、54 ～ 72 頁
1977.7、「一条さゆり以後の一条さゆり——裁判記録をもとに考える 8」、『季刊藝能東西』、10、遠花火号、208 ～ 233 頁
1979.11、「浪花節と私」、『新劇』、61 ～ 85 頁
1990、CD『小沢昭一が訪ねた能登の節談説教』、解説書、日本ビクター

共著（著作・論考・座談会）〔刊行年月昇順〕

小沢昭一・野村喬・早野寿郎・宮尾しげを・山口龍之介 1971.5、「ドキュメンタリー・レコード『日本の放浪芸』をめぐって」、『テアトロ』、337、70 ～ 85 頁
小沢昭一・永六輔 1972、『陰学探険』、創樹社
秋元松代・小沢昭一 1973.1、「対談　日本の放浪芸」、『新日本文学』、28 巻 1 号、70 ～ 77 頁
小沢昭一・村岡良一 1973.11、「放浪芸と音」、『録音のすべて 1974』（『ステレオ』『週刊 FM』別冊）、音楽之友社、214 ～ 221 頁
小沢昭一・関山和夫・永六輔・祖父江省念 19741、『説教——埋もれた芸能史

からの招待』、風媒社
五来重・本田安次・小沢昭一 1974.1、「祝う・祈る・呪う、そして騙る――芸能の源流をさぐる」、『言語生活』、268、3～14頁
正木ひろし・小沢昭一・小中陽太郎 1974.6、『潮』、180、「猥褻・ワイセツ・わいせつ――てい談」、196～206頁
小沢昭一・長部日出雄・斎藤真1 1974.9、「放浪芸人の足の裏」、『中央公論』、98巻9号、292～303頁
多田道太郎・小沢昭一 1977.5、「ストリップとラブ・ホテルの大衆文化論」、『潮』、216、170～180頁
桐かおる・小沢昭一 1977.7、「桐かおるのアートとハート」、『季刊藝能東西』、遠花火号、2～7頁
小沢昭一 VS 鈴木清 1977.11、「露店の手品師」、『新劇』、24巻11号、60～67頁
小沢昭一・佐藤綾 1978、『ドキュメント 綾さん――小沢昭一が敬愛する接客のプロフェッショナル』、新しい芸能研究室
南博・永井啓夫・小沢昭一編 1981～1982、『芸双書』、全10巻、白水社
小沢昭一・佐藤綾 1983、『ドキュメント 綾さん――小沢昭一が敬愛する接客のプロフェッショナル』、新潮文庫
小沢昭一・網野善彦 1991、「大道からの視点」、（網野善彦ほか編）『大道と見世物』（大系日本歴史と芸能13）、平凡社
小沢昭一・林雅彦 1993、「放浪芸と私――絵解きにもふれて」、（林雅彦編著）『絵解き万華鏡　聖と俗のイマジネーション』、三一書房、129～144頁
小沢昭一・照屋林助・竹中労 2003、「変幻自在なるもの　琉球諸芸」、CD復刻版『沖縄／祭り・うた・放浪芸』、解説書、CBSソニー、1～14頁（初版は1976年）
小沢昭一・永六輔 2007a、『平身傾聴裏街道戦後史――色の道商売往来』、ちくま文庫
―― 2007b、『平身傾聴裏街道戦後史――遊びの道商売往来』、ちくま文庫
小沢昭一・土方鉄 2013、『芸能入門・考――芸に生きる』、明石書店

〔MOOK〕

1983、『小沢昭一の世界』、白水社
2010、『KAWADE夢ムック　文藝別冊　［総特集］小沢昭一』、河出書房新書

C. その他の参考文献

はじめに

飯田卓編著 2017a、『文化遺産と生きる』、臨川書店
―― 2017b、『文明史のなかの文化遺産』、臨川書店
飯田卓 2017、「『人間不在の文化遺産』という逆説を超えて」、『文化遺産と生きる』、臨川書店、12 ～ 35 頁
岩崎まさみ 2017、「無形文化遺産を語る人たち」、『文化遺産と生きる』、臨川書店、39 ～ 67 頁
荻野昌弘編著 2002、『文化遺産の社会学――ルーヴル美術館から原爆ドームまで』、新曜社
片桐新自編著 2000、『歴史的環境の社会学』、新曜社
小島美子 1982、「解説」、『日本の放浪芸』、角川文庫、307 ～ 315 頁
品田悦一 2001、『万葉集の発明――国民国家と文化装置としての古典』、新曜社
島添貴美子 2021、「『日本民謡大観』前夜――町田嘉章の初期の民謡調査」、（細川周平編著）『民謡からみた世界音楽――うたの地脈を探る』、121 ～ 137 頁
―― 2012、『民謡とは何か？』、音楽之友社
鈴木聖子 2019、『〈雅楽〉の誕生――田辺尚雄が見た大東亜の響き』、春秋社
―― 2022、「民間の雅楽団体における「わざ」の正統性――薗廣教と雅楽道友会の音響空間」、『待兼山論叢（芸術篇）』、55、1 ～ 28 頁
鈴木良・高木博志編著 2002、『文化財と近代日本』、山川出版社
田辺尚雄 1965、『明治音楽物語』、青蛙房
坪井秀人 2006、『感覚の近代――声・身体・表象』、名古屋大学出版会
東京大学文化資源学研究室 2021、『文化資源学――文化の見つけかたと育てかた』、新曜社
ファルジュ、アルレット 2003、「フーコーとアナール学派」、（イザベル・フランドロワ編、尾河直哉訳）『「アナール」とは何か 進化しつづける「アナール」の一〇〇年』、藤原書店、227 ～ 236 頁
ベルクソン、アンリ 2015、（熊野純彦訳）『物質と記憶』、岩波文庫（原著／Henri Bergson, *Matière et Mémoire : Essai sur la relation du corps à l'esprit*, Paris: Félix Alcan, 1896）（邦訳の原著は第 7 版）

早稲田大学演劇博物館 2016.3、『演劇博物館報 enpaku book』、112号、早稲田大学坪内博士記念演劇博物館

渡辺裕 2013、『サウンドとメディアの文化資源学――境界線上の音楽』、春秋社

Anderson, Benedict 2007, *Imagined Communities: Reflections on the Origin and Spread of Nationalism* (Revised and Expanded edition), Verso, London, 2006.（邦訳 ベネディクト・アンダーソン（白石隆・白石さや訳）『定本 想像の共同体』、書籍工房早山、2007年）

Applegate, Celia / Potter, Pamela Maxine (eds.) 2002, *Music and German National Identity*, University of Chicago Press.

Bohlman, Philip Vilas 2002, *World Music: A Very Short Introduction*, Oxford University Press.（邦訳 フィリップ・V・ボールマン（柘植元一訳）『ワールドミュージック/世界音楽入門』、音楽之友社、二〇〇六年）

Bortolotto, Chiara 2013, « L'Unesco comme arène de traduction », *Gradhiva*, 18, pp. 50-73.

Hafstein, Valdimar 2018, *Making Intangible Heritage: El Condor Pasa and Other Stories from UNESCO*, Indiana University Press.

Cordereix, Pascal 2006, « Les enregistrements du musée de la Parole et du Geste à l'Exposition coloniale. Entre science, propagande et commerce », *Vingtième siècle. Revue d'histoire*, 4/92, pp. 47-59.（邦訳 パスカル・コルドレクス（鈴木聖子訳）「パリ植民地博覧会における音声博物館の録音資料――学術とプロパガンダと商業のあいだで」、『阪大音楽学報』、18、2021年、117～138頁）

Nora, Pierre (eds.) 1984-1992, *Les Lieux de mémoire,* Gallimard, Paris, 3 tomes : t. 1 *La République* (1 vol., 1984), t. 2 *La Nation* (3 vol., 1986), t. 3 *Les France* (3 vol., 1992) ; Gallimard Quarto, 3 tomes, 1997.（邦訳（選集）／谷川稔監訳『記憶の場――フランス国民意識の文化＝社会史』、全3巻、岩波書店、2002～2003年）

〔記事〕

『毎日新聞』2020.10.23、地方版／広島、22頁、「三原市文化財：三原市文化財に2件指定「のぞきからくり」と手形巨石 ／広島」

序章

網野善彦 2008、『「日本」をめぐって――網野善彦対談集』、洋泉社。（単行本は 2002 年）
荒俣宏 2000、『万博とストリップ――知られざる二十世紀文化史』、集英社新書
井家上隆幸 1985、「解説」、（小沢昭一）『雑談にっぽん色里誌』、徳間文庫、473 ～ 477 頁
泉沙織 2022.1、「戦後日本における「ストリップショー黄金時代」のバーレスク志向」、『コモンズ』、1 号、115 ～ 126 頁、DOI　https://doi.org/10.57298/commons.2022.1_115（最終閲覧日、2022 年 9 月 22 日）
市川捷護 1971.6、「あとがき」、『日本の放浪芸』、解説書、日本ビクター、54 頁
今谷明 2012、『天皇と戦争と歴史家』、洋泉社
岩佐壮四郎 2015.7、「岡鬼太郎の喜劇」、『関東学院大学人文学会紀要』、第 132 号
梅山いつき 2012、『アングラ演劇論――叛乱する言葉、偽りの肉体、運動する躰』、作品社
永六輔 1965、『わらいえて――芸能 100 年史』、朝日新聞社（連載初出は『大阪朝日新聞』、1964 年）
―― 1969、『芸人 その世界』、文藝春秋（連載初出は『話の特集』、1966 年）
―― 1969、『芸人たちの芸能史――河原乞食から人間国宝まで』、（大宅壮一監修「ドキュメント＝近代の顔」②）、番町書房
―― 1971、『われらテレビ乞食』、白馬出版（連載初出は『話の特集』、1966 年）
永六輔・矢崎泰久・坂梨由美子 1996、『話の特集ライブラリー　永六輔の特集』、自由国民社
扇田昭彦 1973.1、「小沢昭一は河原乞食・考」、『美術手帖』、25 号、20 ～ 23 頁
大笹吉雄 1986、『日本現代演劇史　大正・昭和初期篇』、白水社
―― 1998、『日本現代演劇史　昭和戦後編 I』、白水社
―― 2001、『日本現代演劇史　昭和戦後編 II』、白水社
大西信行 1969.11、「（書評）小沢昭一著『私は河原乞食・考』」、『芸能』、11、65 頁

—— 1977、『正岡容』、文藝春秋
小熊英二 2002、『〈民主〉と〈愛国〉——戦後日本のナショナリズムと公共性』、新曜社
唐十郎 1976、『唐十郎と紅テント その一党——劇団状況劇場 1964—1975』、白川書院
河竹繁俊 1959『日本演劇全史』、岩民書店
—— 1966、『概説日本演劇史』、岩波書店
菅孝行 2007『戦う演劇人——戦後演劇の思想 千田是也 浅利慶太 鈴木忠志』、而立書房
京谷啓徳 2015、「秦豊吉と額縁ショウ」、(中野正昭編)『ステージ・ショウの時代』、森話社、215 ～ 240 頁
工藤保則 2020、「新天地からふるさとへ——小沢昭一の「語り芸」に関する一考」、『龍谷大学社会学部紀要』、56、7 ～ 16 頁
郡司正勝 1952.2、「河原者と芸能」、(早稲田大学文学部綜合世界文芸研究会編)『綜合世界文芸』、4、104 ～ 121 頁
—— 1954、『歌舞伎入門』、社会思想研究会出版部
—— 1962、『新訂 かぶき入門』、社会思想社(岩波現代文庫、2006 年)
—— 1962.10、「芸人の血統」、『国文学 解釈と鑑賞』(昭和三十七年十月特集増大号「芸能・芸人の系譜」)、115 ～ 117 頁
劇団俳優座編 1965、『俳優座史 1944 ～ 1964』、劇団俳優座
—— 1974、『俳優座史 1965 ～ 1973』、劇団俳優座
小国喜弘 2002.3「国民的歴史学運動における『国民』化の位相——加藤文三「石間をわるしぶき」を手がかりとして」、『人文学報』、327 号、47 ～ 72 頁
後藤淑 1964、『日本芸能史入門』、社会思想社
小谷野敦 1999、『江戸幻想批判——「江戸の性愛」礼讃論を撃つ』、新曜社(『改訂新版 江戸幻想批判——「江戸の性愛」礼讃論を撃つ』、新曜社、2008 年)
佐々木崇夫 2006、『三流週刊誌編集部——アサヒ芸能と徳間康快の思い出』、バジリコ
千田是也 1964、『近代俳優術』上・下、早川書房
—— 1975、『もうひとつの新劇史——千田是也自伝』、筑摩書房
田中小実昌 1970、『あぁ人生ストリップ』、サンケイ新聞
田中千禾夫 1955、『とら』、『海の星＝ひとで』(ラジオ・ドラマ新書)、宝文館、17 ～ 24 頁

―― 1967、『とら』、(『田中千禾夫戯曲全集』、第 7 巻)、白水社、7 ～ 14 頁
津金沢聡広 1964.11、「戦後日本の「大衆芸術・娯楽」研究の動向　附・関係主要文献目録（1945 年～ 1964 年 7 月）」、『関西学院大学社会学部紀要』、281 ～ 298 頁
堂本正樹 1971、『伝統演劇と現代』、三一書房
永井荷風 1990、『榎物語』、(『雨蕭蕭・雪解け 他七篇』)、岩波文庫。(初出は『中央公論』、1931 年 5 月。文庫初版は 1987 年)
中原弓彦（小林信彦）1972.2、「上昇志向と下降志向――渥美清、小沢昭一、ジェリー藤尾」（連載「日本の喜劇人 9」)、『新劇』、19 巻 2 号、82 ～ 91 頁
―― 1972、『日本の喜劇人』、晶文社
中谷陽 1975、『おお特出し――秘話・関西ストリップ』、立風書房
橋本与志夫 1995、『ヌードさん――ストリップ黄金時代』、筑摩書房
秦豊吉 1955、『劇場二十年』、朝日新聞社
林屋辰三郎 1954、『歌舞伎以前』、岩波新書。(復刻版 2016 年)
―― 1960、『中世芸能史の研究――古代からの継承と創造』、岩波書店
―― 1973、『古代中世芸術論』、(『日本思想大系』、23)、岩波書店
林屋辰三郎・植木行宣 1962.10、「河原者の流れ」、『国文学 解釈と鑑賞』（昭和三十七年十月特集増大号「芸能・芸人の系譜」)、26 ～ 32 頁
早野寿郎 1972、「『榎物語』『説教板敷山』を演出して」、LP『唸る、語る、小沢昭一　榎物語・説教板敷山』、解説書、ビクター
広末保 1970、『悪場所の発想――伝承の創造的回復』、三省堂
松崎仁 1997、「初期歌舞伎研究のあゆみ」、『近世演劇を学ぶ人のために』、世界思想社、129 ～ 145 頁
三木幹夫 1981、『ブルーフィルム物語――秘められた映画 75 年史』、世文社
三田完 2015、『あしたのこころだ――小沢昭一的風景を巡る』、文藝春秋
村松友視 2003、『今平犯科帳――今村昌平とは何者』、NHK 出版
本山謙二 2016.10、「芸能の始源を探した“ふたり”――永六輔と小沢昭一それぞれの芸能論」、『ユリイカ』、48（14)、202 ～ 207 頁
森彰英 1998、『行動する異端――秦豊吉と丸木砂土』、TBS ブリタニカ
森福二郎 1953、『臍の見える劇場』、文藝出版
矢崎泰久 2005、『「話の特集」と仲間たち』、新潮社
矢野誠一 1985.8、「「新劇寄席」――「演技」と「芸」を結んだ早野寿郎の演出」、『悲劇喜劇』、38 巻 8 号、88 ～ 91 頁

山路興造 2013.5、「小沢昭一的芸能史」、『図書』、20 ～ 23 頁
脇田晴子 2013、『日本中世被差別民の研究』、岩波書店
Dumont, Éric & Manigot, Vincent 2014, « Une histoire du striptease japonais », *Cipango*, 21, 133-185.
Suzuki, Seiko 2018, « Le striptease et les intellectuels des années 1960 – 1970 : Ozawa Shôichi et Document / Arts itinérants du Japon », *Japon Pluriel*, vol.12, SFEJ, pp. 139-146.

〔記事〕

『朝日ジャーナル』1967.8.27、83 ～ 89 頁、「現代“河原者”」（開かれた世代・35）
『週刊アサヒ芸能』1967.2.12、88 ～ 91 頁、「軽薄派・小沢昭一のヨイショリズム　サルトルとトルコを同居させる秘密」
『週刊現代』1978.3.9、6 ～ 12 頁、「小沢昭一の“男の郷愁”を行く　あれから 20 年、旧赤線・遊郭再訪」
『週刊サンケイ』1970.2.16、32 ～ 33 頁、「東京で『マン博』を演出する小沢昭一」
『週刊大衆』1965.12.16、67 ～ 69 頁、「ズバリこの人 突如参上 ああキビシきは“トルコ”の道――八方破れの中に芸道を極める小沢昭一」
『週刊文春』1967.10.9、90 ～ 94 頁、「“エロ事師”が惚れた大阪の夜「ネオン太平記」に主演する小沢昭一の風流行状記」
『週刊読売』1976.11.27、16 ～ 17 頁、「トルコ文化はきびしい取り締まりによって発展する」
『現代』1974.11、208 ～ 216 頁、「佐藤愛子・川上宗薫 爆笑トピック漫才――われと来て歌えやトルコ『行進曲』」
『毎日グラフ』1968.9.15、11 ～ 17 頁、「まじめなエロ事師――小沢昭一さん」（連載「行動する人間」29）、（本誌　秋岡義之、撮影　東康生）

第一章

相田洋 2003、『ドキュメンタリー 私の現場――記録と伝達の 40 年』、NHK 出版
阿部美春 2012.5、「テープ録音機物語 その 63 カセット（1）」、JAS Journal、

52巻3号、17～28頁
池上良正 2019、『増補 死者の救済史――供養と憑依の宗教学』、ちくま学芸文庫
石井美保・岩城卓二・田中祐理子・藤原辰史編著 2021、『環世界の人文学〈生と創造の探究〉』、人文書院
石崎勝久 1971.8、「●日本の放浪芸●滅びかけている芸能に対する愛情」、『キネマ旬報』、114～115頁
市川捷護 1971.6、「あとがき」、『日本の放浪芸』、解説書、日本ビクター、54頁
―― 1972.11、「『日本の放浪芸』で得たもの」、『テアトロ』、356、24～25頁
―― 2000、『回想 日本の放浪芸――小沢昭一さんと探索した日々』、平凡社新書
―― 2003、『ジプシーの来た道――原郷のインド・アルメニア』、白水社
市川捷護・市橋雄二、2010、『中国55の少数民族を訪ねて』、白水社（新装版。旧版は1998）
伊藤亜紗 2015、『目の見えない人は世界をどう見ているのか』、光文社新書
今林直樹 2022.3、「ノスタルジーの国際関係論」、『人文社会科学論叢』、31、51～66頁
永六輔 1971.8、「遊芸に生きる小沢昭一の放浪人生」、『週刊朝日』、76巻38号、142～145頁
大道晴香 2017、『「イタコ」の誕生――マスメディアと宗教文化』
小川洋三 1971.6、「隠された道――小沢昭一と共に」、『日本の放浪芸』、解説書、日本ビクター、52頁
金子智太郎 2017、「一九七〇年代の日本における生録文化――録音の技法と楽しみ」、『カリスタ』、23、84～112頁
上島敏昭 1999、「見世物研究資料」、（鵜飼正樹・北村皆雄・上島敏昭編著）『見世物小屋の文化誌』、新宿書房、324～333頁
川村邦光 2006、『巫女の民俗学――〈女の力〉の近代』、青弓社
君塚雅憲 2012、「テープレコーダーの技術系統化調査」、（国立科学博物館産業技術史資料情報センター編）『国立科学博物館技術の系統化調査報告』、第17集、185～273頁
郡司正勝 1971.6、「放浪の芸能」、『日本の放浪芸』、解説書、日本ビクター、4～7頁

薦田治子 2006.12、「薩摩盲僧琵琶の誕生と展開――平家琵琶から薩摩盲僧琵琶へ、そして薩摩琵琶へ」、（お茶の水音楽研究会編）『お茶の水音楽論集』、277 〜 288 頁
桜井徳太郎 1974、『日本のシャマニズム』、上巻、吉川弘文館
―― 1977、『日本のシャマニズム』、下巻、吉川弘文館
シェーファー、マリー 1998、（鳥越けい子・若尾裕・今田匡彦訳）『サウンド・エデュケーション』、春秋社。（新版・2009 年）
―― 2006、『世界の調律――サウンドスケープとはなにか』、平凡社ライブラリー（新装版、2022 年）
庄野進 1997、「サウンドスケープ論の立脚点――出発点と現在」、（谷村晃・鳥越けい子編）『現代のエスプリ　サウンドスケープ』、354、50 〜 58 頁
スターン、ジョナサン 2015、（中川克志・金子智太郎・谷口文和訳）『聞こえくる過去』、インスクリプト。（原著：Jonathan Sterne, *The Audible Past : Cultural Origins of Sound Reproduction*, Duke University Press, 2003.）
瀬尾文彰 1986、「環境的な〈もの〉」、（小川博司、庄野泰子、田中直子、鳥越けい子編著）『波の記譜法――環境音楽とはなにか』、時事通信社、175 〜 194 頁
武田徹 2017、『日本ノンフィクション史　ルポルタージュからアカデミック・ジャーナリズムまで』、中公新書
田中直子 1986、「環境音楽のコト的・道具的存在性　日本の音文化から」、（小川博司、庄野泰子、田中直子、鳥越けい子編著）『波の記譜法　環境音楽とはなにか』、時事通信社、117 〜 147 頁
谷口文和・中川克志・福田裕大 2015、『音響メディア史』、ナカニシヤ出版
鳥羽耕史 2010、『1950 年代 「記録」の時代』、河出書房
鳥越けい子 1997、『サウンドスケープ――その思想と実践』、鹿島出版社
日本ビクター株式会社 50 年史編集委員会編　1977、『日本ビクター 50 年史』、日本ビクター
橋本裕之 2014、『舞台の上の文化――まつり・民俗芸能・博物館』、追手門学院大学出版会
原英子 2013.3、「人々はイタコに何を求めるのか（3）――創造されるイタコイメージとイタコの実態」、『岩手県立大学盛岡短期大学部研究論集』、第 15 号、51 〜 56 頁
兵頭晶子 2007、「憑依が精神病にされるとき――人格変換・宗教弾圧・精神

鑑定」（第 4 章）、（河村邦光編著）『憑依の近代とポリティクス』、青弓社、147 ～ 177 頁
細川周平 1981、『ウォークマンの修辞学』、朝日出版社、エピステーメー叢書
―― 1990、『レコードの美学』、勁草書房
真島一郎 1997、「憑依と楽屋――情報論による演劇モデル批判」、『儀礼とパフォーマンス』（『岩波講座　文化人類学』、第 9 巻）、岩波書店、107 ～ 147 頁
三橋一夫 1971.9、「断末魔の叫び――日本の放浪芸」、『レコード芸術』、20 巻 9 号、224 ～ 229 頁
宮田章 2016、「『録音構成』の発生――NHK ドキュメンタリーの源流として」『NHK 放送文化研究所年報』、60、101 ～ 171 頁
三隅治雄 1971.10、（レコード評）「小沢昭一取材・構成　ドキュメント日本の放浪芸（レコード）」、58 頁
ユクスキュル、ヤーコプ・フォン／ゲオルク・クリサート 2005、（日高敏隆・羽田節子訳）『生物から見た世界』、岩波文庫
吉見俊哉 1995、『「声」の資本主義――電話・ラジオ・蓄音機の社会史』、講談社（河出書房新社、2012 年）
脇田晴子 2001、『女性芸能の源流――傀儡子・曲舞・白拍子』、角川書店
渡辺裕 1989、『聴衆の誕生――ポスト・モダン時代の音楽文化』、春秋社（新装版、2004 年／中公文庫、2012 年）
―― 1997、『音楽機械劇場』、新書館
―― 2013、『サウンドとメディアの文化資源学――境界線上の音楽』、春秋社
―― 2017、『感性文化論――〈終わり〉と〈はじまり〉の戦後昭和史』、春秋社
Riffaud, Madeleine, *Dans les marquis "Vietcong"*, Paris, R. Julliard, 1965.

〔記事〕

『読売新聞』1970.9.19、夕刊、9 面、「話芸の源「説教」をとりあげる異色の会――小沢昭一ら俳小で開く」
『読売新聞』1971.5.31、夕刊、7 面、「劇団俳小――変わった試み三つ」
『朝日新聞』1973.11.6、夕刊、9 面、「こんどは“てきや芸術”」

第二章

永六輔 1965、『わらいえて――芸能 100 年史』、朝日新聞社
―― 1971、『われらテレビ乞食』、白馬出版
―― 2004、『昭和――僕の芸能私史』、知恵の森文庫（単行本は朝日新聞社、1999 年）
大須賀順意著／府越義博（編訳）2011、『現代文　説教の秘訣』、国書刊行会
桂米朝 1972、「『榎物語』について」、LP『唸る、語る、小沢昭一 榎物語・説教板敷山』、解説書、日本ビクター
金森千栄子 1973.11、「一期一会の“音”――「石崎の女“片倉千代”」を作って」、『月刊民放』、30 ～ 32 頁
澤田篤子 2002.10、「仏教儀礼における「語り物」の音楽構造――表白・講式を例として」、『日本の語り物――口頭性・構造・意義』（『国際日本文化研究センター共同研究報告』）、181 ～ 193 頁
関山和夫 1964、『説教と話芸』、青蛙房
―― 1978、『説教の歴史』、岩波新書
―― 1974.7、「節談説教」、『また又日本の放浪芸』、解説書、日本ビクター、7 ～ 11 頁
―― 1982、『仏教と民間芸能』、白水社
―― 1987.3、「節談説教」、『国文学 解釈と鑑賞』、52 巻 3 号（特集　日本人の心のふる里への回帰《レトロ》さすらう芸と寄席の芸）、67 ～ 72 頁
関山和夫・浅井成意味・釈徹宗・杉本光昭・直林不退・府越義博 2009.10、「座談会 今後の節談の方向性――芸能と布教の境界」、『節談説教』、6 ～ 10 頁
祖父江省念 2014、『節談説教七十年』（平成復刻版）、方丈堂出版
鶴森緑 2011.12、「北陸放送 MRO ラジオ・ストーリー『日本列島ここが真ん中』――日常に息づく人間ドラマを生放送」、『月刊民放』、25 ～ 27 頁
直林不退 2007、『節談椿原流の説教者』、永田文昌堂
―― 2016.3、「小沢昭一の遺産と課題――『日本の放浪芸』再復刻によせて」、『大法輪』、180 ～ 183 頁
―― 2018、「「節談説教」像の再検討」、『人文学研究』、第 3 号、35 ～ 54 頁
―― 2020、『布教技法としての節談』、永田文昌堂
西山郷史 1991、「節談説教の風土」、『音と映像と文字による大系日本歴史と芸能』、第 5 巻、『踊る人々――民衆宗教の展開』、解説書、28 ～ 61 頁

北陸放送編 1977、『地域とともに四半世紀――北陸放送二十五年史』、北国出版社
輪島裕介 2010、『創られた「日本の心」神話――「演歌」をめぐる戦後大衆音楽史』、光文社新書

〔記事〕

『週刊アサヒ芸能』1976.12.2、87 ～ 102 頁、「本誌連載対談　歴代ホスト総登場 PART-I　アノときのおんな アノときのおとこ 裏話」
『季刊ステレオサウンド Stereo Sound』1977.1、41、311 ～ 331 頁、「テープデッキ　世界の一流品」
『季刊ステレオサウンド Stereo Sound』1977.7、43、249 ～ 283 頁、「評論家の選ぶ '77 ベストバイ・コンポーネント 3」

第三章

井家上隆幸 2009、「竹中労 70 年代の行動」、（記忘記同人編）『日本禁歌集の宇宙』、邑楽舎／メディアルネッサンス、76 ～ 87 頁
市川捷護 2000、『回想 日本の放浪芸――小沢昭一さんと探索した日々』、平凡社新書
永六輔 1971.8、「遊芸に生きる小沢昭一の放浪人生」、『週刊朝日』、76 巻 38 号、142 ～ 145 頁
大島渚 2009、「『日本春歌考』へ」「『日本春歌考』に参加する諸君へ」、（4 方田犬彦編）『大島渚著作集』、第 3 巻、現代思潮新社、58 ～ 70 頁
大野光明 2014、『闘争の時代 1960 ／ 70――分断を乗り越える思想と実践』、人文書院
岡田真紀 1995、『世界を聴いた男――小泉文夫と民族音楽』、平凡社
葛西周 2008、「博覧会の舞踊にみる近代日本の植民地主義――琉球・台湾に焦点をあてて」『東洋音楽研究』、73、21 ～ 41 頁
笠原政治 1990、「鳥居龍蔵の沖縄調査」、『東京大学総合研究資料館標本資料報告』、第 18 号、鳥居龍蔵資料アーカイブ推進協議会『鳥居龍蔵とその世界』（http://torii.akazawa-project.jp/cms/photo_archive/kasahara/、2022 年 10 月 10 日最終閲覧）
金井喜久子 2006、『ニライの歌』、琉球新報社

金城厚 2011、『沖縄音楽入門』、音楽之友社
喜納昌吉 2010、『沖縄の自己決定権』、未来社
記忘記同人 2009、「はじめに――なぜいま、『日本禁歌集』なのか」、（記忘記同人編）『日本禁歌集の宇宙』、邑楽舎／メディアルネッサンス、4～7頁
木村聖哉 1999、『竹中労・無頼の哀しみ』、現代書館
久万田晋 1996、「民族音楽における沖縄の発見」、（琉球大学編）『平成八年度沖縄地区大学放送公開講座 琉球に魅せられた人々――外からの琉球研究とその背景』（琉球大学公開講座委員会）、81～89頁
―― 2011、『沖縄の民俗芸能論――神祭り、臼太鼓からエイサーまで』、ボーダーインク
小泉文夫 1958、『日本伝統音楽の研究』、音楽之友社
―― 1971、「沖縄音楽の音階」、『人類科学』、第23集、167～184頁
小島美子 1990、「九学会連合と音楽学」、『人類科学』、42、203～223頁
坂野徹 2012、『フィールドワークの戦後史――宮本常一と九学会連合』、吉川弘文館
坂本正勝 2015、「『小沢昭一の小沢昭一的こころ』――番組40年の魅力」、CD『大沢悠里プロデュース 小沢昭一の小沢昭一的こころ 昭和の傑作選 CDボックス』、解説書、日本コロムビア、COCJ-39330-9、年、6～12頁
鈴木聖子 2014、『「科学」としての日本音楽研究――田辺尚雄の雅楽研究と日本音楽史の構築』、東京大学大学院人文社会系研究科博士論文（文学）
―― 2019、『〈雅楽〉の誕生――田辺尚雄が見た大東亜の響き』、春秋社
―― 2022.1、「声と音の芸能史――『小沢昭一的小三治』」、『ユリイカ』、211～218頁
鈴木義昭 1994、『風のアナキスト――竹中労』、現代書館
添田知道 1966、『日本春歌考』、弘文堂カッパブックス
高橋美樹 2011、「レコードに初めて録音された沖縄音楽――1915年『琉球新報』と大阪蓄音器の活動を通して」、『高知大学教育学部研究報告』、71、229～242頁
―― 2012、「沖縄音楽レコードにみる〈媒介者〉の機能――1930年代・日本コロムビア制作のSP盤を対象として」、（細川周平編著）『民謡からみた世界音楽　うたの地脈を探る』、ミネルヴァ書房
竹中労 1965、『美空ひばり――民衆の心をうたって二十年』、弘文堂

—— 1966、『ビートルズレポート　話の特集臨時増刊号』、日本社（「完全復刻版」、WAVE 出版、1995 年）

—— 1970.5.29、「“ド助平人間” はまじめでござる　小沢昭一」（第 15 回「連載スターを斬る！　竹中労の芸能社会評論」）、『週刊読売』、124 ～ 127 頁

—— 1970、『芸能界をあばく』、日新報道

—— 1973、『ニッポン春歌行　もしくは「春歌と革命」』、伝統と現代社

—— 19758、『琉歌幻視行　島うたの世界』、田畑書店

—— 1975.8、「続メモ・沖縄　変幻自在なるもの　琉球諸芸①」、『話の特集』、150 ～ 158 頁

—— 1975.9、「続メモ・沖縄　変幻自在なるもの　琉球諸芸②」、『話の特集』、148 ～ 158 頁

—— 1975.11、「続メモ・沖縄　最終回・総括篇・上」、『話の特集』、152 ～ 160 頁

—— 1975.12、「続メモ・沖縄　最終回・総括篇・了」、『話の特集』、150 ～ 159 頁

—— 1999、『決定版ルポライター事始』、ちくま文庫

—— 2002、『琉球共和国——汝、花を武器とせよ！』、ちくま文庫（単行本は 1972 年）

—— 2003、「解説 I」、CD 復刻版『沖縄／祭り・うた・放浪芸』、解説書、CBS ソニー、15 ～ 21 頁

たけなか・ろう 1986、『にっぽん情哥行』、ミュージック・マガジン

田辺尚雄 1968、『南洋・台湾・沖縄音楽紀行』、音楽之友社

—— 1982、『続田辺尚雄自叙伝』、邦楽社

鳥居龍蔵 1976a、『ある老学徒の手記』、（斎藤忠編）『鳥居龍蔵全集』、第 12 巻、朝日新聞社（単行本は朝日新聞社、1953 年）

—— 1976b、『有史以前の日本』、（斎藤忠編）『鳥居龍蔵全集』、第 1 巻、朝日新聞社（単行本は『有史以前乃日本』、磯部甲陽堂、1918 年）

野坂昭如 1976、『四畳半襖の下張・裁判』、面白半分

福岡正太 2003、「小泉文夫の日本伝統音楽研究——民族音楽学研究の出発点として」、『国立民族学博物館研究報告』、28.2、257 ～ 295 頁

普久原恒勇編 1986、『沖縄の民謡』、池見屋書店

普久原恒勇・ビセカツ 2009、「『海のチンボーラー』の季節」、（記忘記同人編）『日本禁歌集の宇宙』、邑楽舎／メディアルネッサンス、64 ～ 73 頁

町田佳聲・浅野健二編 1960、『日本民謡集』、岩波文庫
三島わかな 2014、『近代沖縄の洋楽受容――伝統・創作・アイデンティティ』、森話社
矢崎泰久 1970.5、「話の特集レポート 話の特集博覧会50号記念ステージ」、『話の特集』、32～58頁
―― 2005、『「話の特集」と仲間たち』、新潮社
柳家小三治 2006、「この温かさが寄席なんだ」、（小沢昭一著）『小沢昭一的新宿末廣亭十夜』、講談社、168～182頁
湯浅学 2009、「公序良俗の「恥部」をしたたかに撃つ庶民の知恵」、（記忘記同人編）『日本禁歌集の宇宙』、邑楽舎／メディアルネッサンス、44～51頁
若林美冴 1975、『花の中年御三家　冗談半分』、KK・ロングセラーズ
輪島裕介 2010、『創られた「日本の心」神話――「演歌」をめぐる戦後大衆音楽史』、光文社新書
Suzuki Seiko 2015.1, ""Les recherches scientifiques sur la théorie de la musique orientale" de Tanabe Hisao : étude sur la musicologie japonaise des années 1920", 法政大学国際日本学研究所編『国際日本学研究叢書 日本アイデンティティとアジア』、21、法政大学出版局、239～252頁

〔記事〕

『朝日新聞』1972.8.11、22面、「ひとけたの歌」
『サンデー毎日』1979.9.30、58巻42号、95頁、「銀座ホステスよりトルコ嬢がいい――「小沢昭一の小沢昭一的こころ」でお父さんを激励する小沢昭一さん」（「テレビラジオ最前線」）
『週刊明星』1974.6.30、17巻24号、158頁、「型破り劇団を結成した小沢昭一――中華丼みたいな芝居が目標」
『東洋學藝雜誌』1904.8、21巻275号、381頁、「雑報」

第四章

浅野潜 1972.12、「堂々と“肉の歓喜”を表出」、「今週の問題作批評　神代辰巳監督の『一条さゆり　濡れた欲情』日活ロマン・ポルノの自信と居なおりの精神の萌芽」（田山力哉と連名）、『キネマ旬報』、593号、109頁

市川捷護 2000、『回想 日本の放浪芸――小沢昭一さんと探索した日々』、平凡社新書
京谷啓徳 2015、「秦豊吉と額縁ショウ」、『ステージ・ショウの時代』（近代日本演劇の記憶と文化 3）、森話社、215 ～ 240 頁
小倉孝保 1999、『初代一条さゆり伝説――釜ヶ崎に散ったバラ』、葉文館出版
―― 2022、『踊る菩薩――ストリッパー 一条さゆりとその時代』、講談社
笠原和夫・荒井晴彦・絓秀美 2002、『昭和の劇 映画脚本家 笠原和夫』太田出版
加藤詩子 2001、『一条さゆりの真実――虚実のはざまを生きた女』、新潮社
加藤秀俊 1956.12、「現代生活とムード・ミュージック」、『中央公論』、第 71 巻第 13 号、128 ～ 133 頁
北崎契縁 1995.3、「『チャタレイ夫人の恋人』起訴前後の状況について」、『相愛大学研究論集』、第 11 巻、15 ～ 31 頁
神代辰巳 1975、「神代辰巳 自作を語る」、（斎藤耕一・神代辰巳編）『世界の映画作家』、27、キネマ旬報社、171 ～ 206 頁
―― 2019、『映画監督 神代辰巳』、国書刊行会
孝学靖士 1973、『一条さゆり・裸の人生』、6 月社書房
駒田信二 1983、『一条さゆりの性』、講談社文庫（単行本初版 1971 年）
斎藤正治 1974.10、「実録桐かおる にっぽん一のレスビアン」、『キネマ旬報』、641 号、150 ～ 151 頁
重松清 2009、（解説）「「小沢昭一的ことば」について」、（小沢昭一著）『老いらくの花』、文春文庫、234 ～ 242 頁
菅野聡美 2007、「琉球レビューと額縁ショー」、『現場としての政治学』、41 ～ 64 頁
田中小実昌 1973.4.6、「異色対談／田中小実昌のエロスへ突撃　ストリッパー No.1 桐かおる“ワイセツ受難”を語る “レスの女王”が初めて明かす「特出し人生 20 年」」、『週刊サンケイ』、162 ～ 166 頁
鶴見俊輔 1997、『アメノウズメ伝』、平凡社ライブラリー（初版は平凡社、1991 年）
―― 2010、「江戸文化を書き残す素描の集大成」、『KAWADE 夢ムック小沢昭一』、18 ～ 20 頁（初出は『論座』、2004 年 3 月）
徳川夢声 2018、『話術』、新潮文庫（1947 年、秀水社／ 1951 年、白揚社）
伝統芸能の会編 1977、『話藝――その系譜と展開』、三一書房
中谷陽 1974.11、「特出しレスビアン　桐かおる」、『映画評論』、31 巻 11 号、

75 〜 78 頁
野崎詩織 2008、『音楽聴取空間としての家庭における複製音楽の消費——1950 年代から 1960 年代の日本の「ムード音楽」言説』、修士論文、国立音楽大学
濱田研吾 2003、『徳川夢声と出会った』、晶文社
藤本義一 1972.3.18、「義一ちゃんのケッタイな対談(12)名ストリッパー 一条さゆり」、『週刊読売』、74 〜 78 頁
キャサリン・ブラックリッジ 2005、(藤田真利子訳)『ヴァギナ——女性器の文化史』、河出書房新社
八木澤高明 2017、『ストリップの帝王』、角川書店
吉本力・橋本裕之・上島敏昭・宇野幸 1999、「小屋掛けストリップの日々」、(鵜飼正樹・北村皆雄・上島敏昭編著)『見世物小屋の文化誌』、新宿書房
Suzuki, Seiko, 2018.12 « Le striptease et les intellectuels des années 1960 – 1970 : Ozawa Shôichi et Document / Arts itinérants du Japon », *Japon Pluriel*, vol.12, SFEJ, pp. 139-146.

〔記事〕

『朝日新聞』1960.5.19、東京、夕刊、4 面、「僕は“ドガジャカ派”——役柄はなんでもいい」

『朝日新聞』、1972.5.8、夕刊、3 面、「ピンク TV に制裁——出演ストリッパー逮捕　大阪府警」

『朝日新聞』1974.12.26、東京、夕刊、3 面、「裸の元女王服役へ——一条さゆり　最高裁でも実刑」

『朝日新聞』1977.2.8、東京、夕刊、7 面、「「日本の放浪芸」…今度はストリップの世界」

『週刊文春』1975.11.27、24 〜 25 頁、「出所した一条さゆりの第一声(は労組幹部への講演)」

『週刊明星』1972.12.24、205 〜 206 頁、「“ストリッパーの女王”一児の母 一条さゆりにキビシイ実刑判決!」

『サンデー毎日』1972.10.29、140 〜 142 頁、「火花散る一条さゆりポルノ裁判——『芸です』『いやワイセツだ』」

著者紹介

鈴木聖子　（すずき・せいこ）

1971 年東京都墨田区生まれ。大阪大学大学院人文学研究科アート・メディア論コース助教。東京大学大学院人文科学研究科博士課程単位取得退学、パリ大学東アジア言語文化学部・助教、大阪大学大学院文学研究科音楽学研究室・助教を経て、現職。博士（文学）。専門は近現代日本音楽史・文化資源学。最近の著作論文：『〈雅楽〉の誕生 田辺尚雄が見た大東亜の響き』（春秋社、2019、第 41 回サントリー学芸賞受賞）、「「古代」の音」（『音と耳から考える』細川周平編著、アルテスパブリッシング、2021）、「民間の雅楽団体における「わざ」の正統性」（『待兼山論叢《芸術篇》』、2022）、“The Emergence of a Contemporary Repertoire for the *Shō*”（水野みか子と共著、*Circuit: Musiques Contemporaines*, 2022）、「放浪のサウンド・アーティスト――芸能者としての鈴木昭男」（『Arts & Media』、2022）など。

掬《すく》われる声、語られる芸
小沢昭一と『ドキュメント 日本の放浪芸』

2023 年 5 月 10 日　第 1 刷　発行
2023 年 7 月 20 日　第 2 刷　発行

著者――――鈴木聖子
発行者――――小林公二
発行所――――株式会社 **春秋社**
〒 101-0021 東京都千代田区外神田 2-18-6
電話 03-3255-9611
振替 00180-6-24861
https://www.shunjusha.co.jp/
印刷・製本――――萩原印刷 株式会社
譜例浄書――――株式会社 クラフトーン
装幀――――芦澤泰偉

Printed in Japan, Shunjusha.
ISBN 978-4-393-44170-1 C0074
定価はカバー等に表示してあります